U0135460

"十一五"国家重点图书出版规划项目　　　　陕西科学技术厅资助出版

21世纪
科技与社会发展丛书
（第四辑）

丛书主编　徐冠华

知识型人力资本胜任力研究

李忠民　刘振华　等　／著

科学出版社

北京

内 容 简 介

随着知识经济时代的到来，尤其是进入 20 世纪 80 年代以来，世界经济正在进入以知识经济为主导的新时期，作为知识经济的载体，知识型人力资本也备受关注。本书以医生、财务管理人员、高校教师、银行客户经理这四种典型的知识型工作者为研究对象，通过运用现代管理学研究方法，从胜任力的角度阐述知识型工作者应具备的各项素质，提炼出四种知识型工作者应具有的胜任本职工作的各项指标，为部门"选"、"用"、"育"、"留"人才提供科学的依据，并在应用过程中做了具体的说明，具有较强的操作性。

本书可供企业及事业单位管理人员、相关专业研究人员及高校师生阅读。

图书在版编目（CIP）数据

知识型人力资本胜任力研究／李忠民等著. —北京：科学出版社，2011.6

（21 世纪科技与社会发展丛书）

ISBN 978-7-03-031002-6

Ⅰ.①知⋯ Ⅱ.①李⋯ Ⅲ.①人力资本–研究 Ⅳ.①F241

中国版本图书馆 CIP 数据核字（2011）第 084276 号

丛书策划：胡升华 侯俊琳

责任编辑：牛 玲 马云川／责任校对：宋玲玲

责任印制：赵德静／封面设计：黄华斌

编辑部电话：010-64035853

E-mail：houjunlin@mail.sciencep.com

科 学 出 版 社 出版

北京东黄城根北街 16 号

邮政编码：100717

http://www.sciencep.com

中国科学院印刷厂 印刷

科学出版社发行 各地新华书店经销

*

2011 年 6 月第 一 版 开本：B5（720×1000）

2011 年 6 月第一次印刷 印张：13 1/4

印数：1—2 000 字数：280 000

定价：**43.00 元**

（如有印装质量问题，我社负责调换）

总　序

进入21世纪，经济全球化的浪潮风起云涌，世界科技进步突飞猛进，国际政治、军事形势变幻莫测，文化间的冲突与交融日渐凸显，生态、环境危机更加严峻，所有这些构成了新世纪最鲜明的时代特征。在这种形势下，一个国家和地区的经济社会发展问题也随之超越了地域、时间、领域的局限，国际的、国内的、当前的、未来的、经济的、科技的、环境的等各类相关因素之间的冲突与吸纳、融合与排斥、重叠与挤压，构成了一幅错综复杂的图景。软科学为从根本上解决经济社会发展问题提供了良方。

软科学一词最早源于英国出版的《科学的科学》一书。日本则是最早使用"软科学"名称的国家。尽管目前国内外专家学者对软科学有着不同的称谓，但其基本指向都是通过综合性的知识体系、思维工具和分析方法，研究人类面临的复杂经济社会系统，为各种类型及各个层次的决策提供科学依据。它注重从政治、经济、科技、文化、环境等各个社会环节的内在联系中发现客观规律，寻求解决问题的途径和方案。世界各国，特别是西方发达国家，都高度重视软科学研究和决策咨询。软科学的广泛应用，在相当程度上改善和提升了发达国家的战略决策水平、公共管理水平，促进了其经济社会的发展。

在我国，自十一届三中全会以来，面对改革开放的新形势和新科技革命的机遇与挑战，党中央大力号召全党和全国人民解放思想、实事求是，提倡尊重知识、尊重人才，积极推进决策民主化、科学化。1986年，国家科委在北京召开全国软科学研究工作座谈会，时任国务院副总理的万里代表党中央、国务院到会讲话，第一次把软科学研究提到为我国政治体制改革服务的高度。1988年、1990年，党中央、国务院进一步发出"大力发展软科学"、"加强软科学研究"的号召。此后，我国软科学研究工作体系逐步完善，理论和方法不断创新，软科学事业有了蓬勃发展。2003～2005年的国家中长期科学和技术发展规划战略研究，是新世纪我国规模最大的一次软科学研究，也是最为成功的软科学研究之一，集中体现了党中央、国务院坚持决策科学化、民主化的执政理念。规划领导小组组长温家宝总理反复强调，必须坚持科学化、民主化的原则，最广泛地听取和吸收科学家的意见和建议。在国务院领导下，科技部会同有关部门实现跨部门、跨行业、跨学科联合研究，广泛吸纳各方意见和建议，提出我国中长期科技发展总体思路、目标、任务和重点领域，为规划未来 15 年科技发展蓝图做出了突出贡献。

在党的正确方针政策指引下，我国地方软科学管理和研究机构如雨后春笋般大量涌现。大多数省、自治区、直辖市政府，已将机关职能部门的政策研究室等机构扩展成独立的软科学研究机构，使地方政府所属的软科学研究机构达到一定程度的专业化和规模化，并从组织上确立了软科学研究在地方政府管理、决策程序和体制中的地位。与此同时，大批咨询机构相继成立，由自然科学和社会科学工作者及管理工作者等组成的省市科技顾问团，成为地方政府的最高咨询机构。以科技专业学会为基础组成的咨询机构也非常活跃，它们不仅承担国家、部门和地区重大决策问题研究，还面向企业提供工程咨询、技术咨询、管理咨询、市场预测及各种培训等。这些研究机构的迅速壮大，为我国地方软科学事业的发展铺设了道路。

软科学研究成果是具有潜在经济社会效益的宝贵财富。希望"21 世纪科技与社会发展丛书"的出版发行，能够带动软科学的深入研究，为新世纪我国经济社会的发展做出积极贡献。

程惠华

2009 年 2 月 21 日

第 四 辑 序

近年来，软科学作为一门立足实践、面向决策的新兴学科，在科学技术飞速发展和经济全球化的今天，越来越受到社会各界的广泛关注，已经成为中国公共管理学科乃至整个社会科学研究领域一个极为重要且富有活力的部分。当前，面对国际政治经济形势的急剧变化和复杂局面，我国各级政府将面临诸多改革与发展的种种问题，需要分析研究、需要正确决策，这就需要软科学研究的有力支撑。

陕西科教实力位居全国前列，拥有丰富的知识和科技资源。利用好这一知识资源优势发展陕西经济，构建和谐社会，并将一个经济欠发达的省份建设成西部强省，一直是历届陕西省委、省政府关注的重要工作。在全省上下深入学习科学发展观之际，面对当前国际金融危机，如何更好地集成科技资源，提升创新能力，通过建立产、学、研、用合作互动机制，促进结构调整和产业升级，推动经济社会发展，是全省科技工作者需要为之努力奋斗的目标。软科学研究者更是要发挥科学决策的参谋助手作用，为实现科技强省献计献策。

陕西省的软科学研究工作始于 1990 年，在国内第一批建立了软科学研究计划管理体系，成立了陕西省软科学研究机构。多年来，通过理论与实践的结合，政府决策和专家学者咨询的融合，陕西省软科学研究以加快陕西改革与发展为导向，从全省经济社会发展的重大问题出发，组织、引导专家学者综合运用自然科学、社会科学和工程技术等多门类、多学科知识，开展战略研究、规划研究、政策研究、科学决策研究、重大项目可行性论证等，取得了一批高水平的研究成果，为各级政府和管理部门提供了决策支撑和参考。

为了更好地展示这些研究成果，近年来，陕西省科技厅先后编辑出版了《陕西软科学研究2006》、《陕西软科学研究2008》，受到了省内广大软科学研究工作者的广泛关注和一致好评。为了进一步扩大我省软科学研究成果的交流，促进应用，自 2009 年起连续三年，陕西省科技厅将资助出版"21 世纪科技与社会发展丛书"。该丛书第四辑汇集了我省近一年来优秀软科学成果专著 5 部，对于该丛书的出版，我感到非常高兴，相信丛书的出版发行，对于扩大软科学研究成果的影响，凝聚软科学研究人才，多出有价值、高质量的软科学研究成果，有效发挥软科学研究在区域科技、经济、社会发展中的咨询和参谋作用，不断提升我省软科学研究水平具有重要意义。

  感谢各位专家学者对丛书的贡献，感谢科学出版社的大力支持。衷心希望陕西涌现出更多的在全国有影响的软科学研究专家和研究成果。祝愿丛书得到更为广泛的关注，越办越好。

2010 年 12 月

目　　录

第一章　导　　论

进入 20 世纪 80 年代以来，知识经济初现端倪，出现了"知识爆炸"，知识的丰富极大地开阔了人们的视野，产品和服务中的知识含量越来越高，知识甚至成为了专门的产品和服务，如医疗服务、教育服务、金融理财服务、游戏产品和创意产品等。企业的运作模式已彻底从以传统的生产产品为主转向以人力资本、智力资源开发为主，知识已经成为一国经济发展的重要投入要素。

与此同时，企业及组织的人力资源结构也正迅速地发生着变化，企业核心竞争力及利润源泉已不仅仅取决于其所拥有的有形资产和资本化的劳动，而是更多地取决于知识这一无形资产。传统劳动力逐渐被新的知识性人力资本所取代。知识型员工不同于工业经济时代的传统工人，也不同于知识经济时代的非知识型员工，他们具有自身的职业特点。知识型员工的出现对社会的结构、经济的发展都产生了重大影响并逐渐成为企业竞争优势的决定性因素和人力资源管理的核心。

20 世纪 60 年代初，美国管理学教授德鲁克首次提出了"知识工作者"和"知识管理"的概念。他指出，我们正在进入知识社会，在这个社会中最基本的经济资源不再是资本、自然资源和劳动力。在这个社会中知识工作者将发挥主要作用。在知识经济的时代，知识资源成为组织的一个主要的战略资源，组织的竞争优势就来自于对知识资源的有效开发和管理。

知识型员工的主要特征就是创造性，他们通过充分利用现代科学技术知识来提高生产率，使得脑力劳动所创造的价值大于体力劳动所创造的价值，因此，激发其创造性成为管理知识型员工的重要内容。

第一节　知识型企业及其特征

1990 年，联合国首次提出"知识经济"的说法，认为以土地、劳动和资本为基础的经济正在向以知识为基础的经济转变。1996 年，经济合作与发展组织（OECD）在其发表的《以知识为基础的经济》的年度报告中将知识经济明确界定为建立在知识和信息的生产、分配和消费之上的经济。与传统的经济形式相比，在知识经济时代，知识成为首要的生产要素，知识在新经济中的地位正如资本在工业经济时代、土地在农业经济时代的地位一样。同时，一种新的企业形式——知识型企业出现了，并逐渐成为经济发展的主力军。

一、知识型企业的界定

知识型企业也被称为后现代式企业，或是被一些学者泛指为高科技企业。知识型企业这一概念是伴随着知识经济概念的提出而提出的，与农业经济、工业经济无关。我们把知识经济定义为建立在知识和信息的生产、分配和使用基础上的经济形态，与此相对应，我们就可以把知识型企业解释为以知识经济为前提，从事知识和信息型产品的生产经营活动的经济组织。在西方学术界，学者们对知识型企业有不同的称呼，如知识密集型企业（knowledge-intensive firms）、基于知识的企业（knowledge-based firms）、知识企业（knowledge firms）和智力型企业（intellectual firms）等。

从资源要素的角度来看，知识型企业明确地把知识运用贯穿在其整个企业模式中，从基础架构到流程、产品、战略等，以他们所掌握的知识为根本创造最大的价值。

从组织形态的角度来看，知识型企业是一种知识联网的组织，是智能化的企业。知识型企业除了知识联网以外，还包括组织流程整合、对话式工作、建立虚拟组织和动态协作等。

从产品特点的角度来看，知识型企业是生产智能型产品的企业。企业为了获利将使其产品和服务更加智能化。知识型企业使顾客在使用智能型产品时成为学习者，把企业自身视为教育者，智能型产品不仅迫使而且会帮助顾客去学习。

按照现代企业理论，企业是市场里的企业，企业合约的特别之处是把它理解成一个人力资本与非人力资本共同订立的合约。随着以人力资本为核心的知识经济时代的到来，人力资本作为知识经济的利润杠杆，已成为社会经济进步与发展的重要因素。尤其是在知识型企业，人力资本已经成为企业价值的主要贡献因素。

知识型企业与大规模生产的传统企业的主要区别就在于人力资本以其特殊的知识、技能对企业价值创造的极大贡献。知识型企业是以知识作为竞争优势源泉的企业，具有通过知识创造市场价值的工作流程，其利润源于其人力资源创造的知识商业化。知识型企业的成长和发展依赖于其员工掌握的专业知识和技能，企业要实现可持续的价值创造，关键就在于通过科学的管理，吸引高素质的人力资本，并形成有效的激励机制，充分调动人力资本的主动性、积极性和创造性。为了保证员工不断更新知识和技能，跟上社会的发展和科技的进步，就需要不断进行人力资源开发。同时，知识型企业在为顾客提供所需的产品和服务时，通过使用知识进行创新，构筑核心能力。

知识型企业以知识为对象，直接进行生产、加工和分配。在知识型企业中，知识通过资本化形成知识资本，为企业带来价值和收益。Stewart（2006）指出知识资本包括人力资本、结构资本和客户资本：人力资本是体现在企业员工身上的各种知识和技能；结构资本是指企业的组织结构、制度规范和企业文化等；客户资本是指市场营销渠道、用户忠诚度和企业信誉等资产。其中人力资本起决定性作用，结构资本、客户资本的价值创造依赖于人力资本的能动性发挥。同时，知识型企业人力资本作为企业知识最关键的载体，与物质资本和财务资本相比占有主导地位，因此知识型企业人力资本的激励应进行调整，以发挥人力资本的主导作用。

二、知识型企业特征

知识型企业的生存需要客户和供应商的支持，客户和供应商在其周边为知识型企业提供强化其知识基础的支持；知识型企业生产的产品和提供的服务会随着顾客的使用而越来越智能化，会随着不断变化的全球经营环境而不断调整，日益彰显出以服务为基础的知识密集型的特征；知识型企业可根据顾客的需求提供产品和服务，产品和服务的生命周期相对较短。

第二节 知识型企业员工人力资本

自20世纪60年代著名经济学家舒尔茨、贝克尔等用人力资本解释美国经济增长开始，西方人力资本理论就迅速地兴起和发展起来。其后，智力资本作为人力资本概念的延伸而出现，智力资本理论在企业知识理论和人力资本理论的基础上得以迅速发展。但是迄今为止，理论界对人力资本的定义仍然没有达成统一的认识。例如，以埃德文森和沙利文为代表的相当一部分学者认为企业的资本分为物质资本和智力资本两大类，其中智力资本分为人力资本、结构资本。而 Stewart（2006）提出了智力资本的 H-S-C 结构，即智力资本包括人力资本、结构资本和关系资本。对人力资本内涵的不同理解，使得人力资本的相关理论难以深入拓展，导致对资本结构的重建、人力资本的产权特性以及最优的所有权安排等问题的研究阻碍重重，理论探讨中分歧不断。究其主要原因是理论界对人力资本的内涵缺乏共识。许多学者将人力资本纳入到智力资本的结构体系中，导致人力资本理论的延伸产生了泛化和模糊的倾向，资本的产权归属无法明确。

人力资本是指一个人拥有的从事具有经济价值活动的能力、知识与技能，它是一种主动资产，与其载体不可分离，并由其载体控制着这种资产的启动、开发和利用。

一、早期的人力资本理论

人力资本的理论之源可以追溯到早期古典经济学家，如威廉·配第、亚当·斯密、大卫·李嘉图和马克思等，他们均把劳动看作财富增长之源。威廉·配第就提出"土地是财富之母，劳动是财富之父"，把对人的"技艺"的重要性提高到与土地和其他资本相同的高度。他还提出"有生命的资本"这一概念，这种"有生命的资本"成为"人力资本"概念的雏形。亚当·斯密认为，人身上的技能是一种固定的资本，能够创造价值。

马克思对人和劳动的价值进行了十分精辟的论述，提出人是劳动的主体，而自然资源是劳动的客体，资本资源是这两者的媒介。马克思还认为当时社会中的人力资源被资本资源所役使是一种"异化"现象，应该加以扭转。

但古典经济学家所崇尚的劳动是一种同质、无差别的劳动，是作为资本的附庸存在的。对人力资本进行系统研究的第一人是美国经济学家舒尔茨，他把人力资本表述为"人们获得了有用的技能和知识，这些技能和知识是一种资本形态，这种资本在很大程度上是慎重投资的结果。用于教育、卫生保健和旨在获得较好工作出路的国内迁移的直接开支就是（人力资本投资的）明显例证"。之后，包括贝克尔、明赛尔、丹尼森和罗默等在内的一大批经济学家对人力资本进行了系统而深入的研究。

二、现代人力资本理论

在 1960 年美国经济学年会上，舒尔茨指出，传统的经济理论认为经济增长必须依赖于物质资本和劳动力数量的增加是错误的，人的知识、能力、健康和技能等人力资本的增加才是最重要的，是社会进步的决定性因素。但人力资本的获得不是无代价的，只有通过一定方式的投资，掌握了知识和技能的人力资源才是一切生产资料中最重要的资源，对人力资本的投资带来的收益率超过了对其他一切形态的资本的投资收益率。

美国著名的经济学家加里·贝克尔（1987）从微观经济角度阐述了形成人力资本的各类投资及其产生的收益。人力资本是通过教育支出、保健支出、劳动力国内流动的支出或用于移民入境的支出等人力投资形成的资本，这些支出形成了人力资本所含有的某种消费，所有消费活动都含有某种闲暇，人们不是在消费物品和闲暇之间作出选择，而是在不同的消费活动之间作出选择，以期获得最大效用。

可以说，现代的人力资本理论打破了西方传统理论只重视物质资本投资的观点，强调了人力资本在现代经济增长中的作用，使得整个社会更加关注人力资本投资，关注教育和培训投资的经济效益。

三、知识型企业人力资本的性质

知识经济下，人力资本仍是人的劳动能力或劳动力这一本质未变，也同样具有人身依附性、难以测度性、再生性和价值的传递性。但在传统经济中，人力资本大多表现为以体力和人类经验积累为主的劳动力，而随着技术进步和以知识为基础的经济的到来，人力资本不再表现为某种先天天赋，而是更多地体现为人的专业知识和技能。即使同样是在知识经济中，知识型企业人力资本与非知识型企业相比，仍具有以下一些特性。

1. 知识型企业人力资本具有较为明显的层次性和较高的融合性

知识型企业人力资本层次性明显，按照组织胜任能力和专业胜任能力，大致可以分为四个层次。

（1）高组织胜任能力、高专业胜任能力，如企业家；

（2）高专业胜任能力、低组织胜任能力，如专业技术人员；

（3）高组织胜任能力、低专业胜任能力，如管理者；

（4）低专业胜任能力、低组织胜任能力，如辅助人员。

知识型企业人力资本的 4 个层次均具有显著特征。企业家往往是企业的创始人，他们与传统企业家的最大区别在于知识的掌握程度，他们既具有组织创新力，又具有技术创新力；专业技术人员是知识型企业价值创造中的关键人员，数量比重远远高于传统企业，他们具有高学历，掌握最新技术趋势，从事技术密集度最高的工作；管理者是知识型企业的桥梁，他们也具有较高学历，掌握较多的管理知识和能力，从事管理密集度高的工作；组织胜任能力和技术胜任能力都较低的是企业的辅助人员，他们从事的是基础性的工作，不构成企业价值创造的核心部分。

知识型企业人力资本层次明显的同时，其层次融合性也很高，有时相互重叠，并且随着知识型企业成长的不同阶段而动态变化。在创业期，企业工作分工不明确、部门设置不完善，经常是一人多岗、一人多职，企业家、管理者和专业技术人员往往相互重合。专业技术人员既从事技术工作，同时也承担一定的管理工作（如市场管理、人力资源管理等），企业家同时是企业首席技术专家。在这个时期一般没有专职的管理人员，即使有，也同时身兼数职，还要承担支援性工作。到了成长期，企业开始有意识地规范组织、明确工作分工、挑选各种类型的人员，因此企业家、管理者、专业技术人员、支援人员工作分工开始形成，专职管理者、辅助人员的数量开始增加。成熟期，企业完善的组织结构形成、各岗位的职责明确、分工与配合的规则确定下来，这时人力资本的层次性最为清晰。

2. 知识型企业与知识型企业人力资本的权利不对称性

知识型企业拥有产品、市场、技术产权等知识资产，而人力资本拥有形成与维护这些知识资产的知识和技术，这种知识不对等性，造成知识型企业与知识型企业人力资本的权利不对称。知识型企业的竞争优势主要体现在人力资本所拥有的大量复杂的、隐含的知识或诀窍，这种隐含知识的发挥依赖于人力资本的工作意愿，并且随着人力资本的流动而流动。知识型企业为人力资本进行的投资可能会因为员工的离职而无法获得回报。因此，一方面，知识型企业相对于知识型企业人力资本而言具有权利与知识弱势，这使知识型企业处于依赖地位、比较脆弱。但另一方面，由于知识在知识型企业的大量存在使得知识的分工越来越细，知识的专用性也逐渐增强。这种知识专用性使知识型企业人力资本所掌握的知识在离开企业后价值大大减损，从而造成人力资本本身价值减损。同时，知识型企业人力资本由于工作的细分使得工作独立性增强，而不像传统企业容易结成劳动联盟、发挥集体谈判的作用。这时，知识型企业就具有权利与知识优势，知识型企业人力资本反而处于弱势地位。

3. 知识型企业人力资本具有较高自我实现需求，自我激励能力高

马斯洛把人的需求从低到高分为生理需求、安全需求、人际关系需求、尊重需求和自我实现需求，未被满足的需求最具有激励作用。知识型企业人力资本通常具有很高的自我实现需求，这与其所从事的知识工作的性质有关。知识工作投入的主要是智力、脑力等难以度量的无形资产，通过专业化判断、试错、选择来解决大量复杂而具有独特性的问题，工作成果往往具有高知识含量。知识工作的挑战性，一方面要求具有高素质的人力资本参与，另一方面也塑造了参与其中的人力资本的高成就感。知识型企业的人力资本大多受过高等教育，能够主动学习，不断地吸收和更新知识，自我实现是其追求的最高目标。

4. 知识型企业人力资本对自身价值再投资的意识强

资本天生具有逐利行为，这种逐利行为也是自身价值不断增值的过程，人力资本也不例外。由于前期高额的投资，知识型人力资本必定要追求投资的价值实现，以实现成本收益平衡，但更重要的是要追求更高的价值实现，提高自身价值，以增强市场竞争力，建立可持续竞争力。有调查表明，具有高学历的人员在工作过程中对自身继续教育的投资明显高于学历较低人员。

知识型企业人力资本的价值增加，主要通过两个途径获得：一个是以学历教

育、企业培训为主获得显性知识，这种知识是通过专门的教育投资体现出来的；另一个是从与工作过程交织在一起的"干中学"获得知识，这种知识往往是以企业的团队理念、知识共享、工作合作等形式体现出来的。对于知识型企业人力资本而言，第二种途径获得知识更为重要，因为这时获得的知识主要是技能、经验、做事方式等隐性知识，这种隐性知识构成了人力资本自身独特的竞争优势，且很难通过第一种途径获得。

知识型企业人力资本的激励设计应充分考虑其特性。一方面，知识型企业人力资本的层次性特征，要求激励制度应该体现各层次的利益要求；而且在各层次融合的情况下，激励制度也要体现各层次的组织创新性和专业创新性。知识型企业与知识型企业人力资本的权力不对称性，要求通过激励设计使得两者结成利益共同体，将各自的优势相结合。因此，在激励设计中要求将各层次的人力资本在产权中予以体现，赋予各自的企业剩余索取权。另一方面，知识型企业人力资本具有较高的自我实现需求，自我激励力高，此时的激励重点在于探寻如何在企业内部创造条件满足员工的自我实现需求，发挥其自我激励力。根据赫茨伯格的双因素理论，知识型企业人力资本激励的重点在于工作的挑战性；知识型企业人力资本对自身价值再投资的意识高，此时激励重点在于提高人力资本自身的价值，尤其是与工作相关的隐性知识的获得。

第三节 知识型人力资本与知识型员工

一、对知识型员工的定义

知识型员工（knowledge workers）又称为知识员工、知识工作者、知识工人，这一概念最早于1959年由美国管理学家彼得·德鲁克（Peter Druker）在《明天的里程碑》一书中提出。知识型员工属于那些"掌握和运用符号和概念，利用知识和信息工作的人，他们生产的不是物质产品，而是知识和思想，他们比组织中任何其他人更了解他们的工作"。德鲁克教授指出，21世纪最大的管理挑战就是如何提高知识型员工的劳动生产率。他认为知识工作者是那些"在工作中因为运用知识而非因为投入体力而获得报酬的人"。

著有《管理知识员工》的加拿大知识管理专家弗朗西斯·赫瑞比（Frances Horibe）认为，"知识型员工就是那些创造财富时用脑多于用手的人们。他们通过自己的创意、分析、判断、综合、设计给产品带来附加价值"。

马克·卢普把知识型员工界定为"生产和传播知识的职业中的工作者"，认为知识型员工"既可以承担知识的创造工作，也可以承担知识的传送、转变、加工、解释或者分析工作"。

在我国其实很早也有与之相对应的术语和称谓，诸如孟子在 2000 多年前就提出"劳心者治人，劳力者治于人"的观点，近代诸如"知识分子"、"脑力劳动者"也曾在社会上广为流传。虽然这些词在内涵上同"知识型员工"可能还存在着一些差异，但可以从中发现我国古代及现代文化中已经具备了知识型员工的理论雏形。

我国自改革开放以来，大力实施"科教兴国"战略，知识型员工也受到了前所未有的重视。从 20 世纪 90 年代开始，我国在介绍国外文献的基础上逐步开始对知识型员工进行理论研究和实证研究。我国学者认为，知识型员工的外延实际上已经扩展到大多数白领和职业工作者；认为知识型员工是为企业带来资本增值并以此为职业的人；也有些学者认为，知识型员工是利用智慧创造的价值高于利用双手创造的价值的人，他们具有更高的学历和素质，更专业化，具有强烈的创新意识，是从事知识的创造、发现、储存、分配和应用的人。

可以看出，不同的学者对知识型员工的界定存在着一定的差别，然而，随着知识经济时代的来临，对社会工作中存在的知识型员工有着一定的共性认识。结合理论和实际调查，本书认为知识型员工应该是具有较高学历教育背景、掌握一定技能、有着较高的价值产出、有着一定的不可替代性的专门人才，知识型员工主要包括教师、医生、银行经理人、IT 企业人员和中介结构人员等。

二、知识型人力资本的管理学特征

1. 身份的两重性

知识型员工拥有知识资本，使其成为资本拥有者，这是其资本性的一面。同时知识型员工又是劳动者，其"人性"的一面与普通员工没有本质区别。知识型员工从人性角度来理解是自然人，其一切活动都应服务于人，归属于自身。但由于知识型员工充当了知识资本的主要载体，自然会成为资本运作的工具，这种资本性特征也给激励机制的设计增加了难度。

2. 创新能力强

创新能力是一种思维能力，它与天赋、个性和爱好有关。知识型员工具有良好的思维方法和敏锐的洞察力。虽然非知识型员工可以通过自身的努力学习来增加知识储备，但却难以达到知识型员工那样的创新能力水平。知识型员工的创新能力构成了企业创新能力的基础，也是企业形成区别于其他企业的核心竞争力的基础。

3. 脑力劳动成果不易衡量

知识型员工从事的并不是简单的、程序化的工作，而是在多变和不确定的环境下发挥个人知识和灵感创造性地完成工作。知识型员工的工作过程一般是无形的，工作主要是思维活动，依靠大脑而非肌肉，没有确定的工作流程，工作时间和工作场所也具有不固定性，可以发生在任何时间和任何场所，工作过程很难监控。另外，知识型员工常常以团队的方式来完成一项工作任务，其劳动成果多为集体劳动所得，很难分割出哪部分是个人的绩效。知识型员工的工作成果常常以某种思想、创意、技术发明和管理创新等形式出现，因而往往难以直接测量和评价，组织对他们的管理、考评越来越困难。

4. 主动学习意识强烈

伴随知识更新的速度的加快，终身学习是知识型员工的特点之一。从客观环境看，知识和专业技能是知识型员工获得良好职业和发展机会的重要前提，随着专业领域知识的更新和发展，为避免知识陈旧而被时代所淘汰，他们具有更新知识的外在压力。从主观意愿看，知识型员工对知识的认同和尊重、对专业的忠诚和对事业的追求，无疑都是他们主动学习、更新知识的动力。

5. 工作自主性强

知识型员工区别于工业经济时代的传统工人的根本因素在于他们拥有知识资本，在知识经济时代，知识就是资源和财富，是创造价值的要素。知识型员工在本领域内都是专家，工作自主性较高，具有很强的创新能力，能帮助企业在变化万千的市场环境中赢得优势。他们尊重别人，同时愿意与值得尊重和信任的人一起工作，威吓和不讲理的批评对他们无效。这一企业稀缺和宝贵的资源使得拥有知识的知识型员工在企业中取得了前所未有的地位。因此，知识型员工更倾向于拥有一个自主的工作环境，工作中强调自我控制，不愿受制于人，往往要求宽松的工作氛围，工作场所和工作时间相对灵活。

6. 有较高的追求

与普通员工相比，知识型员工大多为高素质、高层次人才，具有较高的价值追求，更有一种表现自己的强烈欲望。知识型员工有非常明确的奋斗目标，他们到企业工作，并不仅仅为了挣得工资，而是有着发挥自己专长、成就事业的追求，他们更在意自身价值的实现，愿意接受具有挑战性的工作，不畏惧和盲目崇拜职务权威，渴望在工作中获得最大的满足并赢得他人的尊重和社会的认可。所以，管理者要为知识型员工提供能充分发挥其才能的、宽松自主的工作环境。

7. 流动性强

知识经济时代的到来对传统意义上的雇佣关系提出了新的挑战。由于知识型员工的稀缺性提升了他们的市场价值，知识型员工可以凭借自己的专业知识能力，独立于特定机构之外而获得聘用。他们献身于自己所从事的职业，而不是所服务的组织。知识型员工由于占有特殊的生产要素，即隐含于他们头脑中的知识，而且有能力接受新工作、新任务的挑战，因而拥有远远高于传统工人的职业选择权。一旦发现当前工作没有足够的吸引力或缺乏充分的个人成长机会和发展空间时，他们会很容易地转向其他公司寻求新的职业机会。因此，企业对知识型员工的争夺为知识型员工的流动创造了可能。

三、知识型人力资本的经济学特征

从经济学角度分析，知识型人力资本特征表现在以下四个方面。

1. 人力资本投资具有较大的风险

人力资本投资是有风险的，一方面是知识型员工个人投资的风险高。在个人人力资本投资收益上，知识型员工具有较大风险。由于知识型员工的隐性知识难以培养，不能通过平时的学习获得，而是需要在越来越细化的专业领域中深入研究和亲自实践，而这意味着知识型员工有很高的个人投资专门性，投资面相对较为狭窄。当外部环境发生变化时，知识更新换代不断加快，知识的效用随时发生变化。这种个人投资的高风险性对知识型员工的需求结构与行为方式产生了强烈的影响。

另一方面，对于组织而言，对知识型员工的人力资本投资也有相当的不确定性和风险。相对于物质资本上的投资，对人的投资本身就有较大的不确定性和风险。与普通工人相比，对知识型员工的人力资本投资所需的投资成本更高，而且投资更有风险，很难保证对知识型员工的人力资本投资能取得预期的效果；知识型员工的劳动更加不容易被观测到，他们的绩效更多时候是通过一个团队的绩效来表现的。同时，知识型员工的高流失率也给人力资本投资带来较大的风险和不确定性。因此，企业对知识型员工的人力资本投资非常谨慎。

2. 存在较高的人力资本含量

根据人力资本的能力类型，现代人力资本理论通常将人力资本划分为三种：一般型人力资本、专业型人力资本和创新型人力资本。一般型人力资本具有社会平均的知识存量和一般的分析力、计算力、学习能力和适应能力，其载体或所有者是普通劳动者。专业型人力资本具有某项特殊专业能力，他们一般都接受过特殊专业知识的正规教育或在职培训，对应的社会分工角色是专业人员。专业型人力资本可以具体分为技术型人力资本和管理型人力资本。创新型人力资本具有社会稀缺的创新能力，可以具体分为战略创新型人力资本、制度创新型人力资本和技术创新型人力资本。创新型人力资本依附于知识型员工，知识型员工前期在个人人力资本投资上一般都花费颇多，他们经过长期的学习和培训积累了丰富的知识，培养了良好的创新精神和能力，因此知识型员工个体具有较高的人力资本存量，而且由于其良好的学习能力，他们一般都能更快地、动态地增加自己的人力资本含量。

3. 有较强的稀缺性

资源的价值在于资源的稀缺性，而资源的稀缺性与资源利用及消耗方式紧密相关。知识型员工也具有稀缺性的特点。知识型员工稀缺度高的重要原因是他们具有学校难以培养的隐性知识。这些隐性知识是在特定情况下实践所形成的经验积累，它们构成了专业知识工作者的核心能力。这种能力的形成需要相当的专业技能与经验的积累，培养这些能力与技能，获得这些隐性知识具有一定的难度并且需要一个漫长的过程，因此具有这些专业技能的人才在一定时期内供应总量不可能迅速增长，表现出较高的稀缺性。

4. 有较高的相对价值

知识型员工的价值在于他们能够将附着于他们身上的经验、技能、判断等隐性知识奉献出来，并促使这些潜在的、隐性的知识转化为组织显性知识，转化为产品和服务。也就是说，知识型员工的价值在于将有价值的知识带给组织并促进这些知识的商品化，为企业带来利润，这种作用是其他任何生产要素无法替代的。知识可以提高投资的回报，可以提高产品和服务的附加值，从而为企业带来更高的投资收益。

同时，知识型员工的高使用价值是潜在的，专业工作者的价值不仅取决于他们的贡献意愿和程度，更取决于知识型员工的知识和技能与组织目标的相符合程度，取决于专业知识和技能与组织其他资源之间的协同程度。因此，知识型员工的效用具有一定的潜在性。组织目标的调整、组织资源的重组都会对员工的知识效价产生影响，而个人的工作满意程度、努力程度以及员工之间的协调都会直接影响员工对实现组织目标的作用。

四、知识型员工的分类

知识型员工的分类相对于知识型员工的定义和特征来说具有一定的难度，还无法形成一个较为统一的分类，但从目前的理论分析来看，基本上可以大致归纳为以下三种分类方法。

1. 基于人力资本战略特征分类

依据人力资本结构理论，并非所有雇员所拥有的知识和技能都具有相等的战略重要性。根据人力资本在唯一性和价值两个维度上的表现，可以构建一个具有4种不同雇员模式的人力资本结构，分别是内部开发、获取、缩减和联合。

我国学者赵琛徽（2001）根据知识员工所拥有知识的战略价值及企业专用性这两个维度，把知识分为核心知识、必备知识、辅助知识和独特知识，并相对应地把知识员工型划分成先锋型、工兵型、卫士型和盟友型4种类型。

2. 基于知识工作的性质分类

此分类方法是通过对知识工作性质的分类，以达到划分知识型员工的目的。若从知识工作的不同的种类上来看，程序员、工程师、投资者、商业战略家和高级管理者等都从事的是基于创新的知识创造性工作；专业经理人员从事的是便携式知识工作，该类工作范围宽广并具有即时的效用；其他诸如律师、医生、专门技术人员等具有专业知识的人从事的是基于狭隘而高效用的专门性知识工作。

我国学者张光进等和田家华（2007）在对知识型员工进行分类时，认为"职业转换的柔性"和"工作的非程序化程度"是两个较好的维度，并根据这两个维度将知识员工分为四类：一是技术硬度小的程序性知识员工，如基层管理人员等；二是技术硬度大的程序性知识员工，如医生、会计师和律师等；三是技术硬度大的非程序性知识员工，如基础研究和应用研究人员等；四是技术硬度小的非程序性知识员工，如中高层管理人员等。

3. 基于职业类型分类

Beckstead等于2005年在对加拿大的知识经济和知识员工的研究过程中界定了几乎涵盖知识员工所从事的所有职业。他们认为，所有的职业都需要一个总体的知识基础，而那些需要利用不同的知识基础进行工作的群体就是"知识员工"。结合SOC分类标准，按照职业可将知识员工分成专业化职业、管理类职业和技术类职业共计40个小类。Howitt（2005）也按照同样的方法，以加拿大员工为研究对象，将1990～1992年知识型员工与生产型员工进行了对比研究，在对比的过程中将知识型员工分为专业人士、工程以及科学技术型员工和较高级的管理人员。我国学者管宝云和赵全超（2006）根据职业的特征将高新技术企业中的知识型员工分为三大类，分别是技术类知识型员工、管理类知识型员工和营销类知识型员工。

五、中国情境下对知识型员工自古而今的认识

在中国文化背景下，与知识型员工最相近的称呼为"士"。士，最初是指男子能任事，在中国古代社会中是具有一定身份地位的特定社会阶层，因古代学在官府，只有士以上的贵胄子弟才有文化知识，故"士"成了有一定知识和技能之人的称呼，后来演变为对知识分子的泛称。

六、知识型员工面临的问题

21世纪，国家的核心是企业，企业的核心是人才，人才的核心是知识创新者与企业家。人力资源管理面临新三角：知识型员工、知识工作设计和知识工作系统。人力资源管理要关注知识型员工的特点，其重点是如何开发与管理知识型员工，对知识型员工采用不同的管理策略。

第一，知识型员工由于其拥有的特殊知识资本，因而在组织中有很强的独立性和自主性，这就必然带来新的管理问题。

（1）授权赋能与人才风险管理。人才的风险管理将会成为人力资源管理的一个新课题。一方面要授权给员工，给员工一定的工作自主权，另一方面又要防范授权带来的风险。一个人才可能带给企业巨大的价值，也可能会导致整个企业的衰败。

（2）企业价值要与员工成就意愿相协调。知识型员工具有很强的成就欲望与专业兴趣，如何确保员工的成就欲望、专业兴趣与企业所需的目标一致是一个新问题。例如，研发人员要面向市场把注意力集中在为企业开发适合市场需求的产品上，而不仅仅是获得业界的支持与评价。

（3）工作模式改变，如虚拟工作团队。知识型工作往往是团队与项目合作，其工作模式是跨专业、跨职能、跨部门的，有时并不在固定的工作场所，而是通过信息、网络组成虚拟工作团队或项目团队，这种工作模式与工业文明时期严格的等级秩序、细密的分工条件下的工作不一样。如何进行知识型工作的设计，也是21世纪人力资源管理的新课题。

第二，知识型员工具有较高的流动意愿，不希望终身在一个组织中工作，由追求终身就业饭碗，转向追求终身就业能力。

（1）员工忠诚具有新的内涵。流动是必然的，关键在于如何建立企业与员工之间的忠诚关系。

（2）由于流动的加速，企业人力投资风险由谁承担成为企业面临的抉择。

（3）流动过频、集体跳槽给企业管理带来危机。

第三，知识型员工的工作过程难以直接监控，工作成果难以衡量，这使得价值评价体系的建立变得复杂而不确定。

（1）个体劳动成果与团队成果如何进行确定。

（2）报酬与绩效的相关性。知识型员工更加关注个人的贡献与报酬之间的相关性，这就要求企业建立公正、客观的绩效考核体系。

（3）工作定位与角色定位。在知识创新型企业中，每个人在企业中的位置，不再是按照工业文明时代企业严格的等级秩序和细致的分工体系精确定位，而是按照现代数学进行模糊定位。在知识创新型企业中，传统的工作说明书变得越来越没有用，取而代之的是角色说明书，即对人力资源进行分层分类的管理，在不同层次、不同类别上来确定员工的任职资格、行为标准和工作规范。传统的职务说明书已经不足以清楚地确定一个人在企业中的定位问题，回答不了在知识创新型企业中需要跨部门、跨职能的团队合作问题。

第四，知识型员工的能力与贡献差异大，出现混合交替式的需求模式，需求要素及需求结构也有了新的变化。

（1）报酬不再是一种生理层面的需求，而是个人价值与社会身份和地位的象征。从某种意义上说，报酬成为一种成就欲望层次上的需求。

（2）知识型员工的内在需求模式是混合交替式的，这使得报酬设计更为复杂。

（3）知识型员工不仅需要获得劳动收入，而且要获得人力资本的资本收入，即需要分享企业价值创造的成果。

（4）知识型员工出现了新的内在需求要素。这些要素是传统的需求模型难以囊括的，如利润与信息分享需求、终身就业能力提高的需求、工作变换与流动增值的需求、个人成长与发展的需求等。

第五，领导界限模糊化。

（1）知识创新型企业中，领导与被领导的界限变得模糊，知识正替代权威。一个人对企业的价值不再仅仅取决于其在管理职务上的高低，而是取决于其所拥有的知识和信息量。领导与被领导之间的关系是以信任、沟通、承诺和学习为基本互动准则的。

（2）知识型员工的特点要求领导方式进行根本的转变。

（3）信任、沟通、承诺、学习成为新的互动方式。

（4）要建立知识工作系统和创新授权机制。

第四节　胜任力概述

人类社会在经过漫长的工业经济时代后，逐步迈向了知识经济时代。知识经济时代的重要特征，是各国之间的竞争已由原来以经济、军事为主的竞争，演变为以科技、人才为主的竞争。而人才又是科技的载体，因此，当代国际竞争的实质是人才的竞争。随着国际经济、技术交流与合作的广泛开展，国内企业进一步缩小了与世界一流企业的技术差距。在学习与模仿外国先进生产技术的过程中，国内企业认识到了人力资本的重要性，逐步转变自身的经营理念。在企业中，生产经营不再单纯依靠丰富的物质资源以及先进的生产技术，转而更依赖于人力资源。以人为本，已经不再停留在理论层面或者只是领导的企业开始思考培养、引进的人才到位之后是否能够在相应的岗位上创造高的工作绩效。而以往基于智力因素的人才测评体系显然无法满足企业这方面的需求，一种全新的基于职位胜任需求的理论，即胜任力理论应运而生。通过将胜任力模型运用到企业，尤其是针对知识型员工的招聘、培训、考核和激励等环节，实现员工的目标由单纯地追求个人利益转变为将个人发展与企业发展相结合，具有积极的意义。

一、胜任力及其相关内涵

1. 胜任力的发展过程

1）概念提出阶段（20 世纪初至 70 年代初）

Taylor（1911）通过"时间 - 动作研究"认识到优秀工人与较差工人在完成他们工作任务时的差异，建议管理者用时间和动作分析方法界定工人与完成工作任务有关的能力是由哪些成分构成的，同时采用系统培训和发展活动提高工人这些能力，以提高组织效能。Barnard 于 1938 年指出，担任管理职位的人应当具备职业的道德准则、高度的承担责任的能力、作为一项道德因素的一般技术能力和特殊技术能力、为别人制定道德准则的能力。Flanagan 于 1954 年提出"关键事件"方法，根据公司管理者的工作分析，认定 7 个管理者工作要素，即生产监督、生产领导、员工监督、人际协调、与员工的接触和交往、工作的组织计划与准备以及劳资关系。而最早明确提出"胜任力"这一概念的是 McClelland。他将胜任力表述为"与工作或工作绩效或生活中其他重要成果直接相似或相联系的知识、技能、能力、特质或动机"。

2）概念拓展阶段（20 世纪 70 年代初至 90 年代初）

在 McClelland 的研究基础上，各学者纷纷提出了自己对胜任力的理解，进一步拓展和丰富了该理论的研究内容。Everts 和 Eads 于 1979 年认为，胜任力是学习者在预期成果表现的程度上所展现出的知识、技能、情意上的行为或判断力。Spencer（1993）指出，胜任力是和参照效标（合格绩效或优秀绩效）有因果关联的个体潜在基本特质。基本特质是指个人人性中最深层与长久不变的部分，不仅与其工作所担任的职务有关，更可了解其预期或实际反应及影响行为与绩效的表现。我国学者王重鸣和陈民科（2002）结合我国实际情况，也给出了胜任力的定义，认为胜任力是导致高管理绩效的知识、技能、能力以及价值观、个性、动机等特征。

3）实证研究阶段（20 世纪 90 年代中期以后）

随着理论研究的不断深入，胜任力已不再只是用于识别员工某种能力素质，转而更加注重如何通过构建一个完整的测评体系来提升企业的未来竞争力。此阶段主要是通过构建相关的"胜任力模型"，再实现理论与生产实践的有机结合。Anntoinette 与 Lepsinger 于 1999 年将胜任力模型描述为"一个能促进高绩效表现的知识、技术与个性的综合体"。当前，有关胜任力模型的研究主要集中在胜任力模型的类型及其在不同阶层中的运用两方面。其焦点又集中在如何在已有的胜任力模型基础上，结合各组织的自身情况，通过对经典模型的修整，构建和运用适合本组织的胜任力模型。

2. 胜任力定义

在英文文献中，通常用"competency"、"competence"来表示胜任力，但此两词的含义是不同的。现在大多数的研究者都将胜任力翻译为 competency。competency 所表示的"胜任力"是指有助于个人或团队获得高绩效的知识、技能、个性特征及行为价值观的总和，它直接与个人的工作绩效相关，是用完成任务的情况来判断的。胜任力要经过多年的工作、培训和实践之后，才能最终成为人的另外一种自然属性。competence 更适于表示"能力"，是完成某项工作所必需的知识和专业技能水平，而胜任力则是特征、技能、知识以及经验的综合。一个人的工作绩效受到许多因素影响，除能力外，还有环境条件、各种不可预测的事件等。能力是胜任力的先决条件，胜任力涵盖了能力，胜任力更多地强调了个体潜在不容易被发现但是却对绩效影响巨大的特征，比如价值观和成就特征。胜任力的提出可以追溯到中世纪的行业协会，学徒通过跟随师傅学习而掌握一定的技能。胜任力在管理领域中的研究与应用最早始于 20 世纪初。Taylor（1911）在其《科学管理原理》一书中提出用"时间－动作研究"的方法去研究工人胜任力构成，并运用研究出的胜任特征对工人进行培训，提升工人的胜任力，进而提高组织效能。1973 年 McClelland 发表了论文《测量胜任力而非智力》，提出用胜任力取代传统智力测量，第一次明确提出了胜任力的概念，宣告胜任力理论的诞生。胜任力最初是被应用于教育领域，其在管理界中的广泛使用，则是从 McClelland 的同事及合作者 Boyatizis 于 1982 年所著的《胜任的经理：一个高效的绩效模型》开始的。关于胜任力的定义具有代表性的主要有以下五种。

（1）McClelland 于 1973 年提出胜任力就是与工作、工作绩效或生活中其他重要成果直接相联系的知识、技能、能力、特质或动机 。

（2）Boyatizis 和 Burgos（1999）提出胜任力就是一组潜在的特征，它使拥有者能在自己的工作岗位上取得高绩效，如知识、动机、特质、技能、自我形象或社会角色等。

（3）Spencer 于 1993 年提出胜任力就是能够区分在某一岗位或组织中高绩效者与平均绩效者的个人潜在的深层次特征。它包含动机、特质、自我形象、态度或价值观以及某领域知识、认知或行为技能，它是任何可以被可靠测量的且能显著区分优秀绩效与一般绩效个体的一组特征。

（4）Hay Group 的胜任力定义与 Spencer 的定义相似，他认为胜任力就是能够把平均绩效者与高绩效者区分开来的任何动机、态度、技能、知识、行为或个人特点。

（5）Helly 于 2001 年提出胜任力是一组特质群，包含从动作技能到人格特征，从安全分类细胞的能力到成功地回应调查报告者提出的问题的能力等，胜任力常被定义为一种特征，这种特征能够依据一个可接受的绩效标准进行测量，能够使一个人出色地完成自己的工作，在自己的岗位上取得高绩效。它包含知识、技能、个性、态度、动机和行动等多个方面。

综上所述，胜任力必须同时有以下三个重要特征：①它是与员工的工作和岗位紧密联系的，受很多诸如工作环境、岗位特征等因素的影响。也就是说可能在这一工作岗位上这些知识和技能是非常重要的，但在另外一个工作岗位上就成了不重要的甚至是制约其发展的阻碍因素。②胜任力是与员工的工作绩效密切相关的。也就是说可以根据胜任力测评结果来预测员工未来的工作绩效。③通过胜任力测评能够将组织中的绩优者与绩平者区分开来。也就是说，优秀员工与一般员工会在胜任特征上表现出显著的差异。组织可以将胜任力指标作为员工考核的指标，将考核的结果作为员工招聘、培训和升职的依据之一。

3. 胜任力相关术语辨析

胜任力概念由 McClelland 提出后的 30 多年来，中西方学者从不同的侧面给出了胜任力的定义。迄今为止，国内外学者对胜任力的阐释仍然众说纷纭、莫衷一是。一些相关术语的交替使用更是增加了其定义的混乱。

1）competence 和 competency

competence 和 competency 在中文中通常都可以译成胜任力，因此很容易混淆。McClelland 在其初期的文献中使用的是 competence，后有学者和实践者使用 competency（胜任力）。波尔门（Berman）认为，competency 是胜任力的表现，是用来了解和识别优秀绩效、行为、能力技能等，而 competence 是以观察的功能性技术为基础的，主要强调整体的功能性技能。对此，McClelland（2001）认为，competence 是指个体履行工作职责和取得绩效的能力，competency 则集中关注个体在一定情景下的实际行为表现和绩效。爱德华·A. 麦科纳（McConnellc, 2001）也认同 McClelland 的观点，并对两者的获取、评价与保持促进以及相应的成本进行了分析与对比。随着研究的不断深入，两个术语有合并趋势。这两个词的不同之处可能在于是否考虑到具体的环境，或者只是层面上的差异，如果从字面上去区分并没有多大意义。因此，本书对这两个术语也不加区别。

2）能力（capability）与胜任力（competency）

从组织角度来看，capability 是功能性的，以特定的功能为基础，如营销能力和生产能力等，而 competency 是各功能的总体，是各种功能性能力的相互协调。从个体角度来看，两者的区别也如此：capability 是指个体解决某一具体问题的能力，competency 是各种具体功能性能力的相互协调。例如，一个人掌握了财务预算的专业技能，但他必须还要有与其他部门相互协调的能力，以便获得有用的信息，最终得到财务预算表，这种协调能力就是胜任力。

3）胜任力的界定

对胜任力（competency）概念的界定比较有代表性的观点是由 Hay-McBer 咨询公司于 1973 年提出的。该公司认为，胜任力是指员工胜任某一工作或任务所需要的个体特征，包括个人知识、技能、态度和价值观等。随后各学者在定义胜任力时也主要从认知、行为、情感领域、知识、技能和态度来界定。Klemp（2000）认为胜任力是能够产生高绩效的、潜在的个人特征；Mclagan（1980）认为，胜任力是指完成主要工作结果的一连串知识、技能与能力；Jr. L. M. Spencer 和 S. M. Spencer（1993）认为，胜任力是能将某一工作（或组织、文化）中表现优异者与表现平平者区分开来的个人潜在的、深层次特征，它可以是动机、特质、自我形象、态度或价值观以及某领域的知识、认知或行为等任何可以被测量计数的，并且能显著区分优秀绩效和一般绩效的个体特征。Boyatizis（1994）认为，胜任力是个体潜在特征，可能是动机、特质、技能、自我形象或社会角色，或者是她/他所运用的知识体。Ledford（1995）认为，胜任力是个人所具备的、能产生绩效并可验证与确认的知识技巧及行为特质。Blancero 等（1996）认为，胜任力包括管理、商业、技巧、"人际"认知、影响风格、组织和个人特征，即知识、技巧、能力等用以达成目标的因素总和。Mansfield（2000）认为胜任力是精确、技巧与特征行为，员工可依此改进而胜任其工作。Mirabile 于 1997 年认为，胜任力是与高工作绩效相关的知识、技能、能力或特征。Parry（1998）认为，胜任力是影响工作绩效的知识、态度及技能等因素的集合，可以以一个标准来测评，并可通过培训和发展得到改进。Green 于 1999 年认为，胜任力是指可测量的、有助于实现任务目标的工作习惯和个人技能的书面描述。Sandberg（2000）认为，工作胜任力是个人工作中所使用的知识和技能，并不是个人所有的知识和技能。我国学者王重鸣和陈民科（2002）认为胜任力是指导高管理绩效的知识技能、能力以及价值观、个性、动机等特征。陈民科（2002）认为，胜任力是指工作情景中员工的价值观、动机、个性或态度、技能、能力和知识等关键特征。

综观以往学者对胜任力的定义，区别在于他们侧重的角度不同。有的学者偏重于行为，即将胜任力看作个体相关行为的类别，此观点认为，胜任力是"保证一个人胜任工作的外显行为的维度"。例如，"敏感"、"主动"和"分析"等都可以是外显行为的一类；有的则偏重于特质，即认为胜任力是个体潜在的、持久的个人特征。综合以上定义可知，competence 指的不是一般能力，而是组织实现目标时，对担任某一职位的成员要求的该职位所必须具备的学识、素质和能力的组合。相对来说，斯班塞（Spencer，1993）等的定义比较有代表性，即胜任力是指特质、技能、自我形象或社会角色、态度、价值观、知识、技能等能够可靠测量并可以把高绩效员工与一般绩效员工区分开来的任何个体特征。根据斯班塞的观点，胜任力又分为基准性胜任力与鉴别性胜任力两大类，其中基准性胜任力是对任职者的基本要求，这些基本要求并不一定能区别高绩效与一般绩效员工，但这些特征与其他职位所具有的特征是不一样的；鉴别性胜任力是短期内较难改变和发展的特质、自我概念、态度和价值观等高绩效者在职位上获得成功所必须具备的条件，是有效区别高绩效者和一般绩效者的要素。

二、胜任力的类型、研究内容及研究对象

1. 胜任力的类型

依照不同的标准，对胜任力有不同的分类，通常的分类有以下七种。

1）个体胜任力和组织胜任力

胜任力分为个体胜任力和组织胜任力。其中，个体胜任力是指对能显著区分高绩效者和一般绩效者的个体特征深入分析。而组织核心胜任力有三个可辨别的成分：一是提供进入变化市场的潜能；二是对终端产品有意义的贡献；三是对竞争者来说很难模仿的竞争优势。

2）工作胜任力、岗位胜任力与职务胜任力

依据个体在工作中的不同职位，可把胜任力分为工作胜任力、岗位胜任力与职务胜任力。工作胜任力影响个体的工作绩效水平，通过它可以预测个体的工作绩效；岗位胜任力是指具有某种资格或胜任某一岗位的条件，即拥有足够的技能、知识来履行特定任务或从事某一活动；职务胜任力是指某一行业工作者是否具备某一职务所要求的职务行为能力。

3）硬性胜任力和软性胜任力

根据胜任力的可变化情况把胜任力分为硬性胜任力和软性胜任力。前者指人们完成预期达到的工作的标准，后者指个人的行为和属性。

4）管理胜任力、人际胜任力和技术胜任力

根据工作中表现出来的各种胜任特征，把胜任力区分为管理胜任力、人际胜任力与技术胜任力。管理胜任力主要是指组织领导能力；人际胜任力指有效交流，积极建立人际关系的能力；技术胜任力指与某一特殊的专业活动相关的胜任力。

5）通用胜任力、可迁移胜任力和专业胜任力

按组织所需的核心专业与技能，可将胜任力分为通用胜任力、可迁移胜任力与专业胜任力。通用胜任力是一个组织核心价值观、文化等的反映，为全体成员共有；可迁移胜任力指某些岗位的通用胜任力，如管理者胜任力、领导胜任力；专业胜任力指从事某一专业工作的胜任力。

6）多元胜任力、行业通用胜任力、组织内胜任力、标准技术胜任力、行业技术胜任力和特殊技术胜任力

Nordhaug（1998）从任务具体性、行业具体性和公司具体性三个维度对胜任力进行划分，提出了六个范畴的胜任力类型。

7）基准性胜任力、鉴别性胜任力和发展性胜任力

Jr. L. M. Spencer 和 S. M. Spencer（1993）将胜任力分为基准性胜任力和鉴别性胜任力。其中，较容易通过培训、教育来发展的知识和技能是对任职者的基本要求，称为基准性胜任力；而在短期内较难改变和发展的特质、动机、自我概念、社会角色等高绩效者在职位上获得成功所必须具备的条件，统称为鉴别性胜任力。我国学者陈万思（2007）在此基础上提出了发展性胜任力的概念。发展性胜任力可以有效地把特定职位的高绩效者与更高层次职位的高绩效者区分开来，它在短期内通常难以改变和发展。

2. 胜任力研究的内容

产生胜任力的个人特征可以是人的动机、特性、个体自我形象或社会角色、技能和知识。Bartlett 和 Ghoshal 于 1997 年将胜任力分为三类：态度/特征、知识/经验、技能/能力。同样，Burgoyne 于 1988 年定义胜任力包括技能与意愿，而且，他认为"胜任力的概念要比技能更广泛，可以认为是知识、技能、理解力和意愿的综合体"。

Stuart 和 Lindsay 于 1997 年描述了胜任力的构成元素，并赋予一定的风格，这些元素包括个人的技能、知识和个人特征。McClelland（1998）把胜任力划分为知识、技能、社会角色、自我概念、特质和动机六个层面，前面两个特征是容易感知的，但不能预测或决定能否有卓越的表现，不能把表现优异者与表现平平者区别开来，只是胜任者基础素质的要求，是基准胜任力（threshold competency）。后面的四个特征决定着人们的行为与表现，是鉴别性胜任力（differentiating competence）特征，是区别优异者与表现平平者的关键因素。Raelin 于 1995 年认

为胜任力包括：管理工作、管理人、技术领导、创新、客户关系、道德规范、沟通、团队导向、系统整合、财务管理、危机处理、实践导向和质量保证。

3. 胜任力研究对象

从研究的对象来看，可将胜任力分为个体层面的胜任力、组织或群体层面的胜任力以及行业胜任力三种。其中个体层面的胜任力是指特定组织环境下对某些关键性岗位的胜任力。Prahalad 和 Hamel 于 1990 年将个体层面的胜任力概念置于"人－职组织"匹配的框架，从而有益于培训与开发。群体或组织层面的胜任力是指组织中常用的"核心胜任力"、"优势胜任力"和"决定性的胜任力"。核心胜任力是一种能力，是企业资产、人员与组织的有机结合，而且它还是一个系统，它的组成要素是企业的技术胜任力和运作胜任力，是一种战略观，把竞争上升为企业整体实力的对抗。组织胜任力研究的启蒙者是普拉汉拉德，他提出了团队核心胜任力，其目的是使组织在环境中有竞争力。Ulrich 于 1997 年扩展了普拉汉拉德的组织胜任力，将个人与组织的胜任力联系起来研究。行业胜任力是针对某一具体行业所要求的胜任力研究。例如，英国 MCI 公司（1985）通过对工业、公共事业和工业分支业的大小组织中的雇员和经理人进行广泛研究，识别出不同职业阶层所应具备的绩效标准，后来发展到 150 种行业和专业的职业标准，从而有了英国著名的职业资格体系（National Vocational Qualification，NVQ）。还有美国技能标准委员会（1996）批准的全国义务技能标准系统的研究也是属于行业层面的胜任力研究。诺德汉（Nordhaug，1998）提出了自己的胜任力分类方法，他认为胜任力应从任务、行业和公司具体性三类维度来考虑。由此他将胜任力分为：元胜任力（meta competence），主要指人际技能和管理技能；内部组织胜任力（intra organization competence），主要关注行业的文化；通用行业胜任力（general industry competence），主要体现在高层管理人员身上；标准技术胜任力（stand technical competence），主要通过常规教育、职业教育和培训、学徒和企业内部人事培训等方式获得；行业技术胜任力（technical trade competence），培养行业技术胜任力的典型方法是通过职业教育；特殊技术胜任力（idiosyncratic technical competence），可以通过正规学习、工作轮换、内部培训等发展得到，一般来说，这只能在一个公司里产生。

三、胜任力的特点及其模型研究

1. 胜任力的特点

1）综合性

胜任力由多种要素组成，它既是员工外在的知识、技能和内在的态度、自我概念以及行为动机等心理品质的有机结合，又是指知识、技能、能力、激励、理念、价值观和兴趣的综合。

2）可识别性

从有关胜任力的定义可以看出，并非任何技能、知识、个性等都是胜任力，只有那些能够显著将高绩效者与一般绩效者区别开来的那部分知识与技能才称为胜任力。

3）动态性

胜任力具有可习得性和迁移性，可以通过一系列"干中学"或培训来开发，以不断提高其广度与深度。胜任力若不能持续提升和熟悉，将很快失去其效能和价值。

4）工作紧密性

胜任力与员工所承担的工作任务密切相关，它是员工高质量地完成本岗位各项工作任务所必备的基本特征，是个人能力与工作情景的有效匹配。只有个人能力为工作所需时，它才能称为胜任力。

2. 胜任力的识别方法

第一类方法是从人的特征角度出发识别胜任力，将胜任力视为与人的特征相关的现象，这些特征是独立于情境的，能够适应较广范围内的工作活动，识别胜任力就是找出这些绩效优秀者的特征，这是一种静态驱动的识别方式。

第二类方法是从行为的角度对胜任力进行识别。这是一种动态驱动的识别方式，动机、个性、自我形象、价值观、社会角色、知识和技能等胜任力的构成要素共同决定了人的行为，胜任力构成要素之间以潜在部分（动机、个性、自我形象、价值观和社会角色）"推动"或"阻碍"表象部分（知识、技能），这是将胜任力看作特定情境下知识、技能、态度和动机等的具体运用的行为表现形式。通过可以观察到的行为指标来反映胜任力，这也意味着胜任力可以通过外在行为来度量，而胜任力识别的结果就体现为胜任力模型。

3. 胜任力模型

当前有关胜任力的研究主要集中于胜任力模型的构建与运用。胜任力模型就是某一特定岗位所应具备的胜任力要素总和，是根据岗位的工作要求，确保该岗位的人员能够顺利完成该岗位工作的个人能力特征结构的总和。它是动机、特质、自我形象、态度或价值观、某领域知识、认识或行为技能的个体特征的综合表现，且能显著区分优秀绩效者与一般绩效者。

经典的胜任力模型目前主要有三种，即冰山模型、洋葱模型和胜任力辞典。胜任力冰山模型（图1-1）指出人的胜任力由特质、动机、自我认知、社会角色、知识和技能六个要素构成。水面上的冰山部分即为显性胜任力，是对胜任者的基本素质要素；水面下的冰山部分则称为隐性胜任力，它是区分优异者与表现平平者的关键要素，也是现代企业培训开发的重点。

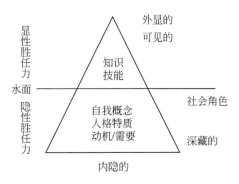

图 1-1　胜任力冰山模型

胜任力洋葱模型（图 1-2）是从另一个角度对冰山模型的解释，它在描述胜任力时由外层及内层，由表层向里层，层层深入。最表层的是基本的技巧和知识，里层核心内容即为个体潜在的特征。

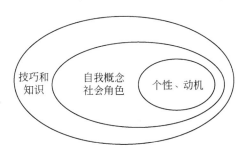

图 1-2　胜任力洋葱模型

胜任力辞典（表 1-1）将人应具备的七个方面的胜任力，包括成就与行动、协助与服务、冲击与影响等编制成了一本辞典。通过对比胜任力辞典中每一项胜任力的评鉴标准，人们可以很快获悉自身胜任力的不足。

表 1-1　胜任力辞典

指标	指标分解
成就与行动	成就导向，重视秩序、品质与精确，主动性，信息收集
协助与服务	人际理解，顾客服务导向
冲击与影响	冲击与影响，组织直觉力，关系建立
管理	培养他人，果断与职位权利的运用、团队合作，团队领导

指标	指标分解
认知	分析式思考，概念式思考，技术/专业/管理的专业知识
个人效能	自我控制，自信心，灵活性，组织承诺
其他个人特色与能力	职业偏好，准确的自我评估，喜欢与人相处，写作技巧，远见，与上级沟通的能力，扎实的学习与沟通方式，恐惧被拒绝的程度较低，工作上的完整性，法律意识，安全意识，与独立伙伴/配偶/朋友保持稳定关系，幽默感，尊重个人资料的机密性等

4. 胜任力模型研究方法

构建胜任力模型的基本原理就是通过对比找出绩效优秀的员工与绩效一般的员工在知识技能、人格特质、自我概念、成就动机、社会角色和个性特征等方面的差异。通过收集数据和分析数据，对找出的各胜任特征之间的关系进行研究，剔除重复部分，并对各胜任特征进行聚类，从而建立某岗位的胜任力模型。将这一模型应用于该岗位的人力资源管理中就构成了以胜任力模型为基础的人力资源管理体系。用于开发胜任力模型的方法有很多种，研究者可以根据研究对象的特点进行选择。胜任力的建模方法主要有以下五种。

1）工作能力评鉴法

工作能力评鉴法就是通过一套严密的胜任力实证研究流程来确定是何种特征使被研究对象产生了区别于一般绩效的高绩效。工作能力评鉴法是较成熟的胜任力建模方法，建模步骤如下。

第一，确定绩效标准。胜任特征是区分绩优者和绩平者的，所以就首先要确定出用什么标准来划分绩优者和绩平者。硬性指标在测评时受到的干扰最小，是最理想的绩效标准，如销售额、利润率、完成率和达标率等。再就是工作分析和专家小组讨论法，在没有合适的硬性指标时大多采用这种方法。工作分析法就是通过对研究对象所从事的工作进行分析，找出能鉴别绩优员工与绩平员工的标准。专家小组讨论法则由专家小组通过讨论的方式得出该工作的绩效标准。在绩效管理有效性高且系统规范的组织中则可以直接运用该组织现行的绩效考核指标作为绩效标准。

第二，选择效标样本，即研究样本。就是根据第一步确定的绩效标准，选择出绩优的样本和绩平的样本分别划入优秀组和普通组，最后从两组中随机抽出一定量的样本作为研究样本。如果调查费用有限，也可省去第一步直接采取领导指定的办法来获取样本。这种方法主要依赖领导的主观判断，在组织规范且领导者的管理能力和知识水平较高的情况下，也是一种有效的方法。

第三，获取效标样本的胜任特征数据。收集数据的主要方法有很多种，如行为事件访谈、专家小组讨论、问卷调查法、焦点访谈法和观察法等。目前最成熟且被广泛使用的为行为事件访谈法，本次研究中采集样本胜任特征数据就采用行为事件访谈法。

第四，分析数据资料，建立胜任特征模型。通过对绩优组和绩平组两组数据进行差异分析，找出两组间在哪些胜任特征上存在差别，这些胜任特征的总和就构成了该岗位的胜任力模型。

第五，验证胜任特征模型。模型建立以后还必须确定模型的内部结构并对模型进行验证，证明模型的有效性。通常采用的模型验证方法有四种：①通过考察"交叉效度"来验证模型，再选取第二个效标样本，对选取的效标样本进行行为事件访谈收集数据，得出各样本各胜任特征情况，然后看是否能用前面建立的模型分析出哪些属于绩优组，哪些属于绩平组，以此来检验模型；②考察"构念效度"，根据胜任力模型来编制评价体系，用此评价体系对二次选择的样本进行评价，看最后得到的评价结果中绩优者与绩平者是否在胜任特征上存在显著差异，如果存在显著差异则证明模型是有效的；③考察"预测效度"，即根据胜任力模型中的胜任特征来进行员工选拔，或针对胜任力模型中出现的胜任特征进行培训，然后跟踪这些用胜任力模型选拔和培训出来的人，看这些人是否能在以后的工作中取得卓著的绩效；④问卷调查法，根据胜任力模型中的胜任特征编制量表式问卷，然后选取较大规模的样本进行发放，根据量表分析的结果来检验模型的有效性。这四种方法中，第三种方法最耗时耗力，但有效性也最高。本项研究由于研究经费和时间的限制采用问卷调查法来验证模型，加大样本数量来保证有效性。

2）修正的工作能力评鉴法

修正的工作能力评鉴法比工作能力评鉴法节省时间和成本。访谈法虽然能挖掘出很多重要的信息，但该方法的有效性受到访谈者访谈技巧的限制，在修正的工作能力评鉴法中取消了面对面的访谈，采取请高绩效者和一般绩效者用文字方式将他们的重要行为表述出来的方法以获取研究数据。

3）改造通用模型法

使用改造通用模型法时，组织把普遍适用的胜任力模型根据具体岗位的要求对所包含的胜任特征进行添加、删除和修正，以构造适用于特定角色或职能的胜任力模型。

4）专门定制的通用模型法

专门定制的通用模型法就是研究人员通过试验和分析找出某一岗位可以区分杰出绩效者与一般绩效者所有可能的胜任特征，列出一个胜任特征清单，再以职位本身的特点和本组织的特征对这些胜任特征进行删减，创建适用于本组织本岗位的胜任力模型。

5）弹性能力模型法

弹性能力模型法主要针对组织未来的需求。通过组织搜集信息及本职务未来的需求作出预测，并根据预测的结果来开发胜任力模型。

四、胜任力国内外研究现状

1. 国外胜任力研究

近年来，国外胜任力的研究以对管理者的胜任力研究为多。胜任力研究具有代表性的有以下六种。

（1）McClelland（1973）提出的管理人员胜任特征模型。他认为该管理人员的胜任力模型由两部分构成，一部分是管理者自身的特征，如成就动机、主动性和创造性思维；另一部分是个体对其所工作组织内的其他人的领导特征，如影响他人的能力、领导他人的能力。

（2）理查德·波亚提兹于 1999 年对 2000 多名管理人员的胜任特征进行了研究，这 2000 人中有公共事业管理者和私营企业管理者。他分析了因行业、部门和管理水平的不同而产生的胜任力模型的不同，提出了管理者的六大胜任特征群：目标与行动的管理、人力资源管理特征、领导力、指导他人的特征、知识技能、关注他人以及 19 个子胜任特征。

（3）Charles Handy 研究了 21 世纪管理者的胜任力模型。他在其论文中提出，21 世纪的管理者必须具备五项胜任特征：①知识与技术专长，这一胜任特征在众多的研究结果中都有体现；②跨功能与跨国工作的经验，该项胜任特征体现了 21 世纪全球化的特征；③合作的领导能力；④自我管理能力；⑤人格特征。

（4）Neville Bain 和 Bill Mabey 也研究了管理者胜任特征模型。他们研究得出的模型中也包含了类似于知识技能的"专业素质"，除该项外还有三项胜任特征——管理质量、企业家素质和个人素质，共四方面。

（5）Lyle Spencer 和 Signe Spencer（1993）的通用胜任力模型。他们对 20 年来的胜任力研究结果作了总结，得出了 5 个通用的胜任力模型：专业技术人员、销售人员、社区服务人员、管理人员和企业家。每一个模型都包含有十几个胜任特征。其中管理人员的胜任特征包含了知识技能、成就动机、合作精神和领导力等 13 项胜任特征。

（6）Alpha Assoc 和 Waterloo 对管理者胜任力的研究是从独特的角度进行的，是从培训的角度出发的。他们研究了组织中的管理培训，总结管理培训的内容，得出了五项管理者的胜任特征，即概念技能与创造性、领导力、人际技能、行政管理技术和能力。

从前面的综述中我们可以看出胜任力的研究不仅涉及商业领域还包括了公共

服务和专业领域。1990 年美国劳工部调查了年轻人成功所必需的技能。研究者指出年轻人都希望从事制造、卫生、零售、饮食业和办公服务 5 个行业的工作。这项研究的结果为政府在学校和福利方面的改革提供了科学的依据，促成了这项工作的成功。从 1996 年开始，美国进行了涉及更多行业和领域的胜任特征研究，目前该项目仍在进行中。1990 年由政府主导开始了聚焦于公共管理领域的领导胜任力研究，对 2 万个管理者、监管者和主管进行了研究，该项目的研究结果对联邦主管的培训和发展产生了很大的影响。

2. 国内胜任力研究综述

我国学者对胜任力的研究是最近几年才兴起的，起步相对较晚。学者们对"competency"的翻译不尽相同，以王重鸣为代表的学者倾向于译为"胜任力"或"胜任能力"；而以时勘为代表的学者则将其译为"胜任特征"或"胜任素质"。从 20 世纪 80 年代开始，随着国外专家学者对胜任力研究的不断升温，我国学者也开始关注这方面的研究，有关胜任力的介绍和应用主要从心理学和人力资源管理两个方面进行。笔者在收集资料的过程中发现，虽然国内关于胜任力研究的文章数量不少，但多数研究都集中于对胜任力产生和发展的介绍、胜任力概念的界定、胜任力模型的构建步骤以及行为事件访谈法的运用等问题，而进行深入研究的成果不多。从事该方面研究的专家学者中，能对此进行系统深入研究并最终形成研究著作的学者还不是很多，而且这些学者大多是心理学专家。另外，在研究方法方面，目前国内研究人员主要采用探索性研究思路，在广泛进行问卷调查、访谈的基础上，通过因素分析，提炼出几大胜任力，并构建相关模型。

我国胜任力研究的专家学者中，较为著名的代表人物有中国科学院心理研究所的时勘教授、王继承教授以及浙江大学管理学院的王重鸣教授、陈民科教授等。时勘教授领导的"企业高层管理者胜任特征模型的评价研究"的科研项目获得了国家自然科学基金的资助。研究结果显示，我国通信业高层管理者的胜任力要素包括：影响力、社会责任感、调研能力、成就欲、领导驾驭能力、人际洞察力、主动性、市场意识、自信和识人用人能力。王重鸣教授领导的名为"管理胜任力特质分析的研究"的科研项目也获得了国家自然科学基金的资助。其研究结果表明，管理胜任力由管理素质和管理技能两个维度构成。另外，王重鸣、陈民科实证研究了全国 5 个城市 51 家企业 220 名中高层管理者，采用因素分析和结构方程模型检验了企业高级管理者胜任特征的结构，并由此编制了《管理综合素质关键行为评价量表》。香港管理开发中心（MDI）在 20 世纪 90 年代对本地区中层管理者的胜任特征进行了研究，请公共事业的高级经理、公有或私有部门的高级经理来评价从文献综述和专家头脑风暴法获得的 30 个中层管理胜任特征条目。基于对大约 2000 多名中层管理职位的进一步调查，MDI 初步得出了一套胜任特征群，最后确定了 n 个管理胜任特征群，包括领导、沟通、团队建设、团队成员精神、结果导向、个人驱动、计划、效率、商业意识、决策和客户意识。北京大学王垒等（2004）结合威斯曼的 16 个特征模型进一步研究，从中国的管理实践出发，由中国管理者自己挑选、评价出反映中国管理特色的胜任特征，最终得出中国管理者胜任力模型由四个因子构成，分别是能力因子（睿智而有影响力）、社交性因子（人际技巧）、动机 – 个性因子（勤勉而有人格魅力）和情绪因子（淡漠、乐观）。

五、胜任力的发展趋势

胜任力相关研究已历时 30 多年，呈现出百家争鸣、百花齐放的态势，胜任力研究的数量和质量明显地提高，也体现出如下的发展趋势。

第一，从工具的寻求到工具的使用。目前，胜任力识别的方法和模型建立的途径基本上已在学界达成共识，最根本的方法和逻辑思维论证已经完成，借助于管理咨询公司的推力，现在越来越多的胜任力研究都是如何结合某一行业，或在某一特定企业进行胜任力建模，并在此基础上利用建好的模型与企业的整个人力资源管理体系进行绑定管理，尤其是在人员招聘选拔、促进绩效管理、人员培训和薪酬管理等具体环节，使胜任力模型在更大层面上、更深层次上服务于企业管理。

第二，从单一性研究到系统性研究。从现有的胜任力模型研究来看，相当数量的研究都体现在单一的行业、单一的部门管理者。胜任力模型的建立，往往没有对同一行业、同一部门中不同层次管理者建立系统的胜任力模型。同时也缺少胜任力模型的比较研究，如不同行业、相同部门管理者胜任力模型之间差异的跨行业比较，以及同一行业、部门不同层次管理者胜任力模型之间差异的跨层级比较。这种跨部门和跨层级的比较研究将增强胜任力研究的系统性，对实践的指导意义更强。

第三，从个体层面的研究到组织层面的研究。胜任特征的研究最初均是针对个体的研究，尤其是处于某一特定岗位的管理者。20 世纪 90 年代后，人们越来越注重从组织战略理论的角度，对组织的核心胜任特征进行研究，基于个体、群体和组织三个不同层级，胜任力的研究已经从第一级开始向上走，但组织层面的胜任力研究尚处于初级阶段，还存在一系列问题。例如，理论研究多，实证研究少，研究中的组织多为公司、企业等营利性组织，而对非营利性组织较少涉足。

第二章　医生胜任力模型研究

第一节　导　言

一、研究背景

近年医疗行业问题层出不穷，看病贵、看病难问题突出。医疗纠纷呈上升趋势，医患关系日渐紧张。2005 年卫生部公布了前三次国家卫生服务调查结果，全国有 48.9% 的人有病不就诊，有 29.6% 的人应住院而不住院，造成这一现象的主要原因是经济因素。中华医院管理学会在 2002 年、2003 年对全国各级医疗机构的调查结果显示，全国医疗机构的医疗纠纷发生率高达 98.47%，也就是说，医疗纠纷是医疗机构普遍存在的问题。近年来医疗纠纷还呈现出了快速增长的趋势，增长率高达 22.9%。医疗矛盾的深化引起了社会各界对医疗纠纷的普遍关注。国家财政对医疗事业补偿不足导致了医院的趋利行为，造成医生医德水平下降，大处方、过度医疗等问题频频出现。这不但加重了患者的经济负担，也使患者对医生失去信任，医患关系紧张。很多学者从各方面对现存的医疗问题进行了研究，有从医生行为方向研究的，也有从体制方面研究的。

1. 医疗体制改革

2005 年国务院发展研究中心发布了《对中国医疗体制改革的评价与建议》的报告，指出中国的医疗卫生体制改革基本上是不成功的，这一结论引发了社会各界对医疗问题的普遍关注并造成了前所未有的社会反响，促使社会各界对我国医疗卫生体制改革思路进行再思考。关于医疗体制改革争论最多的是改革的路线问题。2006 年在上海举行的一次医疗改革论坛上，有卫生部官员透露中国未来医疗卫生体制改革方向为"一二三四五"策略，即一个目标，建立全民型的卫生体系，保障每个人都能获得基本的医疗卫生服务，普遍提高全国人民的健康水平；两层服务体系，解决基本医疗服务的初级卫生保健体系和解决危急重症的二三级医疗机构体系；三重保障制度；四项实施策略；五个关键问题。农民的医保问题，将仍然坚持推进农村合作医疗制度。国务院发展研究中心社会发展研究部副部长葛延风认为，医疗卫生体制改革一定要突出医疗卫生事业中政府的主导地位，这与北京大学中国经济研究中心李玲教授的看法相同。北京师范大学社会发展与公共政策研究所顾昕主张，中国应该建立市场化的医疗体制，北京大学中国经济研究中心教授汪丁丁也建议使医疗体制市场化，但同时要建立与此互为前提的医院微观机制整体改革方案。国家发展和改革委员会经济研究所常务副所长常修泽教授主张构建政府管基本保障、市场管超值服务、社会管广济善助的政府、市场、社会共建的医疗卫生网络，实行"三类性质、三种投资、三层运作"的医疗卫生体制。

2. 大处方问题

医师开出的处方中因药品数量多或药物单价高造成单张处方金额过高时，称为大处方。牛正乾和徐应云（2007）提出通过医药分家来杜绝大处方。这是时下比较受关注的一种解决方案，但也有人提出反对意见。周玲等（2000）主要从经济利益方面做了大处方产生原因的研究，认为出现大处方的主要原因有：医院补偿机制不健全，药品价格上升，厂家及经营单位对临床的"促销"；医疗保险制度的不健全，医务人员的职业道德受到冲击。并指出医药分家不能解决大处方问题，要解决此问题需健全医疗保险制度、调整医院创收结构，整顿生产企业的药品定价，开展临床用药评价、推行基本用药政策，加强医德教育。张敬涛和罗锦凤（1989）主要从医生用药水平和制度方面对造成大处方的原因进行研究。其认为造成大处方的原因主要是医疗质量低下导致的用药不合理，改革措施不完善，公费医疗制度上的弊端，解决方案有：加速培养人才，提高医疗质量，深化卫生改革，加强医疗质量监督，开展医德教育。耿军等（1994）主要从伦理方面对大处方进行了分析，指出可以从以下方面减少大处方：医院应处理好经济发展和医德医风建设之间的关系，加强医生道德教育，并制定相关法律，对大处方问题严重者给予行政处罚。

3. 防御性医疗

防御性医疗行为是指医生为了避免医疗风险和医疗诉讼而采取的防范性医疗措施。孙大明和王瑞山（2004）从法律角度对防御性医疗做了研究，提出了防御性医疗的预防建议：树立正确医疗观念，深化医疗体制改革，推行"强制性的医疗责任保险"，同时完善患者的知情同意权。王琼书和刘幼英（2004）从社会环境方面研究了造成防御性医疗的原因，指出医疗诉讼举证责任倒置和医学风险关系是造成防御性医疗的背景。华长江（2005）将造成防御性医疗行为的原因分为两类：职业因素和社会因素，提出通过健全医疗制度、风险分担制度和加快医疗的发展来防范防御性医疗。郑兰（2006）综合各方面原因提出造成防御性医疗的原因主要有 5 个：医疗行业本身的高风险性、患者维权意识的增强、病患间信任度的降低、医生对医疗纠纷的焦虑和医疗机构注重风险的管理。要防范防御性医疗就要从医院管理和医患关系的改善方面入手，同时建立医疗风险防范制度。

4. 过度医疗

过度医疗就是医疗服务机构出于多种原因提供的超出疾病诊疗和医疗保健实际需要的医疗行为。沈春龙于 2006 年认为，造成过度医疗的原因有 4 个，即医疗机构的趋利行为、医疗机构之间的竞争、医生的过度自我保护和医生的诊疗技术低下，并分析了过度医疗的法律责任。李传良（2006）也从法律责任方面研究了过度医疗，加入了由于患者科学就医观的缺乏导致过度医疗的分析。陈晓阳和杨同卫（2003）以经济学的方法研究了过度医疗，指出缺乏弹性的医疗需求是过度医疗的直接原因，医疗市场的垄断竞争是过度医疗的环境因素，并提出通过促进医疗机构的多元化来促进自由竞争，减少过度医疗。苏红（2004）也从经济学角度分析了过度医疗的成因，但其主要是从医院管理方面提出了解决方法，建议实行医务人员年薪制，切断医生工作量和收入的关系。秦惠基（2006）从医学角度提出实施临床决策来遏制过度医疗。临床决策是指将新技术下的临床决策与传统方案进行充分比较和系统评价，取其优。这样就避免了过分采用新特药、新设备带来的过度医疗。信息不对称在医疗行业尤其突出，应心（2004）研究了信息不对称对过度医疗的影响，并指出缩小医患间的信息不对称是遏制过度医疗的有效措施。林艺斌（2006）则从宏观政策方面对过度医疗做了研究，认为行政垄断才是过度医疗的病根，他将行政垄断分为区域垄断和行业垄断两部分，并分析了这两部分是如何造成过度医疗的。赵国荣和常德海（2006）认为过度医疗多是由医疗行为的不规范引起的，提出在医院推行"规范医疗"来防止过度医疗。李德玲（2003）认为，过度医疗是由患者、医疗机构及社会三个方面综合造成的，但他在解决方案中只对政府政策提出了建议，欲通过政府政策来解决过度医疗问题。

5. 医疗差错

美国医学研究所（IOM）对医疗差错做了研究，报告展示了医疗差错带来的巨大损失，认为任何医疗差错都是在组织和个人因素的共同影响下发生的，因此不能单独责备和惩罚由于潜在的系统原因而出现差错的个人。McFadden Kathleen 于 2007 年对如何降低医疗差错做了研究，提出了 7 种降低医疗差错的方法：合伙人策略、医疗差错的客观报告策略、公开讨论医疗差错策略、医院文化变革策略、教育与培训策略、数据统计分析、系统再造。Lester 和 Tritter 研究了医学教育和医学社会化对医疗差错的影响。罗秀和蒲川（2006）对美国的医疗差错报告制度进行了研究，从制度设立方面指出我国应建立健全的医疗事故检测报告系统，完善医疗机构内部的报告体系，且应该加强医疗差错报告的保密性，不以惩罚为目的。

6. 医疗纠纷

徐茂云等（2007）通过对出现医疗纠纷医生和未出现医疗纠纷医生人格特征的对比，研究了医生人格特征与医患关系的相关性，指出影响医患关系的医生人格特征，并从医院管理角度做出了医生管理建议。尹香翠和李明国（2004）对某医院医疗纠纷案例进行了分析研究，发现引起医疗纠纷的原因中医院方面占了56.6%，其中以医德医风问题、解释不恰当、管理松懈和诊断草率最多。项平（2005）做了医疗行为与医疗纠纷关系的研究，发现在容易引起医疗纠纷的医疗技术行为中，医生对病人的病情诊断错误或不全面，以及忽略必要的会诊占了很大一部分。陈玉华和高路迅（2007）分析了引起医疗纠纷的原因，医院方面主要是医生诊疗述评存在缺陷、服务意识差以及与患者沟通不利，并提出从医院管理和政府、社会方面来加以解决。

7. 其他方面的研究

杨晓林等（2007）做了患者医疗风险的研究，在其研究中提到了"医疗发展风险"，风险主要源自于临床医学的不精确性、探索性和公益性。从人权角度来看，医疗发展风险事件中存在着一个特殊的受害者群体，他们实际上是被动、随机地成为了医学发展的"探路者"，非自愿地为医学科技的进步付出了生命健康的沉重代价。他们并提出设立"医疗发展保险"来分担这部分医疗风险。苏红（2005）从国家制度方面研究了"看病贵"问题，在医疗费用的控制上从医生管理角度是指正常的、无过错的诊疗行为导致患者非必要医疗损害的可能性或不确定性；并提出了考核医生的4个考核指标，即诊断质量指标、治疗质量指标、住院日指标、费用指标。陈超等（2006）分析了临床医生诊疗行为的影响因素，指出医生自身的医疗水平和人文素质对医生的临床诊疗行为有很大影响。

综合以上研究，医生是医疗行业中的一线工作者，现存的医疗问题中大部分都是由医生自身的技术水平、人格特质、人文素质、服务意识不足等引起的。现有的医生考核评价体系缺乏科学性，现在医生考核中使用最多的因子是经济指标和每月接诊人数，这两个指标不但不能真实反映一个医生的绩效，且弱化了医生对治疗效率和效果的关注，经济指标的考核促使了诱导性医疗的发生。因此，找出影响医生绩效的因子，建立科学的医生考核评价体系，在此基础上进行培训，改善医生的绩效，对解决现存医疗问题将有很大帮助。那么究竟哪些是影响一个医生绩效的主要因子呢？本章将试图运用胜任力理论找出影响医生绩效的主要因子，建立医生的胜任力模型，以期以此模型为基础建立科学的医生人力资源管理体系。

二、研究的目的和意义

1. 研究目的

本研究试图通过行为事件访谈法和问卷调查法，对高绩效医生和一般绩效医生进行差别分析，找出医生的胜任特征，建立初步的医生胜任力模型，然后利用问卷调查法研究模型的内部结构，对模型进行验证，最后讨论如何将此模型应用于医生的人力资源管理中。具体目标如下：①编制医生胜任力辞典；②筛选影响医生绩效的胜任特征；③研究各胜任特征的结构关系，建立医生胜任力模型并对模型进行验证。

2. 研究意义

对医生的胜任力的研究和应用对我国的卫生系统而言是一个崭新的课题，目前只处于研究的初始阶段，主要是对理论的研究，还未涉及应用的研究。目前卫生系统对胜任力的研究主要集中在对医疗卫生系统领导胜任力的研究方面，如对医院院长、疾控中心主任、社区卫生中心及乡镇卫生院负责人的胜任力研究。虽然也有少数对护士、护士长、临床医师等岗位实行胜任力管理的文献报道，但仍然缺乏对核心胜任力及职能胜任力的研究。本研究首次将胜任力理论引入医生这一知识型人才的管理中。建立医生胜任力模型，全面对高绩效医生的特征进行描述。以此模型为基础建立的医生人才测评体系，能帮助我们详细了解每一个医生人才的胜任状况。基于胜任特征测评的选拔，能够选拔出更优秀的人才，提高用人效率。国外多年的研究和实践也证明基于胜任特征测评的培训、绩效评价、薪酬设计、职业规划，都是高绩效的。本研究将为医院的医生选拔、培训、晋升、绩效考核和薪酬设计等提供科学依据。解决好医生的管理问题也将有助于解决我国现阶段的医疗问题，构建和谐的医疗环境。

三、研究对象界定

本研究的研究对象只限于拥有处方权、取得医师及以上职称，且正在从事接诊工作的医生。未取得处方权的实习医生、拥有医师资格和处方权但不从事日常接诊工作的医院管理人员等不划入本研究范围。

四、医药行业胜任力研究现状

我国医药行业具有代表性的研究如下：

（1）李文（2006）做了医院院长胜任力模型研究，提出了医院院长的24项胜任特征，并将其划分6类24项胜任特征：成就特征（成就取向、关注质量和秩序、求知欲）、服务特征（人际洞察力、服务意识）、影响特征（影响力、激励、使人有责任心、公平公正、沟通）、管理特征（愿景领导力、经营能力、决策能力、分权与授权、发展下属、问题解决能力）、认知特征（分析性思维、组织权限意识、相关知识和技术专长）和个人特征（前瞻性思维、适应性思维、创新力、应变能力和社会责任感）。

（2）王丽丹（2006）研究了乡镇卫生院院长胜任力模型，提出了12个乡镇卫生院院长鉴别胜任特征和10个乡镇卫生院院长基准胜任特征。鉴别胜任特征包括：成就取向、关注质量和秩序、使人有责任心、决策能力、公平公正、自信、自我控制、发展下属、权威、团队领导、灵活性、相关知识和技术专长；基准胜任特征包括：责任感、团队协作、问题解决能力、服务意识、经营能力、发展规划意识、主动性、沟通能力、竞争意识以及诚信正直。

从以上文献综述我们可以看出我国关于胜任力的研究，从研究的类型来看，既有胜任力理论的研究也有将胜任力应用于人才测评、培训、人力资源管理的研究，也有从心理学方面展开的研究。研究对象分布面也很广，包括中高层管理人员、医院院长、疾控中心主任、教师和金融人士等，其中以管理人员的胜任力研究最多。涉及的领域包括邮电行业、电信行业、教育行业、企业和事业单位等。但是在卫生领域中，收集到的资料中大多为卫生领域相关领导的胜任力研究，对医生胜任力的研究在搜集到的文献中尚未发现。

第二节　研究步骤、对象及方法

一、研究步骤

本研究采用工作能力评鉴法来建立医生的胜任力模型。参照工作能力评鉴法的研究步骤本研究主要分六步完成。

第一步：前期准备。

前期准备主要包括文献资料的收集、访谈技巧的培训、访谈提纲的编写、医生胜任力辞典的修改和编写、确定效标样本的选择标准。

前期文献资料的收集主要是为了了解国内外胜任力研究的状况、成果，胜任力研究的主要方法和步骤及其优缺点，以及医生岗位现存的胜任力问题。本研究采用行为事件访谈法研究医生的胜任力。行为事件访谈法是一种深度访谈法，对访谈技巧及实践经验的要求很高，因此在进行访谈之前必须对访谈人员进行严格的培训。本研究主要通过搜集行为事件访谈法技术要领和成功经验的方法采用集体讨论的方式对访谈人员进行培训。

根据访谈要领和所搜集到的医生岗位相关资料，在相关专家的指导下编写《行为事件访谈法访谈提纲》。

本研究胜任力辞典的编写是在 Hay Group 的《基本胜任力辞典》基础上结合医生岗位的特点进行编写的（王重鸣和陈民科，2002）。采用专家小组讨论和检索文献资料相结合的方法，找出医生工作岗位上可能涉及的胜任特征，确定出《医生胜任力辞典（初稿）》，包含了 50 项胜任特征。辞典中主要包含各个胜任特征的名称、代码、定义、水平分级、各水平分级的具体行为描述。

以行为事件访谈法来建立胜任力模型就是通过对比发现绩优组和绩平组的差别来找出胜任特征，因此访谈前必须先划分绩优组和绩平组，效标样本的划分就成为前期准备的一个主要工作。按照胜任力理论，绩效组的划分最好是选用硬性的指标，即可量化的指标。但在前面的文献综述中我们可以看到现阶段我国还未建立起一套统一的医生绩效评价体系。各医院现行的考核体系多以经济指标作为考核标准，缺乏科学性。因此，本研究在效标样本的划分上做了改变，采用以下划分方法：在专家小组讨论的基础上加入患者评价部分，将专家小组认为高绩效且在患者中声誉佳的医生划入绩优组。

第二步：确定研究对象。

本研究选择了陕西省西安市和渭南市共 30 名医生作为访谈对象，根据第一步中确定的效标样本划分标准，将其分别划入绩优组和绩平组。西安市是陕西省医疗力量最雄厚的城市，拥有最好的医生队伍，也是陕西省人民危重病就医的首选之地，因此以该城市作为样本选取的地点有很好的代表性。

第三步：实施行为事件访谈。

访谈开始，首先告知访谈对象本次的访谈目的、保密性，由其决定是否接受访谈，并尽量争取被访谈对象的理解和配合。根据《医生行为事件访谈法访谈提纲》进行访谈，让被访者谈论在其工作中亲身经历的三件最成功和三件最失败的事件，包括事件发生时的情景、当事人、主要责任人以及被访者的感受、想法、行动和最终的结果。访谈人员可根据被访者的描述提一些探索性的问题，挖掘出尽可能多的信息。本次访谈的提问方式借助 STAR 工具进行提问。访谈结束后请被访者填写年龄、职称、工作年限等基本信息。

第四步：访谈资料整理及胜任特征编码。

将录音转换成文本资料，然后对文本资料进行胜任特征编码。胜任特征编码采用口语主题编码法。编码是整个研究过程中的关键环节，编码的信度和效度直接影响最终的结果。因此必须对编码质量进行控制。为了提高编码的信度和效度，本研究采用小组编码法，由研究小组中编码一致性最高的两个编码者组成编码小组对文本资料进行正式编码。

首先让研究组的 4 个成员对《医生胜任力编码辞典（初稿）》进行学习和讨论，就胜任力辞典中的每一个胜任特征的描述达成共识。然后从访谈资料中随机抽取一份访谈资料让 4 个人独立进行编码，编码成员编码前并不知道该样本是绩优者还是绩平者。编码结束后四位编码者对编码结果进行讨论，搜集所有编码成员的看法，丰富每一个胜任特征概念，提高编码组成员对每一胜任特征定义和分级的理解，形成统一的编码标准。同时根据本次编码的结果对胜任力辞典进行修改和丰富。然后再随机选取一份访谈资料进行编码，发现编码的一致性比第一次大幅度提高。最后选取对该资料编码一致性最高的两位成员组成正式的编码小组，对访谈资料进行编码。

将所有的访谈资料复印两份，交给两位编码人员进行独立的编码。编码人员仔细阅读访谈资料，推敲文字意思。对资料中的关键事件进行独立的主题分析，提炼出基本的主题，对照《医生胜任力编码辞典（初稿）》，辨别、区分各个事件中出现的胜任特征及等级，然后在文本中标记出来。例如，认为事件中被访者出现了战略思考（STG）这个胜任特征，且根据情况等级应划为 2 级，则标记为 STG - 2。同时根据对访谈资料的分析，对胜任力辞典中未定义但访谈资料中出现的胜任特征进行定义、划分等级和行为描述，进一步完善胜任力辞典。

第五步：数据的分析和处理。

统计每个访谈文本的访谈时间、形成访谈资料文本的字数，计算每份访谈文本中各个胜任特征发生的频次，平均等级分数及最高等级分数。例如，某一受访者在"战略思考"上的具体行为表现为在等级 1 上出现 3 次，等级 2 上出现 2 次，等级 3 上出现 0 次，等级 4 上出现 1 次，等级 5 上出现 3 次。那么这一胜任特征发生的总频次为 9 次，平均等级分数为 2.89，最高等级分数为 5。然后使用 SPSS 软件对两编码者的每一样本编码的归类一致性，编码的信度系数和 Pearson 相关系数进行检测和分析，得出编码的一致性情况。通过编码一致性检测证明本次编码是可信的，这样才可以进行下一步的数据分析，即对绩优组和绩平组的每一胜任特征之间的差异进行比较分析，两组间存在差异的胜任特征就是优秀医生的胜任特征。不能区分两组但出现频率、平均等级分数、最高等级分数排序靠前的即为在医生的工作中必须具备的特征，这些特征构成了医生的基准胜任特征。

第六步：模型的检验和修正。

医生胜任力模型雏形只是一组因子集，必须经过检验和修正，分析各个胜任特征之间的关系，剔除重叠部分，确定出模型的内部结构，才能成为正式的模型。模型验证部分的数据获取采用问卷调查法。根据初步的医生胜任力模型中所包含的胜任特征及总结出这些特征的文本资料的描述编写《医生胜任特征调查问卷》，该问卷采用李科特 5 级量表形式，让各医生对各胜任因子在医生工作中的重要性进行打分。模型的验证及内部结构研究采用探索性因素分析和验证性因素分析来完成，得到最终的医生胜任力模型。

二、研究对象及方法

本研究访谈阶段在陕西省西安市和渭南市抽取了 9 家医院的 30 个医生为研究对象。模型验证阶段问卷调查选取陕西省西安市 7 家医院的 213 名医生作为研究对象。

1. 绩效标准样本的选择

进行行为事件访谈最重要的一步就是确认绩效标准，将绩效标准样本划分为绩优组和绩平组。绩效标准一般采用工作分析或专家小组讨论的方法来确定。

现有的医生绩效考核标准大多只是医院从最大化自身利益的角度制定的，因此不能将现有的医生绩效考核指标直接作为绩效标准。医生肩负着救死扶伤的职责，也是一个社会工作者，必须同时关注医生带来的社会效益，所以医生的绩效也应该从社会效益方面来考核。社会效益由患者来评价主要体现为一个医生在患者中的声誉。本研究在绩效标准的确定上作了创新，在专家小组讨论基础上加入患者评价部分。将专家小组认为高绩效且在患者中声誉佳的医生列入绩优组。

2. 样本基本信息

本研究共访谈医生 30 人，其中 4 名医生因突发事件未能完成访谈工作，4 名医生不愿谈及失败事件。最终形成完整书面访谈资料 22 份，其中绩优组 13 人，绩平组 9 人。

最终使用的 22 份资料，男性 14 名，女性 8 名，平均年龄 43.26 岁。其中主任医师 3 名、副主任医师 5 名、主治医师 9 名、医师 5 名。第一学历本科及以上 12 人、大专 6 人、专科以下 4 人。平均工作年限 15.97 年。

问卷调查共发放问卷 213 份，回收 164 份，可用问卷 142 份，有效回收率 86.6%。最终使用的 142 份问卷中，男性 81 人、女性 61 人，平均年龄 36.7 岁，主任医师 24 人、副主任医师 37 人、主治医师 52 人、医师 29 人，第一学历本科及以上的 54 人、大专学历 43 人、大专以下学历 45 人，平均工作年限 11.39 年。

由以上样本情况可以看出本研究中样本在职称、学历、年龄、工作年限上分布均匀。

3. 研究工具和材料

本研究主要使用了《医生行为事件访谈法访谈提纲》、《医生胜任特征调查

《问卷》和《医生胜任力编码辞典（初稿）》来完成研究，用到的软件主要有 Excel、SPSS 和 LISREL。

4. 研究方法

本研究采用行为事件访谈法来研究医生的胜任力模型。用到的研究方法主要有：专家小组法、行为事件访谈法、口语主题编码法和问卷调查法。访谈结果的数据处理主要运用相关分析和差异分析，问卷数据分析主要运用主因子分析和结构方程来完成。

第三节　访谈数据分析

一、访谈长度分析

1. 不同绩效组访谈长度分析

访谈长度不同，访谈所反映的信息量就不同，因此必须对不同绩效组的访谈长度进行分析，以确定胜任特征的差异不是由不同绩效组访谈长度的差异引起的。本研究选取访谈字数和访谈时间两个变量来分析访谈长度的差异。结果如表 2-1 所示。

表 2-1　不同绩效组访谈长度 *t* 检验表

项目	绩优组（$N = 13$ 人）		绩平组（$N = 9$）		t	自由度	p
	平均值	标准差	平均值	标准差			
访谈字数/字	13 754.47	2 431.36	14 635.54	2 690.54	1.82	24	0.25
访谈时间/s	5 013.45	1 432.94	4 673.69	1 536.71	1.75	24	0.31

由表 2-1 我们可以看出，绩优组平均访谈字数 13 754.47 字，平均访谈时间 5013.45 s；绩平组平均访谈字数 14 635.54 字，平均访谈时间 4673.69 s。两组的访谈字数和访谈时间均在 0.05 的显著性水平上，无统计学意义，即访谈长度不会影响绩优组和绩平组在胜任特征指标上的差异。

2. 访谈长度与胜任特征频次、平均分数、最高等级分数的相关分析

对样本的胜任特征频次、各胜任特征平均分数、最高等级分数与访谈长度作相关分析，将结果进行汇总，如表 2-2 所示。

表 2-2　访谈长度与胜任特征频次、平均分数、最高等级分数的相关系数

胜任特征	频次	平均分数	最高等级分数
自信	0.216	0.302	0.237
相关知识和技术专长	0.342	0.052	0.076
应变能力	0.072	0.426	0.295
主动性	0.204	0.318	0.301
情绪稳定	0.317	0.328	0.239
成就动机	0.032	0.073 *	0.152
自我调适	0.314	0.132	0.053
经验开放性	0.274 *	0.031	0.429
前沿追踪	0.042	0.079 *	0.192
关注效率	0.173	0.128	0.041 *
团队协作	0.351	0.244	0.093
演绎思维	0.175	0.349	0.072
责任心	0.217	0.242	0.292
学习能力	0.421 *	0.021	0.471
关注细节	0.231	0.158	0.129
接受挑战	0.094	0.247	0.236 *
成就导向	0.163	0.358	0.129 *
宽容	0.425	0.292	0.131
沟通能力	0.244	0.14	0.337
创新力	0.152	0.341	0.423
公平公正	0.284 *	0.247	0.193
执行能力	0.083	0.146	0.084
利他性	0.056	0.242	0.066
热情	0.057	0.147	0.073
谨慎	0.176	0.093	0.283
敏感	0.253	0.328	0.429
服务意识	0.248	0.342	0.058
乐观	0.247	0.832	0.245
尊重他人	0.147	0.723	0.482
承担责任	0.074	0.238	0.328
发展规划	0.063	0.637	0.055
发展他人	0.174	0.531	0.245
遵守规则	0.368	0.253	0.143
透明度	0.416 *	0.038	0.442
诚信	0.148	0.349	0.392
竞争意识	0.194	0.329	0.161
影响力	0.379	0.082	0.394
坚韧性	0.236	0.057	0.446
组织权限意识	0.257	0.092	0.318
文字表达能力	0.097	0.159	0.027 *
决策能力	0.385	0.428	0.239

* 表示在 0.05 的显著性水平上有统计学意义，余同。

由表2-2可看出，有4项胜任特征的频次与访谈长度有关，经验开放性、学习能力、透明度和公平公正；有2项胜任特征的平均分数与访谈长度有关，成就动机和前沿追踪；有4项胜任特征的最高等级分数与访谈长度有关，关注效率、接受挑战、成就导向和文字表达能力。由此可知本研究中各胜任特征的频次、平均等级分数和最高等级分数都是不受访谈长度影响的。

二、行为事件访谈法的信度分析

行为事件访谈法编码的信度系数一般通过四个指标来检验，本研究选取归类一致性、编码信度系数和Pearson相关系数三个指标来衡量编码的信度。

1. 归类一致性系数

归类一致性（CA）主要是描述两编码者对访谈问卷中出现的胜任特征理解和归类一致的程度。计算公式参照温特（Winter，1996）的动机编码手册：

$$CA = \frac{2S}{T_1 + T_2}$$

式中，S 为编码者编码出现的相同的胜任特征个数；T_1 为编码者1对本访谈资料总共的编码个数；T_2 为编码者2对本访谈资料总共的编码个数。

2. 编码信度系数

编码信度系数用 R 表示，计算公式为

$$R = \frac{N \times CA}{1 + (N-1) \times CA}$$

式中，N 为编码者个数，在本研究中 N 等于2。

本研究两编码者归类一致性系数和编码信度系数见表2-3。

表2-3　两编码者归类一致性系数和编码信度系数

被试编号	T_1	T_2	S	CA	R
1	73	85	56	0.709	0.83
2	92	87	61	0.682	0.811
3	63	50	27	0.478	0.647
4	42	57	30	0.606	0.755
5	103	99	54	0.535	0.697
6	87	106	45	0.466	0.636
7	53	57	28	0.509	0.675
8	94	87	52	0.575	0.73

被试编号	T_1	T_2	S	CA	R
9	47	62	38	0.697	0.822
10	84	79	43	0.528	0.691
11	107	110	66	0.608	0.756
12	98	86	61	0.663	0.797
13	76	83	57	0.717	0.835
14	62	76	37	0.536	0.698
15	43	57	32	0.64	0.78
16	59	54	33	0.584	0.737
17	63	59	39	0.639	0.78
18	74	62	41	0.603	0.752
19	89	88	48	0.542	0.703
20	101	113	69	0.645	0.784
21	56	44	28	0.56	0.718
22	71	94	45	0.545	0.706
全体被试者	1637	1695	990	0.594	0.745

由表 2-3 可以看出，编码信度系数为 0.636～0.835，总的编码信度系数为 0.745。两编码者对 22 名被试的编码归类一致性系数为 0.466～0.717，总的归类一致性系数为 0.594。由此可见本研究中两编码者的编码一致性较高。

3. Pearson 相关系数。

计算两编码者对各样本编码的频次、平均分数和最高等级分数的相关程度，相关度越高证明编码一致性越高。选用 Pearson 相关系数来分析相关性，结果如表 2-4 所示。

表 2-4 两编码者各胜任特征总频次、平均分数、最高分数上的 Pearson 相关系数

胜任特征	频次	平均分数	最高等级分数
自信	0.216	0.302	0.237
相关知识和技术专长	0.342	0.052	0.076
应变能力	0.072	0.426	0.295
主动性	0.204	0.318	0.301
情绪稳定	0.317	0.328	0.239
成就动机	0.032	0.073 *	0.152
自我调适	0.314	0.132	0.053
经验开放性	0.274 *	0.031	0.429

续表

胜任特征	频次	平均分数	最高等级分数
前沿追踪	0.042	0.079 *	0.192
关注效率	0.173	0.128	0.041 *
团队协作	0.351	0.244	0.093
演绎思维	0.175	0.349	0.072
责任心	0.217	0.242	0.292
学习能力	0.421 *	0.021	0.471
关注细节	0.231	0.158	0.129
接受挑战	0.094	0.247	0.236 *
成就导向	0.163	0.358	0.129 *
宽容	0.425	0.292	0.131
沟通能力	0.244	0.14	0.337
创新力	0.152	0.341	0.423
公平公正	0.284 *	0.247	0.193
执行能力	0.083	0.146	0.084
利他性	0.056	0.242	0.066
热情	0.057	0.147	0.073
谨慎	0.176	0.093	0.283
敏感	0.253	0.328	0.429
服务意识	0.248	0.342	0.058
乐观	0.247	0.832	0.245
尊重他人	0.147	0.723	0.482
承担责任	0.074	0.238	0.328
发展规划	0.063	0.637	0.055
发展他人	0.174	0.531	0.245
遵守规则	0.368	0.253	0.143
透明度	0.416 *	0.038	0.442
诚信	0.148	0.349	0.392
竞争意识	0.194	0.329	0.161
影响力	0.379	0.082	0.394
坚韧性	0.236	0.057	0.446
组织权限意识	0.257	0.092	0.318
文字表达能力	0.097	0.159	0.027 *
决策能力	0.385	0.428	0.239

　* 表示在 0.05 的显著性水平上有统计学意义。

由表 2-4 可以看出，总频次、平均分数和最高等级分数上分别有 4 项、2 项、4 项胜任特征间有显著相关关系。总频次、平均分数和最高等级分数中显著相关的胜任特征项目分别占 92.86%、90.48%、85.71%。这表明本次研究中两编码者的编码一致性较高。

三、差异分析

研究步骤里我们提到在编码一致性检验完毕后进行差异检验。差异检验就是为了找出在哪些胜任特征上绩优组与绩平组是有差别的，这些可以用来区分绩平组和绩优组的胜任特征就构成了优秀医生胜任力模型。

在本研究中我们统计的是各胜任特征出现的频次、平均分数和最高等级分数。所以就对两绩效组的各胜任特征从频次、平均分数、最高等级分数三方面来作差异分析。

1. 不同绩效组各胜任特征的频次差异分析

在各胜任特征频次的差异分析中，我们统计的每位被试者各项胜任特征的频次是两编码者对被试者该胜任特征编码频次的平均数。将绩优组标记为 1，绩平组标记为 2，以此作为分组变量，对两组各胜任特征的频数做独立样本的 t 检验，结果如表 2-5 所示。

表 2-5　两绩效组间各胜任特征频次 t 检验

胜任特征	平均频数	绩优组 （$N=13$）		绩平组 （$N=9$）		t	自由度	p
		平均值	标准差	平均值	标准差			
自信	6.000	6.077	2.499	5.889	2.315	0.179	20	0.860
相关知识和技术专长	5.227	6.154	1.625	3.889	1.616	3.221	20	0.004*
应变能力	4.682	5.769	1.166	3.111	1.453	4.758	20	0.000**
主动性	1.955	2.000	1.000	1.889	1.054	0.251	20	0.805
情绪稳定	1.727	1.692	1.032	1.778	0.833	-0.206	20	0.839
成就动机	1.500	1.769	1.165	1.111	1.054	1.352	20	0.191
自我调适	4.318	4.615	1.387	3.889	1.764	1.082	20	0.292
经验开放性	2.318	2.615	0.870	1.889	1.054	1.768	20	0.092
前沿追踪	1.455	1.846	0.689	0.889	0.782	3.035	20	0.007*
关注效率	3.182	3.076	1.115	3.333	2.179	-0.364	20	0.720
团队协作	4.136	4.000	1.354	4.333	1.118	-0.608	20	0.550
演绎思维	2.318	2.846	0.899	1.556	0.726	3.568	20	0.002*

续表

胜任特征	平均频数	绩优组（N = 13）		绩平组（N = 9）		t	自由度	p
		平均值	标准差	平均值	标准差			
责任心	6.364	6.462	1.266	6.222	1.302	0.431	20	0.671
学习能力	5.409	5.538	1.050	5.222	1.202	0.655	20	0.520
关注细节	1.977	2.577	1.115	1.111	0.601	3.582	20	0.002*
接受挑战	0.773	0.962	0.721	0.500	0.500	1.659	20	0.113
成就导向	1.977	2.539	0.828	1.167	0.968	3.567	20	0.002*
宽容	1.182	1.269	0.880	1.056	1.014	0.526	20	0.604
沟通能力	5.182	5.039	1.626	5.389	0.993	−0.574	20	0.572
创新力	1.682	2.153	0.625	1.000	0.661	4.158	20	0.000**
公平公正	0.455	0.500	0.646	0.389	0.417	0.453	20	0.655
执行能力	1.000	1.115	0.768	0.833	0.707	0.874	20	0.392
遵守规则	4.409	4.423	0.976	4.389	0.821	0.086	20	0.923
热情	2.205	2.076	0.838	2.389	1.244	−0.705	20	0.489
谨慎	3.818	3.846	1.197	3.778	1.326	0.126	20	0.901
敏感	2.114	2.192	1.535	2.000	1.250	0.311	20	0.759
服务意识	4.341	4.423	1.754	4.222	1.986	0.250	20	0.805
乐观	4.000	4.115	2.341	3.833	0.968	0.539	20	0.596
尊重他人	3.977	4.076	1.441	3.833	1.090	0.428	20	0.673
承担责任	3.773	3.808	1.251	3.722	0.712	0.185	20	0.855
发展规划	1.205	1.269	1.409	1.111	1.140	0.279	20	0.783
发展他人	0.386	0.385	0.650	0.389	0.486	−0.017	20	0.987
利他性	2.591	2.654	1.088	2.500	0.791	0.362	20	0.721
透明度	0.341	0.346	0.474	0.333	0.500	0.061	20	0.952
诚信	3.680	3.692	1.548	3.667	1.871	0.035	20	0.972
竞争意识	0.660	0.769	0.599	0.500	0.500	1.106	20	0.282
影响力	0.705	0.769	0.753	0.611	0.697	0.499	20	0.623
坚韧性	2.114	2.462	1.346	1.611	0.741	1.716	20	0.102
组织权限意识	2.068	2.154	1.049	1.944	1.014	0.467	20	0.646
文字表达能力	0.864	0.923	0.886	0.778	0.712	0.408	20	0.687
决策能力	3.341	3.423	1.352	3.222	1.302	0.348	20	0.732

*表示在 0.05 的显著性水平上有统计学意义；** 表示在 0.01 的显著性水平上有统计学意义。

　　从表 2-5 中我们可以看出两组间有 7 项胜任特征在频次上存在差异，分别是：相关知识和技术专长、应变能力、前沿追踪、演绎思维、关注细节、成就导向、创新力这说明总频次对两组有很好的区分度。同时在检验结果中可以看出，各胜任特征中也存在不能区分两组的胜任特征指标，按照出现频次排名依次为（由高到低）：责任心、自信、学习能力、沟通能力、遵守规则、团队协作、乐观、尊重他人、谨慎、承担责任。

2. 不同绩效组各胜任特征平均分数差异分析

在各胜任特征平均分数的差异分析中，各胜任特征的平均分数为两编码者这对该胜任特征编码的平均分数，计算方法与3.4节中数据分析和处理中讲述的处理方法相同。将绩优组标记为1，绩平组标记为2，以此作为分组变量，对两组各胜任特征的平均分数做独立样本的 t 检验，结果如表2-6所示。

表2-6 两组间各胜任特征平均分数 t 检验

胜任特征	平均分数	绩优组（N=13）		绩平组（N=9）		t	自由度	p
		平均值	标准差	平均值	标准差			
自信	3.568	3.708	0.737	3.367	0.568	1.167	20	0.257
相关知识和技术专长	3.291	3.492	0.646	3.000	0.678	1.722	20	0.100*
应变能力	3.118	3.192	0.645	3.011	0.715	0.620	20	0.542
主动性	2.109	2.131	0.527	2.078	0.700	0.203	20	0.841
情绪稳定	1.527	1.592	0.608	1.433	2.646	0.734	20	0.471
成就动机	1.486	1.646	0.772	1.256	0.974	1.049	20	0.306
自我调适	1.914	2.123	0.548	1.611	0.434	2.335	20	0.030*
经验开放性	1.927	2.231	0.560	1.489	0.762	2.637	20	0.016*
前沿追踪	1.432	1.685	0.334	1.067	0.815	2.470	20	0.023*
关注效率	1.709	1.731	0.595	1.678	0.335	0.241	20	0.812
团队协作	2.582	2.608	0.463	2.544	0.592	0.281	20	0.781
演绎思维	1.595	1.623	0.330	1.556	0.224	0.533	20	0.600
责任心	3.655	3.685	0.769	3.611	0.783	0.219	20	0.829
学习能力	3.445	3.346	0.754	3.589	0.654	-0.782	20	0.444
关注细节	1.877	2.069	0.531	1.600	0.718	1.766	20	0.093
接受挑战	1.232	1.469	1.109	0.889	0.961	1.272	20	0.218
成就导向	1.927	2.262	0.834	1.444	0.876	2.214	20	0.039*
宽容	1.318	1.385	0.703	1.222	1.020	0.444	20	0.662
沟通能力	3.255	3.254	0.946	3.256	0.770	-0.004	20	0.996
创新力	2.395	3.046	0.543	1.456	0.919	5.113	20	0.000**
公平公正	0.832	0.792	0.959	0.889	0.894	-0.239	20	0.814
执行能力	1.292	1.385	0.891	1.156	0.958	0.575	20	0.572

续表

胜任特征	平均分数	绩优组（N=13）		绩平组（N=9）		t	自由度	p
		平均值	标准差	平均值	标准差			
遵守规则	3.162	3.215	0.913	3.089	0.649	0.357	20	0.725
热情	2.332	2.585	0.628	1.967	1.016	1.768	20	0.092
谨慎	2.795	2.815	0.490	2.767	0.676	0.197	20	0.846
敏感	1.600	1.539	0.770	1.689	0.341	-0.547	20	0.590
服务意识	2.855	3.231	0.690	2.311	0.395	3.596	20	0.002*
乐观	2.891	2.931	0.670	2.833	0.381	0.393	20	0.699
尊重他人	2.882	2.800	0.332	3.000	0.539	-1.081	20	0.293
承担责任	2.723	2.754	0.475	2.678	0.400	0.393	20	0.699
发展规划	1.264	1.269	1.100	1.256	0.998	0.030	20	0.977
发展他人	0.795	0.846	1.360	0.722	0.905	0.238	20	0.814
利他性	2.595	2.715	1.007	2.422	0.977	0.679	20	0.505
透明度	0.795	0.808	1.109	0.778	1.176	0.061	20	0.952
诚信	2.605	2.646	0.654	2.544	0.635	0.363	20	0.720
竞争意识	1.150	1.215	0.901	1.056	1.014	0.389	20	0.701
影响力	1.014	1.077	0.959	0.922	0.904	0.381	20	0.708
坚韧性	2.014	2.000	0.574	2.033	0.447	-0.146	20	0.886
组织权限意识	1.764	1.746	0.282	1.789	0.262	-0.360	20	0.723
文字表达能力	1.300	1.361	1.019	1.211	0.977	0.346	20	0.733
决策能力	2.364	2.454	0.822	2.233	0.391	0.745	20	0.465

*表示在 0.05 的显著性水平上有统计学意义；　**表示在 0.01 的显著性水平上有统计学意义。

由表 2-6 我们可以看出两组间有 7 项胜任力在平均分数上存在差异，分别是相关知识和技术专长、自我调适、经验开放性、前沿追踪、成就导向、创新力和服务意识。由此可见平均分数对两组也有很强的区别度。同时在检验结果中可以看出，各胜任特征中也存在不能区分两组的胜任特征指标：按照出现频次排名依次为（由高到低）：责任心、自信、学习能力、沟通能力、遵守规则、乐观、尊重他人、谨慎、承担责任和诚信。

3. 不同绩效组各胜任特征最高等级分数差异分析

在两组间各胜任特征最高等级分数的差异分析中，各胜任特征的最高等级分数为两编码者对该胜任特征编码的最高等级分数。将绩优组标记为 1，绩平组标记为 2，以此作为分组变量，对两组各胜任特征的最高等级分数做独立样本的 t

检验，结果如表2-7所示。

表 2-7 两组间各胜任特征最高等级分数 t 检验

胜任特征	平均分数	绩优组（$N=13$）		绩平组（$N=9$）		t	自由度	p
		平均值	标准差	平均值	标准差			
自信	4.500	4.615	0.650	4.333	0.707	0.966	20	0.346
相关知识和技术专长	3.591	4.077	1.038	2.889	1.270	2.412	20	0.026*
应变能力	4.682	4.385	0.650	4.000	0.707	1.317	20	0.203
主动性	3.273	3.462	1.127	3.000	1.000	0.988	20	0.335
情绪稳定	2.091	2.231	0.832	1.889	0.333	1.163	20	0.259
成就动机	2.455	1.769	1.092	1.667	1.118	0.215	20	0.832
自我调适	3.227	3.769	1.013	2.444	0.882	3.174	20	0.005*
经验开放性	2.545	2.923	0.759	2.000	1.000	2.464	20	0.023*
前沿追踪	2.000	2.231	0.439	1.667	0.707	2.316	20	0.031*
关注效率	2.455	2.462	0.776	2.444	0.726	0.052	20	0.959
团队协作	3.136	3.231	0.599	3.000	0.707	0.826	20	0.419
演绎思维	2.182	2.231	0.439	2.111	0.333	0.690	20	0.489
责任心	4.273	4.154	0.801	4.444	0.527	-0.952	20	0.353
学习能力	4.000	3.923	0.760	4.111	0.601	-0.619	20	0.534
关注细节	2.364	2.462	0.660	2.222	1.093	0.642	20	0.528
接受挑战	1.670	1.769	1.363	1.111	1.269	1.144	20	0.266
成就导向	2.364	2.539	0.660	2.111	1.270	1.035	20	0.313
宽容	1.727	1.846	0.899	1.556	1.333	0.613	20	0.547
沟通能力	3.955	3.923	0.760	4.000	0.707	-0.240	20	0.813
创新力	2.955	3.231	0.599	3.111	1.833	0.221	20	0.827
公平公正	1.000	1.000	1.225	1.000	1.000	0.000	20	1.000
执行能力	1.682	1.769	1.092	1.556	1.333	0.413	20	0.684
遵守规则	3.955	4.000	1.080	3.889	0.601	0.279	20	0.783
热情	3.182	3.539	0.660	2.667	1.225	2.166	20	0.043*
谨慎	3.955	4.077	0.641	3.778	0.833	0.953	20	0.352
敏感	2.091	2.000	1.000	2.222	0.441	-0.622	20	0.541
服务意识	3.591	3.769	0.725	3.333	0.866	1.281	20	0.215
乐观	3.727	3.769	0.927	3.667	0.707	0.280	20	0.783
尊重他人	3.682	3.692	0.751	3.667	0.500	0.089	20	0.930
承担责任	3.591	3.692	0.751	3.444	0.527	0.852	20	0.404
发展规划	1.682	1.692	1.437	1.667	1.323	0.042	20	0.967

续表

胜任特征	平均分数	绩优组（N=13）		绩平组（N=9）		t	自由度	p
		平均值	标准差	平均值	标准差			
发展他人	1.455	1.077	1.706	1.000	1.323	0.113	20	0.911
利他性	3.409	3.462	1.050	3.333	1.118	0.274	20	0.787
透明度	1.091	1.077	1.498	1.111	1.691	-0.050	20	0.961
诚信	3.545	3.615	0.650	3.444	0.726	0.578	20	0.570
竞争意识	1.591	1.692	1.251	1.444	1.424	0.432	20	0.670
影响力	1.318	1.385	1.261	1.222	1.202	0.303	20	0.765
坚韧性	2.545	2.615	0.650	2.444	0.527	0.653	20	0.521
组织权限意识	2.545	2.615	0.768	2.444	0.527	0.578	20	0.570
文字表达能力	1.818	2.000	1.581	1.556	1.236	0.705	20	0.489
决策能力	3.273	3.385	1.121	3.111	0.601	0.665	20	0.513

*表示在 0.05 的显著性水平上有统计学意义。

由表 2-7 可以看出两组间有 5 项胜任力在最高等级分数上存在差异，分别是相关知识和技术专长、自我调适、经验开放性、前沿追踪热情。由此可见，最高等级分数对两组的区分度不及频次和平均等级分数对两绩效组的区分度高。

四、初步的医生胜任力模型

由表 2-5 至表 2-7 可以看出，各胜任特征的平均分数对两绩效组的区分度最高，胜任特征的频次对两绩效组的区分度仅次于平均分数。而最高等级分数对两绩效组的区分度不高。因此我们在建立医生胜任力模型时，只采用两组间各胜任特征频次和平均分数差异分析的结果。

两组间胜任特征频次差异分析的结果表明绩优组在相关知识和技术专长、应变能力、前沿追踪、演绎思维、关注细节、创新力 6 项胜任特征上优于绩平组。两组间胜任特征平均分数差异分析结果表明绩优组在相关知识和技术专长、自我调适、经验开放性、前沿追踪、成就导向、创新力、服务意识 7 项胜任特征上优于绩平组。根据这两个结论我们得到优秀医生的胜任特征由以下 10 项胜任特征组成：相关知识和技术专长、应变能力、前沿追踪、演绎思维、关注细节、创新力、自我调适、经验开放性、成就导向和服务意识。

不能区分两组但出现频次由高到低排名前 10 位的胜任特征：责任心、自信、学习能力、沟通能力、遵守规则、团队协作、乐观、尊重他人、谨慎、承担责任。不能区分两组但平均等级分数由高到低排名前 10 位的胜任特征是：责任心、自信、学习能力、沟通能力、遵守规则、乐观、尊重他人、谨慎、承担责任、诚信。综合两个分析结果，我们得到医生的基础胜任特征由以下 11 项胜任特征组成：责任心、自信、学习能力、沟通能力、遵守规则、团队协作、乐观、尊重他人、谨慎、承担责任、诚信。

综合以上结论我们得到初步的医生胜任力模型，如表 2-8 所示。

表 2-8　初步医生胜任力模型

分类	胜任特征
优秀医生胜任力模型	相关知识和技术专长、应变能力、前沿追踪、演绎思维、关注细节、创新力、自我调适、经验开放性、成就导向、服务意识
医生基准胜任力模型	责任心、自信、学习能力、沟通能力、遵守规则、团队协作、乐观、尊重他人、谨慎、承担责任、诚信

医生基准胜任特征是指作为一名合格的医生所必须具备的基本胜任力，属于测评是否合格的胜任特征。而优秀医生胜任特征是指要成为一名优秀的医生除了必须具备医生基准胜任特征外还必须具备的胜任特征。这些胜任特征对绩优医生与绩平医生有很强的鉴别力，可以用来区分绩优医生与绩平医生。因此优秀医生胜任特征也可称为医生鉴别胜任特征。

第四节　模型内部结构研究及模型验证

本研究采用问卷调查法来完成模型的验证和内部结构分析，数据处理采用因素分析法。因素分析法包括两个部分：探索性因素分析和验证性因素分析。探索性因素分析通过因子分析用 SPSS 13.0 软件完成，验证性因素分析用结构方程通过 LISREL 软件完成。

一、探索性因子分析

进行因素分析前必须对数据是否适合做因素分析进行检验，通过 KMO 值和 Bartlett 球形检验值两个指标来反映，检验结果如表 2-9 所示。

表 2-9　医生胜任力问卷 KMO 值和 Bartlett 球形检验

KMO 值		0.76
Bartlett 球形检验	样本量卡方统计值（χ^2）	2126.3
	自由度	210
	Sig.	0

检验结果显示 KMO 值为 0.76，Bartlett 球形检验的 χ^2 值为 2126.345（自由度为 210）达到了显著标准，代表母群体的相关矩阵间有共同因素存在，适合做因素分析。然后再采用主成分分析法，经正交旋转，提取特征值大于 1，因子载荷大于 0.5 的因子。

医生胜任特征调查问卷各项目的共同度如表 2-10 所示。从数据中我们可以看出问卷各项目的共同性良好。

表 2-10　医生胜任特征调查问卷共同度检验

胜任特征	初始值	提取后值	胜任特征	初始值	提取后值
相关知识和技术专长	1	0.441	自信	1	0.624
应变能力	1	0.547	学习能力	1	0.703
前沿追踪	1	0.727	沟通能力	1	0.740
演绎思维	1	0.640	遵守规则	1	0.616
关注细节	1	0.743	团队协作	1	0.641
创新力	1	0.706	乐观	1	0.777
自我调适	1	0.625	尊重他人	1	0.861
经验开放性	1	0.597	谨慎	1	0.651
成就导向	1	0.678	承担责任	1	0.674
服务意识	1	0.741	诚信	1	0.713
责任心	1	0.570			

在进行因子分析时我们只提取特征值大于 1 的胜任特征。各因子方差贡献和累计方差贡献如表 2-11 所示。

表 2-11　医生胜任因子特征值、方差贡献和累计方差贡献表

因子	Initial Eigenvalues			Rotation Sums of Squared Loadings		
	Total	% of Variance	Cumulative %	Total	% of Variance	Cumulative %
1	6.726	32.03	32.03	4	18.677	18.677
2	2	11.523	43.553	3	16.93	35.608
3	1.678	9.992	53.545	2	11.782	47.39

续表

因子	Initial Eigenvalues			Rotation Sums of Squared Loadings		
	Total	% of Variance	Cumulative %	Total	% of Variance	Cumulative %
4	1.372	7.534	61.079	2	12.158	59.548
5	1.227	5.658	66.737	2	7.189	66.737
6	0.894	4.256	70.993			
7	0.838	3.991	74.984			
8	0.793	3.776	78.76			
9	0.735	3.502	82.261			
10	0.656	3.125	85.386			
11	0.551	2.424	87.81			
12	0.487	2.071	89.881			
13	0.392	1.865	91.746			
14	0.353	1.816	93.562			
15	0.31	1.275	94.837			
16	0.262	1.149	95.986			
17	0.236	0.922	96.908			
18	0.214	0.813	97.721			
19	0.189	0.899	98.621			
20	0.171	0.813	99.434			
21	0.119	0.566	100			

在因子分析中，因子累计方差贡献率大于60%就认为问卷结构效度良好。由表2-11可以看出，正交旋转后可提取特征值大于1的因子5个，5个因子累计方差贡献率达66.737%，方差贡献率较高。本问卷结构效度良好。

根据表2-12旋转后的因子符合矩阵，只提取因子负荷大于0.5的因子，可得到5个因素。

表2-12　医生胜任特征因素检验正交旋转后因素负荷矩阵

胜任特征因素	因子得分					
	1	2	3	4	5	6
沟通能力	0.793					
团队协作	0.703					
诚信	0.695					

续表

胜任特征因素	因子得分					
	1	2	3	4	5	6
自信	0.692					
遵守规则	0.648					
承担责任	0.589					
责任心	0.551					
尊重他人	0.862					
关注细节		0.827				
自我调适		0.633				
谨慎		0.689				
乐观		0.679				
演绎思维			0.738			
应变能力			0.720			
相关知识和技术专长			0.504			
成就导向				0.740		
前沿追踪				0.697		
创新力				0.567		
学习能力				0.619		
服务意识					0.811	
经验开放性					0.579	

因素 1：沟通能力、团队协作、诚信、自信、遵守规则、承担责任、责任心、尊重他人；

因素 2：关注细节、自我调适、谨慎、乐观；

因素 3：演绎思维、应变能力、相关知识和技术专长；

因素 4：成就导向、前沿追踪、创新力、学习能力；

因素 5：服务意识、经验开放性。

得到医生的胜任力模型 M_A 如图 2-1 所示，在后面的验证性因素分析中我们将用结构方程来检验该模型。

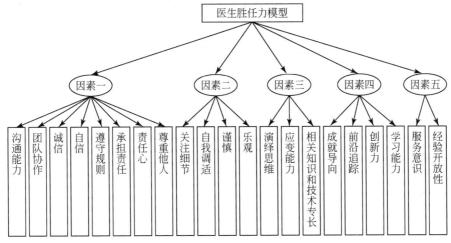

图 2-1 待检验的医生胜任力模型

二、信度分析

信度主要是检验问卷的可靠性和有效性。在"多选项量表"中量表的内在一致性信度非常重要，内在信度常用 Cronbach's alpha 系数来检测，该系数能够准确地反映出测量项目的一致性程度和内部结构的良好性。Cronbach's alpha 系数超过一定值就认为该量表有很高的信度。本研究使用的问卷就是多选项量表问卷，因此采用 Cronbach's alpha 系数对问卷的内部一致性进行检验。

探索性因素分析后将 21 个因子归为 5 个因素，因此检验时我们分别检验问卷整体的内部一致性和 5 个因素内部的一致性。检验结果如表 2-13 所示。

表 2-13 问卷 Cronbach's alpha 系数值

构面	整体	构面 1	构面 2	构面 3	构面 4	构面 5
Alpha	0.864	0.832	0.665	0.757	0.763	0.813

可以接受的信度系数为何值各学者看法不一，Gay 认为，在 0.8 以上，而 Nunnally 等则认为在 0.7 以上就可以接受。目前普遍认为，如果研究者编制的研究工具信度低于 0.6，应重新编制研究工具较为合适。本研究问卷整体信度系数和 5 个因子内部信度系数中仅因素 2 信度系数为 0.665，其余均大于 0.7，表明本问卷信度良好。

三、验证性因素分析

本研究采用 LISREL 软件来处理结构方程，验证模型 M_A，用前面的三个拟合指数 RMSEA、NNFI、CFI 来衡量模型的拟合度。具体的 LISREL 程序如下：

```
DA NI=21 NO=142 MA=KM
KM SY
1
0.60 1
0.49 0.50 1
0.53 0.48 0.46 1
0.60 0.57 0.44 0.49 1
0.35 0.35 0.59 0.33 0.30 1
0.42 0.50 0.36 0.51 0.42 0.33 1
0.33 0.30 0.32 0.31 0.36 0.12 0.26 1
0.30 0.22 0.30 0.27 0.30 0.26 0.18 0.63 1
0.43 0.37 0.35 0.49 0.43 0.15 0.43 0.73 0.37 1
-0.06 0.26 0.22 0.05 0.18 0.18 0.27 0.28 0.26 0.24 1
0.32 0.48 0.41 0.28 0.27 0.35 0.41 0.39 0.28 0.49 0.44 1
0.10 0.22 0.45 0.10 0.21 0.35 0.22 0.30 0.33 0.21 0.36 0.20 1
0.15 0.11 0.19 0.05 0.16 0.27 0.13 0.18 0.32 0.11 0.17 0.30 0.40 1
0.09 0.18 0.23 0.13 0.09 0.33 0.19 0.28 0.23 0.29 0.14 0.21 0.32 0.32 1
0.10 0.18 0.08 0.31 0.11 0.18 0.21 0.00 0.08 0.12 0.03 0.07 0.10 0.17 0.01 1
0.04 0.27 0.06 0.06 0.09 0.21 0.18 0.15 0.09 0.17 0.32 0.24 0.38 0.33 0.39 0.36 1
0.32 0.39 0.27 0.42 0.31 0.38 0.46 0.14 0.13 0.22 0.25 0.31 0.21 0.12 0.25 0.31 0.38 1
0.43 0.30 0.34 0.35 0.31 0.19 0.38 0.46 0.38 0.49 0.02 0.22 0.34 0.06 0.16 0.33 0.30 0.27 1
0.25 0.26 0.20 0.25 0.42 0.14 0.48 0.33 0.19 0.46 0.18 0.22 0.13 0.12 0.09 0.23 0.06 0.05 0.21 1
0.25 0.39 0.32 0.38 0.38 0.27 0.26 0.18 0.10 0.45 0.14 0.37 0.39 0.13 0.14 0.31 0.32 0.30 0.24 0.35 1
MO NX=21 NK=5 LX=FU,FI PH=ST TD=DI,FR
PA LX
8(1 0 0 0 0)
4(0 1 0 0 0)
3(0 0 1 0 0)
4(0 0 0 1 0)
2(0 0 0 0 1)
OU MI SS SC
```

运行该模型的结果如下：

医生胜任特征模型估计出参数后的路径图如图 2-2 所示。

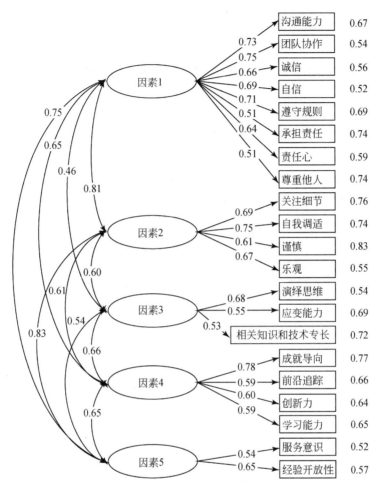

图 2-2　模型验证性因子分析路径图

拟合优度我们采用三个指标 RMSEA、NNFI、CFI 来衡量。下面是结果中该三个指标的数值。

Goodness of Fit Statistics 拟合优度统计量

Root Mean Aquare Error Of Approximation（RMSEA）= 0. 054

Non-Normed Fit Index（NNFI）= 0. 92

Comparative Fit Index（CFI）= 0. 95

一般，RMSEA 小于 0. 08（越小越好）、NNFI、CFI 在 0. 9 以上（越大越好），我们就认为所拟合模型是个好模型。本模型 RMSEA = 0. 054、NNFI = 0. 92、CFI = 0. 95，这些数据表明本模型拟合优度好，是可接受的模型。

四、因子命名及模型讨论

根据前面验证的结果，医生胜任力模型由 21 个胜任特征组成，这 21 个胜任特征又可分为 5 个大因素。下面我们就根据这 5 个因素各自包含的胜任特征对 5 个因素进行命名和讨论。

因素 1 由 8 个胜任特征组成：沟通能力、团队协作、诚信、自信、遵守规则、承担责任、责任心和尊重他人。我们可以看出这 8 个胜任特征都与人际交往相关，因此我们将其命名为"人际特征"。医生职业属于服务行业，直接接触患者，因此要成为一个高绩效的医生必须有较强的人际交往能力。近年来关于医患沟通的研究是比较多的，在此前患者满意度影响因素实证研究中，"医患沟通"是继"治疗效果"影响患者满意度的第二影响因素，与患者沟通也是医生诊断过程中获取病情信息的重要手段。诚信、遵守规则、承担责任、责任心、尊重他人体现了对医生医德的要求。医疗事故举证责任倒置后，医生要避免医疗纠纷就必须更加有责任心，尊重病人保护病人的合法权益，承担应该承担的责任。近年来出现的过度医疗、诱导性医疗是对患者权益的侵害，也导致了医疗资源配置的不合理，医生的诚信、责任心、遵守规则可以减少此类现象的出现。

因素 2 包括 4 个胜任特征：关注细节、自我调适、谨慎和乐观。这 4 个胜任特征都是与人的个性相关的特征，因此将因素 2 命名为"个人特质"。医生的工作直接关系到病人的生命安全，因此要求医生必须谨慎，在诊疗过程中不放过与病情相关的小细节，做出精准的判断并给出合理的治疗方案。病人得病后大多会出现忧郁悲观的情况，一个乐观的医生可以用乐观感染病人，使病人对治愈充满信心、积极配合治疗。情绪往往会影响人的判断能力、容易使人冲动，医生工作的重大责任使得医生必须控制调整自己的情绪。

因素 3 包含 3 个胜任特征：演绎思维、应变能力以及相关知识和技术专长。医生每天面对不同的病人，每个人的病情都是不同的，所作决策属于非程序化决策，因此医生要具备应变能力，随时准备处理各种事件。人体是一个系统，各个器官之间相互影响，医生在决定治疗方案时需要从全局着想，演绎的思维方式可以提高医生的处方质量。医生职业是技术专有性职业，相关的知识和技术专长是医生工作绩效的主要影响因素。以上分析表明这 3 个胜任特征是医生完成诊疗必需的，因此将因素 3 命名为"知识技能"。

因素 4 包含 4 个胜任特征：成就导向、前沿追踪、创新力和学习能力。这 4 项都与成就相关，因此将因素 4 命名为"成就特征"。现在新病例不断出现，知识更新速度不断加快，对医生来说必须通过学习创新来更新知识结构保持高绩效。成就导向提供了学习、更新知识的动力。

　　因素 5 包含 2 个胜任特征：服务意识、经验开放性。从与别人共享自己的知识经验方面讲，经验开放性也包含服务别人的因素，因此我们把因素 5 命名为"服务特征"。在患者满意度研究中发现，医护人员的服务态度是影响患者满意度的重要因素。现在医患间的信任被打破了，患者对医生的不信任导致了很多治疗方案不能顺利执行，医生良好的服务态度可以改善医患关系，建立患者对医生的信任感。

　　由以上我们得到医生的胜任力模型见表 2-14，将该模型用树状模型表示如图 2-3 所示。

表 2-14　医生胜任力模型

胜任特征分类	胜任因子
人际特征	沟通能力、团队协作、诚信、自信、遵守规则、承担责任、责任心、尊重他人
个性特质	关注细节、自我调适、谨慎、乐观
知识技能	演绎思维、应变能力、相关知识和技术专长
成就特征	成就导向、前沿追踪、创新力、学习能力
服务特征	服务意识、经验开放性

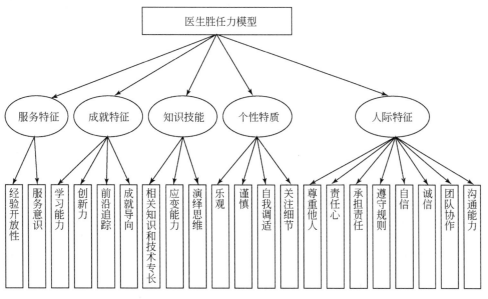

图 2-3　医生胜任力模型

第五节 研 究 结 论

本章采用传统的胜任力模型建模方法，先运用行为事件访谈法收集医生胜任特征资料，得出了初步的医生胜任力模型。它包括 11 项医生的基准胜任特征：责任心、自信、学习能力、沟通能力、遵守规则、团队协作、乐观、尊重他人、谨慎、承担责任、诚信；10 项优秀医生胜任特征：相关知识和技术专长、应变能力、前沿追踪、演绎思维、关注细节、创新力、自我调适、经验开放性、成就导向、服务意识。

然后用问卷调查法收集数据研究医生胜任力模型的内部结构，最后用结构方程对模型进行验证，最终得出医生的胜任力模型。医生胜任力模型具体包含如下 5 大因子 21 小因子。①人际特征：沟通能力、团队协作、诚信、自信、遵守规则、承担责任、责任心、尊重他人；②个性特征：关注细节、自我调适、谨慎、乐观；③知识技能：演绎思维、应变能力、相关知识和技术专长；④成就特征：成就导向、前沿追踪、创新力、学习能力；⑤服务特征：服务意识、经验开放性。

胜任力的研究为医生的人力资源管理提供了新的研究方法和思路，胜任力模型的建立将给医生人才的选拔、培训、考核等提供科学的依据。科学的管理体系将为医生的胜任力发展提供更好的平台。这对于解决我国现存的医疗问题、构建和谐的医疗环境将有很大帮助。

第三章 财务管理人员胜任力研究

第一节 导 言

一、研究背景

一切企业经营活动的目的是赢利，财务管理作为企业管理中的价值管理必然为之担当。随着我国改革开放与市场经济的不断发展和深入，尤其是金融市场、资本市场的日趋完善，财务管理工作在企业中的重要性日益提高。加强企业财务管理是我国大多数企业应对入世挑战、提高自身竞争力、积极参与全球化竞争的必要手段。财务管理是指企业处理财务关系和资本运作活动的经济管理行为，在企业的整体运作中，财务管理既是一项独立性工作，又是一项综合性工作，它涉及企业生产、经营和管理的各个环节。从某种意义上讲，财务管理是其他管理活动的基础，是联系企业其他管理活动的纽带。优秀的财务管理体制可以帮助企业降低和抵御风险，增强企业自身核心竞争力，实现低成本、高收益的管理模式，实现企业自身价值和利润最大化，进而优化资本结构，提高生产要素的配置能力。由于财务管理在企业管理中的重要性，财务管理人员的人力资源管理也日渐成为企业人力资源管理的关键内容。完善的财务人才市场和有效的财务人员人力资源管理，能确保财务信息的可信度，保证财务监督工作的有效性，改善财务管理工作的质量，使财务管理工作取得更高的业绩，更加有效地发挥企业其他资源的作用，提高企业的整体竞争优势。所以，财务人员的人力资源开发与管理，不论对财务工作本身还是企业的整体发展都起着至关重要的作用。现实中，许多企业在财务人员人力资源开发与管理过程中发现，要断定一个财务人员是否具备职务所需要的关键能力是非常困难的。企业在进行财务人员招聘、绩效、培训、评估、继任计划和职业规划等工作中，常常因为没有基本的标准和测评方法造成财务人员开发和管理上的误差，这给财务人员的人力资源工作造成了相当大的障碍，也影响了财务管理工作进程与组织整体的发展。

胜任力模型是一种新型的人力资源评价分析技术，它的产生为解决这些困难提供了一个理想的途径。胜任力模型在人力资源的每一个流程中都起着至关重要的作用。通过确定有效完成工作所需的胜任力，可以把员工甄选、培训与发展、绩效评估和继任计划的重点都放在那些与高绩效最相关的行为上面。

二、研究意义

1. 现实意义

本章是针对企业不同阶层的财务人员胜任力的标准和测评进行研究，研究意义如下。

1）为企业人力资源部门提供财务人员的胜任力标准和测评方法

胜任力模型提供了一种全新的人力资源管理基础，它不仅改变了传统测验在职业选拔中的应用方式，而且也影响了传统的人力资源管理模式，比较广泛地应用于工作分析、招聘与选拔、培训、职业生涯规划、绩效评估、接班人计划、薪资和人力信息系统管理等，解决了企业如何制订选人、育人、用人和留人标准这一问题，也为我国企业财务人员的人力资源管理提供了一个可靠的依据。

2）为提高财务人员的人力资源管理的绩效性和公平性提供理论与实践支持

随着企业的发展与员工人力的资本化，企业的核心竞争力主要集中在员工人力资本的有效利用和开发上，企业的绩效和公平同人力资源管理的有效性紧密相关，员工绩效作为企业选拔人才的重要评价标准之一的同时，企业的公平性也被员工视为企业好坏的标准。我国企业财务人员胜任力模型的建立与运用，能够为我国企业财务人员人力资源管理的各个环节提供支持，提高我国企业财务人员人力资源管理的有效性，为财务人员人力资本的有效利用和开发提供理论与实践支持。

3）促进财务人员胜任力的培养与提高

本章将建立我国企业财务人员的胜任力模型和评价标准，并运用量表调查与统计分析的方法对财务人员的胜任力模型进行检验，得出企业不同层次财务人员的评价标准，确保研究成果的科学性与可靠性。这个模型是我国企业财务人员工作中必需的技能、素质、心理及个性的总体框架，可以作为培养与提高财务人员胜任力的参考，使财务人员胜任力的培养更具有导向性。

4）为完善我国财会人才市场提供理论依据

本章也希望通过对中国会计人才胜任力的研究从胜任力模型角度构建有效的会计人才市场问题，旨在使会计人才市场发挥作用，实现会计人才资源的合理配置和企业的自主选人，促进劳动力市场的更加完善和现代企业制度的建立，提高中国企业的竞争力。

2. 理论意义

在研究过程中本章运用了关键事件访谈法和口语主题编码建立胜任力模型及会计岗位职责标准，并采用问卷调查对胜任力模型和会计岗位职责标准进行了检验，对检测后的胜任力模型因子分配权重，并采用了多种测评方式对胜任力的不同方面进行了评价和定级，这个过程验证并完善了胜任力模型的研究、建立、测评、方法以及给定了会计人才胜任力的标准，为今后研究者对胜任力模型的研究提供了理论与实践的参考。

三、研究对象的界定

本章的研究对象为财务管理人员，为了使本研究的研究对象更准确、更有针对性，首先要界定本次研究的对象。财务管理人员与会计人员的工作是密切相关的，为了将两者区别开，我们就需要了解什么是财务工作、什么是会计工作，所以在这里我们首先对财务与会计这两个基本概念作以界定。

财务是在一定的整体目标下，关于资产的购置、投资、融资和管理的决策体系，而会计是以货币为主要计量单位，采用专门方法，对单位经济活动进行完整、连续、系统地核算和监督。通过对交易或事项确认、计量、记录、报告并提供有关单位财务状况、经营成果和现金流等信息资料的一种经济管理活动。

综上所述，本章对研究对象的界定为：在企业财务管理岗位上任职的人员，包括从事一般日常管理工作的财务人员，也包括管理岗位的财务管理人员。具体说明如下：①本次研究对象只针对企业及事务所财务管理人员、其他性质组织财务管理人员；②由于财务岗位与会计岗位在工作内容上交叉设置，对任职人员的要求相似点颇多，所以在本次研究中我们尽量做到了把会计人员与财务人员进行区分；③财务人员岗位中有一些只做一般的财务工作，而有些是带有管理性质的财务人员，他们要负责管理一个财务人员组成的团队，保障团队工作的稳定和整体工作绩效。为了使研究更有针对性和科学性，本章只研究财务管理人员，财务管理人员是指在财务主管、财务经理、财务总监等财务管理岗位上任职的人员。

四、问题的提出

目前，胜任力模型已被全球众多的知名企业采用，成为他们选人、育人、用人和留人的标准。把胜任力模型运用到财务人员人力资源管理与开发工作中，将有效地排除财务人员人力资源管理工作中的障碍，提高财务管理工作的业绩。基于胜任力模型的财务人员职务分析，具有更强的工作绩效预测性，能够有效地为财务人员的选拔、培训、职业生涯规划、绩效考核、薪酬设计提供参考标准；基于胜任力模型的财务人员招聘，能避免其他非胜任力因素（如外表）的干扰，帮助企业找到具有核心动机和特质的员工，使财务人员招聘减少成本、降低风险；基于胜任力模型的财务人员培训，加强了结构性、程序性知识的培训，从而全面增强了财务人员的综合素质，提高了财务管理的核心能力；基于胜任力模型的财务人员绩效考核，可以非常容易地界定绩效在过程方面的指标，增加绩效考核的科学性。基于胜任力模型的财务人员薪酬设计，体现了不同阶层财务人员的薪资报酬，为每个基层的财务人员的薪酬设计提供依据，增强了组织的公平性。

在经济全球化的大背景下，在激烈的市场竞争时代，中国比以往任何时候都更需要大批杰出的财务人才脱颖而出，需要培育一个有效的财会人才市场和形成一支与世界发展潮流相适应的财务人才队伍。因此，加强财务人才队伍建设的理论探索和研究，建立科学合理的财会人才市场，形成良好的选人、用人、育人、留人机制和公平竞争的财务人才流动机制、科学的财务人才业绩考评机制及合理的财务人才价格机制和激励机制，是关系到中国经济发展的重大课题，越来越多的研究者也因此日益关注中国财务人员胜任力的研究。本章所要研究的就是中国财务人员胜任特征及从胜任力模型角度构建有效的财会人才市场问题，旨在使财会人才市场发挥作用，实现财务人才资源的合理配置和企业的自主选人，促进劳动力市场的更加完善和现代企业制度的建立，提高中国企业的竞争力。

五、研究内容和研究思路

1. 研究内容

本章以企业的财务管理人员为研究对象。首先，通过关键事件访谈法进行编码，建立起财务管理人员的初始胜任力模型；其次，采用问卷调查方式，通过分析检验初始模型；再次，对经过检验的模型进一步讨论并为各因素分配权重，确定最终的财务管理人员胜任力模型，并按照胜任力模型中的因子结合因子的权重予以评分，得出财务管理人员的胜任能力；最后，就胜任力模型在财务人员人力资源管理中的运用进行了探讨。

2. 研究思路

本章的具体研究思路如图3-1所示。

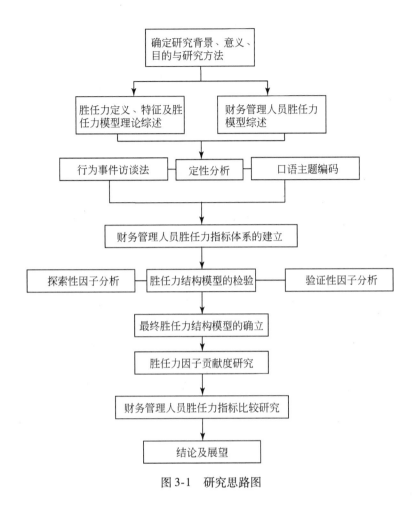

图 3-1 研究思路图

六、财务人员胜任力模型研究综述

财务人员作为组织人力资本的重要组成部分，对其进行有效管理很早就受到各界重视，关于财务人员胜任力模型的研究也有 20 年的历史。

加拿大注册会计师协会（CGA）早在 1986 年就开始研究注册会计师的胜任力，经过 14 年的努力，CGA 于 2000 年发布了《加拿大注册会计师胜任力框架》。该胜任力模型中包括了各领域职业会计师所需的 147 项胜任要素。

1996 年，加拿大又由多位专家成立了跨协会的研究小组进行会计师胜任力研究，最终加拿大特许会计师协会（CICA）于 2001 年发布了《特许会计师胜任力框架》，此后又于 2003 年发布了《候选特许会计师胜任力框架》。在这两个胜任力框架中，特许会计师通用的胜任力包括以下三个部分。①道德行为和职业观：保护公众利益、正直与公正、独立、保密等；②个性特征：自我管理、创新、适应能力等；③职业技能：生成计划和信息、检验计划和信息、交流、问题解决等。

1993 年，W. P. Birkett 教授在澳大利亚特许会计师协会（ICAA）、注册会计师协会（ASCPA）与新西兰特许会计师协会的要求下，进行了职业会计师胜任力的研究，此项研究的结果在《澳大利亚和新西兰职业会计师基于胜任力的标准》（又称 Birkett 报告）中进行了阐述。这个报告划分了职业会计师的 7 项职能，包括审计、对外报告、管理会计税务、理财、管理以及清算与重组。在该项研究中，胜任力的研究根据绩效产出和形成这些产出的技能水平，把财务人员分为合格级从业者、精通级从业者和专家级从业者，胜任力的建立也从这三个水平相联系而建立。报告中的胜任力模型包括人际技能、组织技能分析与构造技能以及理解技能等内容。

1999 年 7 月，美国注册会计师协会（AICPA）出台了完整的财务人员胜任力框架，包括三个维度：职务胜任力、个人胜任力和商业环境洞察力，在三个维度中共设置 19 项胜任力，具体为：①专业胜任力（与会计职业密切相关的专门技术能力），包括决策、风险分析、计量、报告、研究、具备发展和提高专业胜任力的技术等；②个人素质能力（与个人的态度和行为有关），包括职业行为、解决问题和制定决策、领导、沟通项目管理、具备发展和提高个人素质能力的技术等；③商业环境的洞察能力（与职业计师的执业环境有关），包括战略/批判性的思考、对行业的了解、对全球/国际环境了解、资源管理、法律/法规的熟知、具备发展和提高商业环境洞察能力的技术等。美国会计师协会（AAA）也设计了财务人员的胜任力模型，该模型主要是为了财务人员的自我评估和职业规划。

国际会计师联合会（IFAC）在 1996 年发布了第 9 号国际教育指南（IEG9，修订版），即《预备教育、专业胜任力评价及职业会计师的实践要求》，该指南提出能力来源于知识、技能和职业价值观三个方面：知识，包括一般知识、组织行为与经营知识、会计和与会计相关知识以及信息技术；技能，包括智力、人际关系能力及交流技能；职业价值观，职业会计师所需具备的正直、客观、独立以及遵守职业道德、关注公众利益和社会责任、自身学习等品质。

国际会计师联合会下属的财务和管理会计委员会（FMAC）于 2002 年发布了第 12 号研究报告《管理会计实务及管理会计师的胜任力档案》，报告中将会计师的胜任力分为感知能力和行为能力两个维度，又把两个维度分为 6 个要素，即专业技术能力、分析设计能力、理解能力、个性特征、人际能力及组织能力。1999 年联合国国际会计和报告标准政府间专家工作组第 16 次会议讨论通过了《职业会计师资格评价国际指南》和《职业会计师专业教育国际大纲》，将职业会计师资格评价的要素规定为 5 个。

国际会计师联合会基于 1998 年与 2001 年征求意见稿，2003 年发布了非常重要的《为胜任的职业会计师》报告，该报告系统介绍了各国胜任力模型研究的成果，分析了胜任力模型研究的方法，并提出各监管机构或职业团体应该基于胜任力模型进行教育与职业资格认证。同年，IFAC 在总结各职业团体研究经验的基础上提出与职业会计师相关的核心实务领域至少应包括财务会计与报告、审计与鉴证（内部和外部）、管理和成本会计、税务、财务管理、一般管理、IT技术、公司治理与伦理，职业团体也可视具体情况向现金管理、清算与公司重整、财务分析、组织与物流、公司理财、经管责任与控制、股东报告、战略规划与决策支持等方向拓展。与核心实务相关的核心知识和与拓展领域相关的知识技能是职业会计师胜任力的基础，除了核心知识外，职业会计师至少应具备法律、经济、数量方法、营销和行为科学等相关知识。此外，由于职业特点，职业会计师至少还需具备其他一些胜任力，如正直公正、行为技能、广阔的经营视野、职业技能、技术水平及智力、分析技能、问题解决技能、人际和交流技能等。

我国在近几年也对财务人员胜任力及其模型有了初步的研究。《职业会计师能力框架研究》一文回顾了职业会计师能力框架研究的相关文献，并归纳了胜任力框架的研究成果。在此基础上，该论文论述了这些研究对我国职业会计师能力框架研究的启示。李雪和邵丽（2006）在文章《注册会计师专业胜任能力评价指标体系的构建》中，把注册会计师专业胜任能力评价指标体系设置为道德素质、基础条件和工作业绩三个子系统。冯锐（2004）在《浅谈会计人员素质的提高》中分析了会计人员存在的问题以及会计人员应具备的素质。鲁盛潭 2004年发表了《我国注册会计师应具备的素质与高校会计教育改革》一文，该文在阐述注册会计师必备的素质基础上，分析探讨了目前我国高校会计教育改革的思路和措施。杜拉群于 2004 年提出，会计人员应从提高学习能力、增强创新能力、强化发展意识、培育诚信品格等方面来构建素质目标模式。边红霞于 2005 年总结了职业道德、专业素养、创新素质、身心素质和社会协作素质是会计人员使用知识经济必备的素质。

国外关于财务人员胜任力模型的研究发展较早，成果也相当可观，从美国的财务人员胜任力模型，到很多国际组织在经过跨国研究后得到的会计师胜任力模型，其研究过程的严谨和研究结果的可行性都不容置疑。但是他们研究的财务人员和会计师同样是处在西方几个发达国家，如果要将这些成果运用到我国，就必须对成果进行适当的改进来适应我国国情。我国关于财务人员胜任力模型的研究还处于探索阶段，还没有系统科学的财务人员胜任力模型的研究。正因为如此，我国目前的会计资格考试及一些省市制定的专业会计师评定标准，基本都是依据学历和资历、基础理论和专业知识、外语水平等方面制订标准。统一考试的科目、内容和会计师评定标准总体而言是以知识和业绩为导向，并不是基于胜任力的考核与评定。这些都对我国财务人员胜任力模型的研究提出了迫切要求，也为我国财务人员胜任力模型的科学性、系统性提出了挑战。

第二节　研究工具及步骤

本章在第一节介绍了胜任力模型建立的过程与方法，也分析了各种方法的特点。在财务人员初始胜任力模型建立的过程中，我们将采用行为事件访谈法与口语主题编码。笔者在陕西省财政厅会计学会的帮助下，对陕西省 8 家大型企业的财务主管共 23 人进行了深入访谈。本研究采用 BEI 关键行为事件访谈法，揭示财务管理人员胜任力素质模型，并通过归类一致性和评分者一致性系数来检验所建立的胜任力素质模型的信度，通过对优秀组和一般组各胜任力素质出现的频次、平均等级的差异检验，来验证所建立的胜任力素质模型的信度和效度，为财务管理人员的胜任力模型开发提供一套突出胜任力素质模型的理论依据、评价方法和工具。

一、研究工具

本研究采用关键行为事件访谈法和编码技术，建构财务管理人员胜任力素质模型。在访谈前，我们设计了《行为事件访谈提纲》和《胜任素质编码辞典》。《行为事件访谈提纲》共两份，其中一份只包括访谈目的、访谈问题等，供被访谈人使用，另一份除了访谈问题外还包含访谈程序和各阶段的注意事项，供访谈人使用。同时，配有用于访谈录音的录音笔。本研究采用的《胜任素质辞典》，是由 McBer 公司开发出来的专用手册，包括现有研究确定的、对大多数行业组织的成功领导者通用的胜任力素质。使用前，我们对该辞典进行了讨论和修改，使其翻译后的文字表述适合中国的文化，在培训过程中还根据访谈资料的特殊情况进行了进一步的完善。

二、研究步骤

本研究从 2008 年 7 月开始，大致经历了以下五个阶段。

1）阶段 1：选择被访谈者

根据国外进行行为事件访谈的经验，区分绩效优异者和一般者的理想指标是"硬"的绩效指标。但是，在实际操作时，最好综合使用多个指标，选择在这些指标上得分都高的被试者作为绩效优异者。因此，我们用来选择被试的指标是综合的绩效标准：企业提供的财务管理人员的年终考核成绩和公司领导的提名。

根据确定的标准，我们选定了接受访谈的财务管理人员，共 20 人。其中，绩效优异者 10 人、绩效一般者 10 人。10 名优异者中，5 名来源于国有大型企业，都是绩效突出的财务管理人员；另外 5 名是民营中小企业的财务管理人员。被选择参加访谈的人员，并不知道在样本选取时优秀组和一般组的区别。同样，访谈者事先也不知道被访谈人是优秀组的还是一般组的。

2）阶段 2：行为事件访谈

所有访谈过程都根据我们所设计的《行为事件访谈提纲》进行。一般是访谈前先打电话预约，20 个访谈都是在被访谈者的办公室或员工食堂里进行的。在征得被访谈人的同意后，我们对所有 20 个访谈都进行了录音。同时，还根据《行为事件访谈信息－记录卡》对被访谈人在访谈过程中的行为表现等进行记录，作为后来编码时的补充材料。访谈者在访谈过程中，主要问及被访谈者在从业过程中所经历的三件最成功的事件和三件最失败的事件，及每一事件发生时的具体情况。例如，这个情景的起因是什么；关系到哪些人；被访谈者在当时的情境下是怎么样想的；在当时的情景中想得到什么结果，但实际上做了些什么；结果怎么样。

3）阶段 3：胜任素质编码

录音访谈首先被录入计算机，然后我们成立了两人编码小组。首先对《胜任素质编码辞典》进行了学习、讨论和进一步修改，确保每个人对修改后的文字理解一致。在不知道谁是优秀组、谁是一般组的情况下，我们开始正式的编码过程。

4）阶段 4：数据处理

对两个分析员独立编码得到的数据进行汇总、登录和统计，对优秀组和一般组在每一胜任素质出现的频次和等级的差异上进行比较分析。所有的描述统计、相关分析、差异检验均在 SPSS 13.0 上完成。

5）阶段 5：建立胜任素质模型

根据对优秀组和一般组在每一胜任素质上出现的频次和等级进行的差异检验，将差异检验显著的胜任素质确定出来，这些就是我们建立的财务管理人员的胜任素质模型中包含的胜任素质。

第三节　访谈数据分析

1. 长度（字数）分析

表 3-1 列出的是我们对优秀组和一般组的访谈长度进行的分析比较结果。优

秀组的访谈长度平均为 9019.89 字，一般组的访谈长度平均为 8214.37 字，两组在访谈长度上无显著性差异。

表 3-1　优秀组与一般组的访谈长度比较表

分组	人数	均值	标准差	t 值	自由度	Sig.
一般组	10	8214.37	933.119	1.493	18	0.185
优秀组	10	9019.89	1420.465			

2. 频次分析

如表 3-2 所示，胜任素质发生的总频次在两组之间有差异，在每一个所编码的胜任素质上，优秀组与一般组在总频次上达到差异显著性水平。也就是说，在访谈长度无显著性差异的情况下胜任素质在优秀的财务管理人员身上比在一般的财务管理人员身上出现得更为频繁。

表 3-2　优秀组与一般组胜任素质发生的总频次的比较表

分组	人数	均值	标准差	t 值	自由度	Sig.
一般组	10	19.90	5.696	3.872	18	0.001
优秀组	10	29.90	5.773			

3. 信度

归类一致性是指评分者之间对相同访谈资料的编码归类相同的个数占编码总个数的百分比。计算公式是参照 Winter 的动机编码手册，若用 T_1 表示评分者 A 的编码数，T_2 表示评分者 B 的编码数，$T_1 \cap T_2$ 表示评分者编码归类相同的数，$T_1 \cup T_2$ 表示评分者各自编码个数的和，则计算公式为

$$CA = 2 \times T_1 \cap T_2 / T_1 \cup T_2$$

CA 值越高，则表示不同评分者之间的归类一致性越高。

在本研究中，根据我们的统计，$T_1 = 327$，$T_2 = 363$，$T_1 \cap T_2 = 242$，CA = 70.1%，CA 值尚令人满意。

4. 效度

为了检验本研究中所使用的胜任素质辞典中确认的胜任素质，能否在效标样本中的优秀组和一般组之间显示出差异，我们对优秀组与一般组在平均频次上的差异进行了检验。

如表 3-3 所示，从平均频次上看，优秀组与一般组在许多胜任素质上都有显著差异。这表明，胜任素质出现的平均频次能够区分效标样本。

表3-3 优秀组与一般组各胜任素质平均频次的差异检验

比较项目	优秀组		一般组		自由度	t
	均值	标准差	均值	标准差		
职业兴趣	1.8	0.675	1.4	0.789	17	1.123 *
全局观念	2.2	0.919	2.1	0.738	17	2.268 *
信息分析	2.3	0.850	1.6	0.949	17	2.979 *
学习发展	3.3	0.834	2.3	0.667	17	4.707 *
沟通协调	3.2	1.174	2.2	0.632	14	2.150 *
培养他人	3.3	0.789	2.1	0.949	17	2.307 *
成就导向	2.4	0.966	2.0	0.675	16	2.234 *
激励	2.8	0.568	2.1	0.527	17	1.633 *
业务支持	2.4	0.966	2.0	0.675	17	2.159 *
团队整合	3.0	0.623	2.0	0.516	16	1.324 *
系统思维	1.2	0.632	0.8	0.516	17	0.775
人际交往	2.1	0.850	1.2	0.966	17	2.887 *
分析判断	2.5	0.632	2.0	0.972	17	1.636 *
排除疑难	3.2	0.789	2.2	0.632	16	2.325 *
组织权限意识	3.3	0.738	2.4	0.738	18	2.301 *
专业化	2.8	0.843	1.8	0.699	17	3.198 *
自律	3.3	0.789	2.4	0.527	17	2.333 *
同理心	3.3	0.623	2.4	0.850	18	2.436 *
创新	1.2	0.758	0.6	0.699	15	0.887
影响他人	0.8	0.696	0.4	0.577	14	1.221
原则性	3.6	0.996	3.0	0.738	18	2.310 *

* 表示在 0.5 水平上显著相关。

5. 小结

通过参考已有的胜任力辞典内容，结合访谈资料的分析总结，对以上的胜任特征进行了描述性定义，具体定义如表 3-4 所示。

表 3-4　胜任特征描述性定义

胜任特征名称	描述性定义
职业兴趣	喜爱财务工作，从工作中得到乐趣
全局观念	从组织整体和长期的角度进行考虑决策、开展工作，保证企业健康发展
信息分析	能够把那些原始的、零散的材料经过归纳整理，综合分析，去粗取精，去伪存真，变成系统的、具有较强操作性和指导性的意见、建议
学习发展	通过吸取自己或他人经验教训、科研成果等方式，增加学识、提高技能，从而获得有利于未来发展的能力
沟通协调	妥善处理与上级、平级以及下级之间的关系，促成相互理解，获得支持与配合的能力
培养他人	在需求分析的基础上，带有一定想法或力度地筹备长期培养人才的计划
成就导向	不满足于现状，对成功具有强烈的渴求，总是设定较高目标，要求自己克服障碍，完成具有挑战性的任务
激励	激发、引导和维持他人的工作热情，保证预定目标的实现
业务支持	结合企业实际，研究应对预案，提供业务方法技巧方面的指导，相关技术及后勤支持，努力将本部门建设成为下辖各业务单位强大的技术后盾
团队整合	协调团队内部关系，优化人员配置，使组织高效率地运转
人际交往	对人际交往保持高度的兴趣，能够通过主动、热情的态度以及诚恳、正直的人格面貌赢得他人的尊重和信赖，从而赢得良好的人际交往氛围
分析判断	对已知的事实进行分析推理，把握事情的本质
排除疑难	对于工作中出现的问题，能够抓住其本质，提出创造性的解决方案，并付诸实施
组织权限意识	在自己的或别的组织把握和理解权力关系的能力，包括鉴别谁是真正的决策拍板者，影响他们的人是谁，能预测新的事件和环境将怎样影响组织内的个体和团体
专业化	对本专业领域的发展动态非常敏感，有较强的领悟力和驾驭力，能做本专业的"专家"
自律	指行为主体的自我约束、自我管理，是以事业心、使命感、社会责任感、人生理想和价值观作为基础
同理心	站在当事人的角度和位置上，客观地理解当事人的内心感受，且把这种理解传达给当事人的一种沟通交流方式
原则性	能够以国家、有关部门及组织内部的财务、税务法规、制度为依据

第四节　财务管理人员胜任力模型的检验

一、预试

预试是为了在正式测试之前对问卷各个题项设置的科学性、合理性等进行检验，通过对预试结果进行统计分析，可以对初始胜任力模型进行修正，以便得到科学合理的正式调查问卷，保证正式测试的效度。预试包括调查问卷的编制、预试样本的选择与相关统计、项目区分度/分析、探索性因子分析等步骤。

1. 调查问卷的编制

财务管理人员胜任力模型预试调查问卷分为两部分，第一部分为人口统计变量，第二部分为 likert 五级量表，分值为 1～5 分，1 代表最不重要，5 代表最重要。问卷问题的设置是根据行为事件访谈得出的初始胜任因素，对其进行了相应的行为描述，以便于调查者理解和客观地回答，一共得到 40 个题项。

2. 样本的选择与相关统计

预试调查问卷分别发放到标准股份、地方电力、延长石油等企业的财务主管以上人员。共发放问卷 125 份收回 114 份，回收率为 91.2%，有效问卷 106 份，约占发放总问卷的 84.8%。人口特征统计如表 3-5 所示。

表 3-5　人口统计特征表

统计项目	项目分类	人数/人	所占比例/%
性别	男	61	57.55
	女	45	42.45
年龄	30 岁以下	25	23.58
	30～35 岁	61	57.55
	35～40 岁	12	11.32
	40 岁以上	8	7.55
学历	大专及以下	34	32.08
	本科	62	58.50
	硕士及以上	10	9.42

3. 项目区分度分析

项目分析是为了检验问卷项目是否能鉴别受试者的反映程度，项目分析首先将所有受试者在预试量表的得分总和以高低排列，得分前 27% 为高分组，得分后 27% 为低分组。然后求出高低两组受试者在每个项目得分平均数差异的显著性检验，如果 t 检验没有达到显著水准，说明该项目不能鉴别受试者的反映程度，可以删除。而统计技术要求接受检验的数据必须服从正态分布，所以在实行检验前必须检验数据是否服从正态分布。运行 SPSS 17.0 的频数分析（frequencey）中的分布分析（distribution），运行结果表明，所有的测项 skewness 值都在（-1，1），这说明数据基本服从正态分布，可以进行 t 检验。

统计结果表明，所有测项的 Sig. 都小于 0.01，因此否定零假设，所有测项在 0.01 水平上存在显著差异。也就是说，t 检验结果表明，各测项的低分组均值和高分组均值存在着显著差异，40 个题项都能通过检验，所以都予以接受。

这里要说明的一点是我们在预试过程中是采用没有修正过的原始调查问卷（即用行为描述项作为统计分析的原始数据）作的定量分析，这样做的目的一是检验已提取出来的胜任因子是否真正是商业银行客户经理的胜任素质；二是检查是否还有我们在访谈中没有预测出来的胜任要素。而在正式检验的时候我们用的是经过处理后的胜任素质得分。

4. 探索性因子分析

1）效度检验

统计软件提供了几种判断变量是否适合做因子分析的检验方法，本研究主要采用 KMO（Kaiser-Meyer-Olkin）检验和 Bartlett 球形检验（Bartlett's test of sphericity）两种方法对原始变量作相关分析。依据的观点是可从 KMO 取样适当性值的大小来判断因子分析的适合性。KMO 值越接近于 0 表明原始变量相关性越弱，越接近于 1 表明原始变量相关性越强。通常认为 KMO 度量标准是 0.9 以上表示非常适合进行因子分析，0.8 及以上表示比较适合，0.7 表示一般，0.6 表示不大适合，0.5 以下表示极不适合。Bartlett 球形检验是用来探讨相关系数是否适当的方法，因子分析使用相关系数作为因子提取的基础，球形检验即可用来检验是否这些相关系数不同且大于 0，显著的球形检验表示相关系数足以用作因子分析。这两个方法都是现在国内外学术界比较认可和流行的判别方法。本研究的统计结果如表 3-6 所示。

表 3-6　财务管理人员胜任力预试调查问卷 KMO 值和 Bartlett 球形检验

KMO 值		0.826
Bartlett 球形检验	样本量卡方统计值（χ^2）	1653.005
	自由度	624
	Sig.	0.000

通过对财务管理人员胜任特征题项进行的因子分析，KMO 值为 0.826 说明进行因子分析的结果是良好的。此外，Bartlett 球形检验的 χ^2 值为 1653.005（自由度为 624），达显著水平，代表母群体的相关矩阵间有共同因子存在，适合进行因子分析。

2）胜任因子的提取

我们把有效调查问卷的数据输入到 SPSS 软件中，进行了因子分析。首先得到了一些描述性的统计结果——每一个变量的平均得分和标准差，分别描述了变量的整体得分情况和变异程度，具体的统计结果如表3-7所示。

表 3-7 财务管理人员胜任特征要素指标的描述性统计结果

胜任因子	均值	标准差	分析数量	缺省数
1	4.35	0.894	120	0
2	4.39	0.811	120	0
3	4.64	0.586	120	0
4	4.63	0.734	120	0
5	4.33	0.824	120	0
6	4.23	0.792	120	0
7	4.22	0.664	120	0
8	4.22	0.861	120	0
9	4.15	0.810	120	0
10	4.23	0.768	120	0
11	4.17	0.818	120	0
12	4.58	0.597	120	0
13	4.13	0.753	120	0
14	4.41	0.687	120	0
15	4.34	0.751	120	0
16	4.33	0.673	120	0
17	4.26	0.732	120	0
18	4.22	0.769	120	0
19	4.20	0.810	120	0
20	4.07	0.723	120	0
21	4.09	0.734	120	0
22	4.28	0.712	120	0
23	4.28	0.685	120	0
24	4.23	0.792	120	0
25	4.20	0.737	120	0
26	4.19	0.802	120	0
27	4.19	0.778	120	0
28	4.23	0.663	120	0
29	4.26	0.731	120	0
30	4.17	0.694	120	0
31	4.24	0.725	120	0

胜任因子	均值	标准差	分析数量	缺省数
32	4.07	0.749	120	0
33	4.26	0.732	120	0
34	4.19	0.729	120	0
35	4.06	0.763	120	0
36	4.06	0.738	120	0
37	4.46	0.573	120	0
38	4.41	0.765	120	0
39	4.31	0.722	120	0
40	4.65	0.649	120	0

以上描述性统计结果显示：40 个胜任特征行为项重要程度平均数在 4 以上，说明 40 个行为要素的重要性程度都在一般水平以上，且绝大多数的重要性程度都在较重要水平之上，这进一步说明了我们用这 40 个行为题项来代表 21 个胜任要素是合理的。与此同时，21 个要素的标准差在 0.7 左右波动，说明各要素之间的标准差都不是很大，而且大致适当，可见问卷被试者对同一要素打分具有一致性，也为研究可信度提供了强有力的支持。

我们对这 40 个胜任特征要素进行了因子分析，所采用的因子提取方法是主成分分析方法，按照特征值为 1 提取出 10 个公共因子，然后采用方差最大化正交旋转法对因子载荷矩阵进行旋转，接着对公共因子进行调整、合并后最终得到 10 个公共因子。

3）预试问卷共同度检验

表 3-8 显示，财务管理人员胜任力问卷中各项目的共同性良好。

表 3-8　财务管理人员胜任力预试问卷共同度检验

序号	初始值	抽取后值
1	1.000	0.870
2	1.000	0.859
3	1.000	0.785
4	1.000	0.815
5	1.000	0.855
6	1.000	0.782
7	1.000	0.799
8	1.000	0.886

续表

序号	初始值	抽取后值
9	1.000	0.829
10	1.000	0.734
11	1.000	0.706
12	1.000	0.738
13	1.000	0.804
14	1.000	0.785
15	1.000	0.825
16	1.000	0.705
17	1.000	0.800
18	1.000	0.779
19	1.000	0.858
20	1.000	0.759
21	1.000	0.650
22	1.000	0.853
23	1.000	0.783
24	1.000	0.728
25	1.000	0.826
26	1.000	0.863
27	1.000	0.829
28	1.000	0.765
29	1.000	0.658
30	1.000	0.666
31	1.000	0.808
32	1.000	0.702
33	1.000	0.681
34	1.000	0.822
35	1.000	0.858
36	1.000	0.601
37	1.000	0.767
38	1.000	0.742
39	1.000	0.612
40	1.000	0.756

4）试验提取主成分因子

本章因子分析是采用主成分分析法，主成分分析也称主分量分析，旨在利用降维的思想，把多指标转化为少数几个综合指标。经过最大正交旋转，提取特征根大于 1.0 的因子。最后共提取了 10 个因子，累计方差解释率为 77.358%（结果如表 3-9 所示）。一般情况下，各因子累计解释量达到 60% 以上，则表明量表具有良好的结构效度。表 3-9 详尽描述了运用主成分分析法在提取因子过程中的因子特征值和方差贡献率。

表 3-9　财务管理人员预试问卷累积变异量表

Component	Initial Eigenvalues			Extraction Sums of Squared Loadings			Rotation Sums of Squared Loadings		
	Total	% of Variance	Cumulative %	Total	% of Variance	Cumulative %	Total	% of Variance	Cumulative %
1	15.256	38.140	38.140	15.256	38.140	38.140	4.264	10.661	10.661
2	2.990	7.475	45.615	2.990	7.475	45.615	3.712	9.281	19.942
3	2.495	6.237	51.852	2.495	6.237	51.852	3.656	9.139	29.081
4	2.206	5.515	57.367	2.206	5.515	57.367	3.568	8.921	38.002
5	1.713	4.282	61.649	1.713	4.282	61.649	3.517	8.792	46.795
6	1.447	3.617	65.266	1.447	3.617	65.266	3.139	7.848	54.642
7	1.335	3.337	68.603	1.335	3.337	68.603	2.956	7.391	62.033
8	1.231	3.077	71.681	1.231	3.077	71.681	2.455	6.137	68.170
9	1.148	2.870	74.550	1.148	2.870	74.550	1.877	4.693	72.863
10	1.123	2.807	77.358	1.123	2.807	77.358	1.798	4.494	76.425
11	0.952	2.379	79.737						
12	0.833	2.083	81.820						
13	0.777	1.943	83.763						
14	0.708	1.770	85.533						
15	0.653	1.633	87.166						
16	0.599	1.499	88.665						
17	0.511	1.278	89.942						
18	0.486	1.216	91.158						
19	0.467	1.167	92.325						
20	0.446	1.115	93.440						
21	0.389	0.971	94.411						
22	0.327	0.818	95.229						

Component	Initial Eigenvalues			Extraction Sums of Squared Loadings			Rotation Sums of Squared Loadings		
	Total	% of Variance	Cumulative %	Total	% of Variance	Cumulative %	Total	% of Variance	Cumulative %
23	0.295	0.738	95.968						
24	0.256	0.640	96.607						
25	0.197	0.492	97.099						
26	0.188	0.471	97.570						
27	0.163	0.407	97.977						
28	0.153	0.381	98.358						
29	0.123	0.309	98.667						
30	0.101	0.252	98.919						
31	0.092	0.230	99.149						
32	0.077	0.194	99.342						
33	0.059	0.148	99.490						
34	0.052	0.130	99.620						
35	0.045	0.113	99.734						
36	0.035	0.087	99.820						
37	0.028	0.071	99.891						
38	0.025	0.062	99.953						
39	0.012	0.031	99.984						
40	0.006	0.016	100.000						

注：抽取方法为主成分分析法。

5) 旋转后的因子载荷矩阵

表3-10 财务管理人员胜任力预试问卷因子检验正交旋转后因子负荷矩阵

序号	因子组									
	1	2	3	4	5	6	7	8	9	10
1	0.744									
2	0.677									
3	0.656									
4	0.640									
5	0.597									
6	0.586									

续表

序号	因子组									
	1	2	3	4	5	6	7	8	9	10
7	0.503									
8		0.871								
9		0.837								
10		0.750								
11			0.786							
12			0.665							
13			0.595							
14			0.586							
15			0.567							
16				0.798						
17				0.663						
18				0.622						
19				0.625						
20					0.715					
21					0.675					
22					0.560					
23					0.546					
24						0.890				
25						0.852				
26						0.724				
27						0.599				
28							0.785			
29							0.772			
30							0.657			
31							0.577			
32							0.573			
33								0.743		
34								0.546		
35								0.529		
36									0.721	
37									0.608	
38									0.541	
39										0.718
40										0.550

6）信度检验

信度主要是检验问卷的可靠性和有效性。评定测量信度的方法较多，常用的测量方法有重测信度、等同信度、折半信度和内部一致性信度等。信度还可分为外在信度（external reliability）和内在信度（internal reliability）两大类。外在信度通常是指不同时间测量时，量表一致性的程度，重测信度即是外在信度最常用的检验方法；内在信度指的是每一个量表是否测量单一概念，同时组成量表题项的内在一致性程度如何，在"多选项量表"中内在一致性信度特别重要。如果内在信度系数达到某一特定值，表示量表有高的信度，内在信度最常使用的方法是 Cronbach's alpha 系数，它能够准确地反映出测量项目的一致性程度和内部结构的良好性，本章中使用的问卷即是"多选项量表"，所以检验内在信度较为适合，在这里将采用 Cronbach's alpha 系数对问卷进行内部一致性信度检验。经项目分析和探索性因素分析后的商业银行客户经理胜任力预试问卷信度如表 3-11 所示。

表3-11 财务管理人员胜任特征预试问卷信度系数

构面	构面1	构面2	构面3	构面4	构面5	构面6	构面7	构面8	构面9	构面10	整体
Alpha 系数	0.7542	0.8505	0.8846	0.8414	0.8982	0.8238	0.8541	0.8084	0.8534	0.8639	0.8325

从表 3-11 可以看出，总量表系数大于 0.8，各量表的系数除构面 1 小于 0.8 外，均大于 0.8，表明此量表从总体上看一致性信度较高，测量结果是可靠的。由于是直接用问卷题项做的因子分析，所以我们先不对个题项提取出来的一级因子命名，只是根据正交旋转后的因子负荷矩阵聚类对我们的试验问卷做检验。结合因子负荷矩和信度分析的结果我们发现试验问卷存在以下问题。

（1）根据我们在发放试验问卷的过程中，受试者认为我们的问题有些重复，行为描述有诱导性，不够客观。

（2）我们的构想中有些很重要的条目却没有构成独立的因子或者没有负荷，可能是条目表述不易理解或者有歧义造成被试者选择偏差，等等。

（3）根据因子分析结果，能够提取出来 10 个一级因子，比我们预想的要多，可以对访谈后的二级因子进行合并，再次进行行为描述。

针对以上问题，以统计结果为基础，以本章的研究目的为导向，参考专家意见并结合实际情况对财务管理人员胜任力模型调查问卷进行了修订。修订的要点是对一些受试者难以理解的题项进行了修改，对一些需要合并和撤销的题项都进行了相应的变动。最后把 25 个二级因子缩减为 21 个进行，根据胜任要素重新编制正式调查问卷。

二、正式检验

根据我们的关键行为事件访谈结果，以我们所得到的财务管理人员的胜任素质模型为结构，编制财务管理人员胜任素质评价问卷。

1. 正式问卷施测前的准备工作

1) 问卷项目的来源

本问卷项目的来源主要是我们行为事件访谈得到的财务管理人员的 40 项胜任素质。在《胜任素质编码辞典》中，各胜任素质的评价量表都是由不同等级的行为指标表现的。在编制问卷的过程中，我们的具体做法就是，分析这 40 项胜任素质以何种行为表现出来，如果表现出来，又是在哪个等级上。这些被编出的行为指标是我们的问卷项目的一个主要来源。同时，我们还参考了国内外关于财务管理人员素质研究的资料，采用了部分跟我们的访谈得到的行为指标比较一致的条目。

2) 问卷的初步编制

初步问卷编好后，我们首先组成相关研究的小组，对所选项目的文字表达进行了讨论和修改，保证没有难懂、歧义项目出现。同时，还对各项目与要测的胜任素质维度之间的相关性进行了主观分析和判断，去掉了明显有问题的项目。我们进行预试的初步问卷共有 40 个行为描述题项，之所以用 40 个行为描述题项来代表 21 个胜任特征，主要是为了将每个胜任特征描述地更加详细和易于理解，使问卷调查的结果更加可信。采用 Like 5 级量表，其中，1 表示"非常不符合"，5 表示"非常符合"。

2. 问卷的发放与回收

从统计学意义上来说，样本范围和数量有一定的要求。所以在选择调查对象的时候，我们尽量选取行业不同、所属公司规模不同的财务管理人员。在条件所限，样本数量不是很大的情况下，尽可能使样本的分布面大一点。

三、样本的选择与统计

选择的样本企业包括国有企业 3 家、民营企业 4 家。运用设计好的问卷进行测试，由这些公司中的财务管理人员填写问卷。共发放问卷 180 份，收回问卷 168 份，回收率为 93.3%。审查问卷时把没有填写完全的问卷和问卷选项得分全部相同的问卷视为无效问卷，得到有效问卷 156 份，有效率为 92.9%。调查样本详细人口特征统计见表 3-12。

表 3-12 调查样本人口特征统计表

统计项目	项目分类	人数/人	所占比例/%
性别	男	80	51.3
	女	76	48.7
年龄	30 岁以下	18	11.5
	30~35 岁	58	37.2
	35~40 岁	63	40.4
	40 岁以上	17	10.9
学历	大专及以下	23	14.7
	本科	124	79.5
	硕士及以上	9	5.8

四、探索性因子分析

1. 效度检验

统计软件提供了几种判断变量是否适合做因子分析的检验方法，本研究主要采用 KMO（Kaiser-Meyer-Olkin）检验和 Bartlett 球形检验两种方法对原始变量作相关分析，判断是否适合做因子分析。依据的观点，可从 KMO 取样适当性值的大小来判断因子分析的适合性。KMO 值越接近于 0 表明原是变量相关性越弱，越接近于 1 表明原始变量相关性越强。通常认为 KMO 度量标准是：0.9 以上表示非常适合进行因子分析，0.8 表示比较适合，0.7 表示一般，0.6 表示不大适合，0.5 以下表示极不适合。Bartlett 球形检验是用来探讨相关系数是否适当的方法，因子分析使用相关系数作为因子提取的基础，球形检验即可用来检验是否这些相关系数不同且大于 0，显著的球型检验表示相关系数足以用作因子分析。这两个方法都是现在国内外学术界比较认可和流行的判别方法。本研究的统计结果如表 3-13 所示。

表 3-13 财务管理人员胜任力调查问卷 KMO 值和 Bartlett 球形检验

KMO 值		0.846
Bartlett 球形检验	样本量卡方统计值（χ^2）	1754.076
	自由度	790
	Sig.	0.000

通过对财务管理人员胜任特征题项进行的因子分析，KMO 值为 0.846 说明进行因子分析的结果是良好的。此外，Bartlett 球形检验的 χ^2 值为 1754.076（自由度为 790），达显著水平，代表母群体的相关矩阵间有共同因子存在，适合进行因子分析。

2. 胜任因子的提取

我们把有效调查问卷的数据输入到 SPSS 软件中，进行了因子分析。首先我们得到了一些描述性的统计结果——每一个变量的平均得分和标准差，分别描述了变量的整体得分情况和变异程度，具体的统计结果如表 3-14 所示。

表 3-14　财务管理人员胜任特征要素指标的描述性统计结果

胜任要素	均值	标准差	分析样本数	缺省数
职业兴趣	4.213 0	0.542 56	172	0
全局观念	4.263 8	0.787 24	172	0
信息分析	4.310 2	0.511 25	172	0
学习发展	4.310 2	0.564 58	172	0
沟通协调	3.246 8	0.438 45	172	0
培养他人	3.755 2	0.484 05	172	0
成就导向	3.475 1	0.454 68	172	0
激励	3.475 1	0.454 70	172	0
业务支持	3.475 1	0.454 70	172	0
团队整合	3.475 1	0.454 70	172	0
系统思维	6.850 2	0.899 40	172	0
人际交往	4.073 0	0.732 45	172	0
分析判断	4.873 1	0.622 06	172	0
排除疑难	4.454 0	0.654 68	172	0
组织权限意识	4.623 4	0.619 97	172	0
专业化	4.054 8	0.726 54	172	0
自律	4.115 6	0.637 58	172	0
同理心	4.462 0	0.563 08	172	0
创新	4.386 5	0.764 24	172	0
影响他人	4.448 1	0.658 87	172	0
原则性	4.453 6	0.634 32	172	0

注：对每一个变量，缺省值由变量代替。

以上描述性统计结果显示：21 个胜任特征要素的重要程度平均数在 3 以上，

说明 21 个要素的重要性程度都在一般水平以上，且绝大多数的重要性程度都在较重要水平之上，这进一步说明了我们进行分析后最终获取的这 21 个胜任特征要素作为研究胜任特征模型基础的设计是科学合理的。与此同时，21 个要素的标准差为 0.454~0.909，说明各要素之间的标准差都不是很大，而且大致适当，分布在 0.5~1.0，可见问卷被试者对同一要素打分具有一致性，也为研究可信度提供了强有力的支持。

我们对这 21 个胜任特征要素进行因子分析，所采用的因子提取方法是主成分分析方法，按照特征值为 1 提取出 7 个公共因子，然后采用方差最大化正交旋转法对因子载荷矩阵进行旋转，接着对公共因子进行调整、合并后最终得到 7 个公共因子，最后对这 7 个公共因子进行命名。具体步骤如下所述。

1）调查问卷共同度检验

表 3-15 显示，财务管理人员胜任力问卷中各项目的共同性良好。

表 3-15　财务管理人员任力调查问卷共同度检验

胜任要素	初始特征值	抽取后值
职业兴趣	1.000	0.833
全局观念	1.000	0.881
信息分析	1.000	0.992
学习发展	1.000	0.948
沟通协调	1.000	0.990
培养他人	1.000	0.994
成就导向	1.000	0.960
激励	1.000	0.956
业务支持	1.000	0.940
团队整合	1.000	0.868
系统思维	1.000	0.904
人际交往	1.000	0.988
分析判断	1.000	0.902
排除疑难	1.000	0.990
组织权限意识	1.000	0.990
专业化	1.000	0.924
自律	1.000	0.893
同理心	1.000	0.850
创新	1.000	0.820
影响他人	1.000	0.845
原则性	1.000	0.882

注：抽取方法为主成分分析法。

2）主成分法提取因子

本章因子分析是采用主成分分析法，主成分分析也称主分量分析，旨在利用降维的思想，把多指标转化为少数几个综合指标。经过最大正交旋转，提取特征根大于 1.0 的因子。最后共提取了 7 个因子，累计方差解释率为 92.588%。一般情况下，各因子累计解释量达到 60% 以上，则表明量表具有良好的结构效度。本次数据分析中因子累计解释率达到 92.588%，各因子的负荷都在 0.4 以上，表明本研究所采用问卷的结构效度优秀。表 3-16 详尽描述了运用主成分分析法在提取因子过程中的因子特征值和方差贡献率。

表 3-16　财务管理人员正式问卷累积变异量表

Component	Initial Eigenvalues			Extraction Sums of Squared			Rotation Sums of Squared Loadings		
	Total	% of Variance	Cumulative %	Tatal	% of Variance	Cumulative %	Tatal	% of Variance	Cumulative %
1	9.236	71.181	71.181	9.236	71.181	71.181	5.159	40.796	40.796
2	2.792	8.961	80.142	2.792	8.961	80.142	4.521	18.603	58.398
3	2.009	5.043	85.185	2.009	5.043	85.185	2.704	10.522	70.920
4	1.753	3.763	88.948	1.753	3.763	88.948	2.531	9.656	80.576
5	1.638	3.189	92.138	1.638	3.189	92.138	2.372	8.862	89.438
6	1.108	2.540	94.678	1.108	2.540	94.678	1.148	5.239	92.588
7	0.414	2.069	96.747						
8	0.357	1.783	98.531						
9	0.294	1.469	100.000						
10	8.607E-16	4.303E-15	100.000						
11	7.669E-16	3.835E-15	100.000						
12	2.430E-16	1.215E-15	100.000						
13	5.513E-32	2.756E-31	100.000						
14	2.568E-32	1.284E-31	100.000						
15	-2.709E-33	-1.355E-32	100.000						
16	-6.496E-32	-3.248E-31	100.000						
17	-3.204E-17	-1.602E-16	100.000						
18	-4.307E-16	-2.153E-15	100.000						
19	-1.038E-15	-5.188E-15	100.000						
20	-2.831E-15	-1.416E-14	100.000						
21	-3.764E-15	-2.4216E-14	100.000						

注：抽取方法为主成分分析法。

3）旋转后的因子载荷矩阵（表3-17）

表3-17 财务管理人员胜任力调查问卷因子检验正交旋转后因子载荷矩阵

胜任要素	因子组						
	1	2	3	4	5	6	7
职业兴趣	0.978						
专业化	0.978						
全局观念	0.940						
学习发展	0.892						
沟通协调	0.871						
培养他人		0.846					
成就导向		0.978					
激励		0.978					
组织权限意识		0.978					
影响他人			0.607				
人际交往			0.578				
同理心			0.556				
团队整合			0.521				
分析判断				0.982			
排除疑难				0.731			
业务支持				0.891			
信息分析				0.966			
系统思维				0.960			
创新					0.904		
自律						0.625	
原则性							0.079

注：抽取方法为主成分分析法，6个因子被抽取。

最后，根据旋转后的因素矩阵，提取因素载荷水平在0.5以上的因子，可得到如下7个因子。

因子1：职业兴趣、专业化、全局观念、学习发展、沟通协调；

因子 2：培养他人、成就导向、激励、组织权限意识；

因子 3：影响他人、人际交往、同理心、团队整合；

因子 4：分析判断、排除疑难、业务支持、信息分析、系统思维；

因子 5：创新；

因子 6：自律；

因子 7：原则性。

4）因子归类及命名

通过统计分析已经得到的财务管理人员的胜任力模型，包括 7 个胜任力一级因子和 21 个胜任力二级因子，在此讨论确定各个因子的命名，最后确定胜任力模型。

因子 1 包括职业兴趣、专业化、全局观念、学习发展、沟通协调 5 个胜任力二级因子，这些特征是财务管理人员本职工作要求必须达到的基本要求与特征，因此本章把这一因素命名为职业特征。职业兴趣是财务管理人员工作中最重要的职业要求；专业性是指具备一定的专业知识才能保证工作顺利，确保工作过程与结果的有效性；学习发展则可以是财务管理人员不断在工作中提高自己，以适应工作或环境的变化，等等，因此职业基本特征是财务管理人员胜任力素质模型中的首要因素。

因子 2 包括培养他人、成就导向、激励、组织权限意识 4 个二级因子，财务管理人员首先是企业财务部门的一员，也是整个团队的领导人，他对于整个团队的作用绝不仅仅靠权利的指挥，更重要的是培养他人，让员工有明确的目标，同时也要注意如何激励员工，如何营造出公平、坦诚的氛围，愿意接受挑战的精神。基于此，我们将它定义为财务管理人员的服务意识。

因子 3 包括影响他人、人际交往、同理心、团队整合。这 4 个胜任特征体现了财务管理人员的人际关系处理能力，所以将这个因子命名为人际关系。财务管理人员工作中需要其他财务以及会计人员的协助，良好的人际关系有助于在工作中得到团队成员的帮助，便于在工作中做出合理决策。

因子 4 包括分析判断、排除疑难、业务支持、信息分析、系统思维 5 个二级因子，财务管理人员应具备严格周密的思维方式、本身技术方面的优势，成为整个团队成员的目标和榜样，带领团队的进步。因此，我们把这些胜任力定义为财务管理人员的能力素质。

因子 5 只有一个二级因子创新，研究发现这一能力对于财务管理人员尤为重要。但对于一般财务人员或者会计人员提及甚少，因为财务管理人员面对的材料是相当复杂的，随着环境的变化这些材料可能显得有些滞后，所以就不断的需要新的知识，新的技能充实自己，故我们将这一胜任力定义为创新能力。

因子 6 只有自律一项。财务管理人员掌管企业的财政，经常与钱打交道，面对的诱惑可以说是企业中最多的，因此，自律作为财务管理人员最基本的道德要求是必不可少的，我们也将这一胜任力定义为自律。

因子7只有一项原则性，原则性是财务管理工作中非常重要的职业要求，具备较强的原则性执行并维护财务程序，保证企业的切身利益。我们也将其定义为原则性。

根据上面的讨论建立财务管理人员胜任力模型，如图3-2所示。

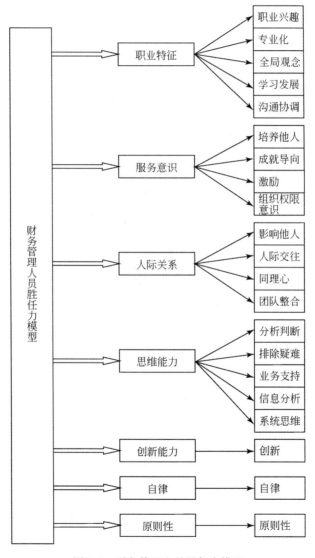

图 3-2　财务管理人员胜任力模型

5）各因子贡献度

根据 SPSS 分析的结果，可以得出每个二级因子对一级因子的贡献度，如表 3-18 所示。

表 3-18　二级因子对一级因子贡献度得分

胜任要素	因子组					
	1	2	3	4	5	6
职业兴趣	0.122	−0.061	−0.126	0.293	−0.115	−0.580
专业化	0.179	−0.099	0.050	−0.151	0.011	−0.362
全局观念	0.168	−0.090	−0.032	0.052	−0.050	−0.502
学习发展	0.033	0.002	−0.015	−0.032	0.011	0.664
沟通协调	0.145	−0.072	0.005	−0.056	−0.009	−0.108
培养他人	0.085	−0.031	−0.007	−0.044	0.002	0.347
成就导向	0.115	−0.051	−0.001	−0.050	−0.003	0.133
激励	0.115	−0.051	−0.001	−0.050	−0.003	0.133
组织权限意识	0.115	−0.051	−0.001	−0.050	−0.003	0.133
影响他人	0.115	−0.051	−0.001	−0.050	−0.003	0.133
人际交往	0.115	−0.051	−0.001	−0.050	−0.003	0.133
同理心	−0.147	0.553	−0.064	−0.079	−0.103	−0.137
团队整合	0.027	0.177	−0.026	−0.068	−0.042	0.044
分析判断	−0.070	0.400	−0.049	−0.078	−0.079	−0.056
排除疑难	−0.022	0.294	−0.038	−0.074	−0.062	−0.006
业务支持	−0.087	−0.144	−0.224	0.057	0.989	0.141
信息分析	−0.045	0.017	0.694	−0.468	0.261	−0.478
系统思维	−0.147	0.166	−0.172	0.749	−0.162	−0.173
创新	−0.062	−0.289	0.012	0.644	0.245	0.208
自律	−0.065	−0.103	0.711	0.116	−0.333	0.116
原则性	−0.098	−0.184	0.581	0.095	−0.443	0.095

注：抽取方法为主成分分析法；旋转方法：正交旋转；因子得分。

6）信度检验

在问卷信度分析中采用克伦巴赫（Cronbach' Alpha）一致性系数来检验，用 SPSS17.0 分析得出本问卷总体同质性信度和各个界面的信度。检验结果如表 3-19 所示。

表 3-19   财务管理人员胜任力调查问卷 Alpha 系数

信度	不同构面						
	总体	构面 1	构面 2	构面 3	构面 4	构面 5	构面 6	构面 7
Alpha 系数	0.969	0.912	0.874	0.820	0.9006	0.8538	0.9112	0.9231

从前面对 Alpha 系数的说明，可以看出调查问卷整体和各构面内部一致性信度都达到了普遍认为的良好以上标准，也就是说问卷的两个部分信度良好。

五、验证性因子分析

1. 验证性因子分析及 LISREL 程序

结构分析方程是对因子间相关关系的研究，而不是因子间的效应，这类分析统称为验证性因子分析（comfirmatory factor analysis，CFA）。一个 LISREL 程序，由三个部分组成：数据输入、模型构建和结果输出，下面用 LISREL8.5 做财务管理人员胜任力模型的验证性因子分析，输入程序如下：

```
DA N1 = 40 NO = 55 MA = KM
KM SY
1
0.745 1
0.536 0.463 1
0.691 0.658 0.590 1
0.350 0.424 0.335 0.301 1
0.393 0.362 0.339 0.371 0.115 1
0.216 0.187 0.405 0.366 0.173 0.371 1
0.336 0.415 0.283 0.333 0.186 0.634 0.643 1
0.552 0.629 0.274 0.506 0.179 0.535 0.394 0.624 1
0.323 0.464 0.350 0.382 0.268 0.258 0.308 0.255 0.491 1
0.434 0.441 0.285 0.387 0.448 0.465 0.382 0.547 0.446 0.600 1
0.284 0.230 0.184 0.362 0.063 0.400 0.241 0.357 0.403 0.249 0.415 1
0.351 0.287 0.279 0.429 0.172 0.614 0.583 0.647 0.586 0.308 0.637 0.290 1
0.131 0.184 0.100 0.342 0.056 0.073 0.501 0.331 0.330 0.361 0.313 0.245 0.406 1
0.009 0.062 0.155 0.125 0.061 0.158 0.302 0.136 0.134 0.457 0.276 0.153 0.222 0.499 1
```

0. 303 0. 173 0. 268 0. 254 0. 034 0. 460 0. 380 0. 418 0. 323 0. 438 0. 377 0. 311 0. 397
0. 435 0. 447 1

0. 348 0. 177 0. 139 0. 393 0. 052 0. 387 0. 384 0. 354 0. 539 0. 499 0. 368 0. 427 0. 554 0. 536 0. 491
0. 616 1

0. 323 0. 313 0. 267 0. 449 0. 417 0. 134 0. 493 0. 222 0. 400 0. 585 0. 480 0. 290 0. 405 0. 468 0. 359
0. 365 0. 533 1

0. 473 0. 337 0. 436 0. 542 0. 264 0. 281 0. 476 0. 377 0. 298 0. 290 0. 442 0. 414 0. 420 0. 424 0. 103
0. 600 0. 514 0. 593 1

0. 222 0. 175 0. 242 0. 372 0. 179 0. 168 0. 358 0. 315 0. 335 0. 369 0. 393 0. 464 0. 432 0. 394 0. 231
0. 414 0. 534 0. 615 0. 618 1

0. 151 0. 160 0. 341 0. 345 0. 166 0. 385 0. 422 0. 370 0. 294 0. 331 0. 319 0. 305 0. 422 0. 186 0. 387
0. 395 0. 446 0. 398 0. 412 0. 520 1

0. 081 0. 104 0. 159 0. 092 0. 000 0. 424 0. 346 0. 425 0. 353 0. 161 0. 275 0. 370 0. 495 0. 150 0. 141
0. 473 0. 439 0. 264 0. 489 0. 399 0. 456 1

0. 362 0. 278 0. 491 0. 471 0. 301 0. 475 0. 443 0. 480 0. 367 0. 382 0. 455 0. 430 0. 478 0. 356 0. 293
0. 655 0. 456 0. 311 0. 645 0. 453 0. 511 0. 575 1

0. 234 0. 245 0. 299 0. 274 0. 260 0. 460 0. 442 0. 473 0. 300 0. 165 0. 407 0. 439 0. 519 0. 385 0. 063
0. 410 0. 354 0. 289 0. 545 0. 431 0. 256 0. 065 0. 510 1

0. 434 0. 456 0. 349 0. 282 0. 414 0. 341 0. 407 0. 519 0. 391 0. 318 0. 569 0. 412 0. 427 0. 317 0. 113
0. 469 0. 320 0. 452 0. 657 0. 432 0. 348 0. 574 0. 597 0. 599 1

0. 221 0. 291 0. 229 0. 275 0. 508 0. 087 0. 303 0. 165 0. 212 0. 420 0. 440 0. 358 0. 265 0. 433 0. 275
0. 272 0. 365 0. 690 0. 608 0. 555 0. 392 0. 442 0. 493 0. 467 0. 668 1

0. 230 0. 242 0. 274 0. 254 0. 578 0. 360 0. 430 0. 401 0. 285 0. 308 0. 631 0. 373 0. 537 0. 315 0. 279
0. 276 0. 345 0. 529 0. 448 0. 444 0. 366 0. 280 0. 433 0. 451 0. 657 0. 638 1

0. 407 0. 327 0. 309 0. 327 0. 242 0. 442 0. 186 0. 296 0. 534 0. 382 0. 521 0. 289 0. 545 0. 170 0. 227
0. 243 0. 384 0. 419 0. 371 0. 437 0. 267 0. 346 0. 443 0. 227 0. 407 0. 310 0. 430 1

0. 086 0. 206 0. 075 0. 282 0. 486 0. 279 0. 460 0. 326 0. 379 0. 297 0. 343 0. 346 0. 382 0. 383 0. 308
0. 316 0. 328 0. 574 0. 362 0. 507 0. 341 0. 255 0. 416 0. 450 0. 363 0. 566 0. 551 0. 344 1

0. 238 0. 084 0. 245 0. 189 0. 033 0. 377 0. 410 0. 387 0. 324 0. 354 0. 283 0. 354 0. 391 0. 290 0. 470
0. 525 0. 585 0. 425 0. 375 0. 426 0. 313 0. 401 0. 298 0. 412 0. 302 0. 315 0. 326 0. 287 0. 348 1

0. 129 0. 062 0. 212 0. 171 0. 116 0. 463 0. 357 0. 543 0. 259 0. 241 0. 440 0. 283 0. 529 0. 367 0. 403
0. 567 0. 449 0. 342 0. 397 0. 505 0. 276 0. 453 0. 433 0. 529 0. 366 0. 381 0. 387 0. 318 0. 457
0. 631 1

0. 217 0. 017 0. 148 0. 119 0. 234 0. 194 0. 194 0. 201 0. 075 0. 331 0. 257 0. 218 0. 150 0. 234 0. 424
0. 474 0. 447 0. 397 0. 317 0. 338 0. 331 0. 244 0. 364 0. 258 0. 280 0. 328 0. 203 0. 270 0. 214
0. 412 0. 453 1

0. 233 0. 177 0. 226 0. 393 0. 355 0. 029 0. 268 0. 284 0. 252 0. 365 0. 399 0. 127 0. 280 0. 349 0. 251
0. 369 0. 330 0. 499 0. 514 0. 498 0. 341 0. 077 0. 343 0. 159 0. 215 0. 333 0. 345 0. 423 0. 308
0. 248 0. 271 0. 378 1

0. 275 0. 163 0. 468 0. 307 0. 209 0. 245 0. 499 0. 324 0. 176 0. 363 0. 327 0. 140 0. 436 0. 261 0. 367
0. 487 0. 439 0. 531 0. 574 0. 582 0. 567 0. 481 0. 500 0. 417 0. 350 0. 462 0. 271 0. 303 0. 402
0. 498 0. 485 0. 459 0. 368 1
0. 109 0. 209 0. 172 0. 206 0. 210 0. 385 0. 423 0. 442 0. 292 0. 397 0. 408 0. 094 0. 545 0. 352 0. 362
0. 368 0. 346 0. 493 0. 317 0. 506 0. 328 0. 388 0. 331 0. 416 0. 315 0. 476 0. 364 0. 311 0. 481
0. 517 0. 726 0. 356 0. 312 0. 626 1
0. 311 0. 217 0. 176 0. 283 0. 155 0. 331 0. 280 0. 454 0. 363 0. 244 0. 389 0. 308 0. 460 0. 289 0. 303
0. 415 0. 460 0. 410 0. 452 0. 485 0. 372 0. 399 0. 415 0. 299 0. 358 0. 337 0. 275 0. 203 0. 224
0. 422 0. 572 0. 435 0. 250 0. 505 0. 497 1
0. 302 0. 255 0. 348 0. 415 0. 346 0. 0. 350 0. 518 0. 538 0. 377 0. 276 0. 436 0. 418 0. 514 0. 183
0. 117 0. 324 0. 338 0. 404 0. 646 0. 598 0. 524 0. 511 0. 628 0. 433 0. 443 0. 422 0. 438 0. 420
0. 435 0. 372 0. 453 0. 187 0. 473 0. 513 0. 415 0. 425 1
0. 338 0. 318 0. 464 0. 441 0. 319 0. 408 0. 487 0. 565 0. 448 0. 260 0. 372 0. 425 0. 561 0. 324 0. 218
0. 427 0. 448 0. 356 0. 472 0. 422 0. 436 0. 343 0. 428 0. 470 0. 419 0. 339 0. 599 0. 264 0. 386
0. 509 0. 568 0. 243 0. 280 0. 370 0. 445 0. 460 0. 551 1
0. 322 0. 206 0. 322 0. 331 0. 137 0. 304 0. 200 0. 293 0. 338 0. 313 0. 388 0. 358 0. 444 0. 307 0. 359
0. 410 0. 414 0. 380 0. 501 0. 388 0. 371 0. 230 0. 278 0. 271 0. 303 0. 351 0. 330 0. 481 0. 340
0. 458 0. 429 0. 270 0. 485 0. 425 0. 413 0. 354 0. 461 0. 480 1
0. 283 0. 122 0. 244 0. 276 0. 082 0. 521 0. 360 0. 563 0. 352 0. 160 0. 432 0. 479 0. 558 0. 210 0. 322
0. 447 0. 394 0. 197 0. 283 0. 338 0. 347 0. 420 0. 352 0. 485 0. 271 0. 057 0. 355 0. 317 0. 189
0. 552 0. 464 0. 327 0. 196 0. 340 0. 231 0. 412 0. 446 0. 522 0. 321 1

```
      MO   NX = 21   NK = 7 LX = FU, FI   PH = ST   TD = DI, FR
PA  LX
5 (1 0 0 0 0 0 0)
4 (0 1 0 0 0 0 0)
4 (0 0 1 0 0 0 0)
5 (0 0 0 1 0 0 0)
1 (0 0 0 0 1 0 0)
1 (0 0 0 0 0 1 0)
1 (0 0 0 0 0 0 1)
OU MI SS SC
```

2. 相关程序和数据解释

1）DA NI = 21 NO = 156 MA = KM

DA 是数据输入（data，DA）的指令。NI = 21 表示数据共有 21 个变量，NO = 156 表示有 156 个被试。MA = KM 表示要用相关矩阵做分析。

2）KM SY

读取对称（symmetrical，SY）相关矩阵（KM）的下三角部分，必须包括对角元素 1。

3）MO NX = 21 NK = 7 LX = FU, FI PH = ST TD = DI, FR

由 MO 开始，不包括 OU 输出指令，是对模型（MO）的建立参数（PA）的设定，其中描述了数个矩阵（LX、PH 和 TD 等）的内容。设定某些元素为固定（FI），某些元素为自由估计（FR），这样便可替代路径图，去表达变量及因子间的关系。NX = 21 表示观测变量的个数为 21，NK = 7 表示潜变量的个数为 7，LX 为一个 NX × NK（21 × 7）的矩阵，表示指标与因子的关系。在 MO 指令中先设定 LX = FU, FI，表示 LX 为完整且固定的矩阵。

PH 为一个 NK × NK 因子间的协方差矩阵。PH = ST 是一特别设定的简称，表示 PH 对称，对角线固定取值为 1，对角线以外为自由估计。相当于固定因子的方差为 1，因子间的协方差自由估计。PH 对角线固定为 1，是固定方差法，故无需再用固定负荷法，如表 3-20 所示。

表 3-20　用 SPSS 结果得出的因子间的协方差矩阵

因子组	1	2	3	4	5	6	7
1	1.000	0.000	0.000	0.000	0.000	0.000	0.000
2	0.000	1.000	0.000	0.000	0.000	0.000	0.000
3	0.000	0.000	1.000	0.000	0.000	0.000	0.000
4	0.000	0.000	0.000	1.000	0.000	0.000	0.000
5	0.000	0.000	0.000	0.000	1.000	0.000	0.000
6	0.000	0.000	0.000	0.000	0.000	1.000	0.000
7	0.000	0.000	0.000	0.000	0.000	0.000	1.000

注：抽取方法为主成分分析法；旋转方法：正交旋转；因子得分。

TD 为一个 NX × NX（20 × 20）的指标误差间的协方差矩阵。一般情况下 TD = DI, FR 设定 TD 的对角线（diagonal, DI）为自由，非对角线元素固定为 0，即设定误差之间不相关，如表 3-21 所示。

表 3-21　TD 矩阵用 TD = DI, FR 的设定

胜任力因子	职业兴趣	专业化	全局观念	学习发展	沟通协调	培养他人	成就导向	组织权限	影响他人	人际交往	同理心	团队整合	分析判断	排除疑难	业务支持	信息分析	系统思维	创新	自律	原则性
职业兴趣	1																			
专业化		1																		
全局观念			1																	

胜任力因子	职业兴趣	专业化	全局观念	学习发展	沟通协调	培养他人	成就导向	激励	组织权限意识	影响他人	人际交往	同理心	团队整合	分析判断	排除疑难	业务支持	信息分析	系统思维	创新	自律	原则性
学习发展				1																	
沟通协调					1																
培养他人						1															
成就导向							1														
激励								1													
组织权限意识									1												
影响他人										1											
人际交往											1										
同理心												1									
团队整合													1								
分析判断														1							
排除疑难															1						
业务支持																1					
信息分析																	1				
系统思维																		1			
创新																			1		
自律																				1	
原则性																					1

4）OU MI SS SC

从 OU 开始是结果的输出指令，如果只有 OU 会输出最基本的结果，包括参数估计值，标准误差和 t 值，拟合指数等。MI 表示要求输出修正指数（modification index）。SS 表示输出参数的标准化解，即因子是标准化变量时的参数估计。SC 表示输出参数的完全标准化解，即指因子和指标都是标准化时的参数估计。

3. 验证性因子分析结果讨论

根据以上的程序，LISREL 程序的输出结果如表 3-22 所示。

表 3-22 财务管理人员胜任力假设模型的拟合度参数

参数项	χ^2/自由度	RMSEA	AGFI	NNFI	CFI	SRMR
得分	3.35	0.023	0.94	0.90	0.89	0.05

χ^2/自由度是一个主观的整体拟合优度指标,当χ^2/自由度在 2.0 ~ 5.0 时可以接受模型,我们的χ^2/自由度 = 3.15 表明整体模型是可以接受的。RMSEA 是由 Steiger 和 Lind 提出来的,表示均方根指数,也叫近似误差均方根,RMSEA 受 N 的影响不大,对参数较少的误设模型还稍微敏感一些,是比较理想的指数,近似误差指数越小越好,Steiger 认为,RMSEA 低于 0.1 表示好的拟合,低于 0.05 表示非常好的拟合,低于 0.01 表示非常出色的拟合。在此 0.05 < RMSEA = 0.059 < 0.1 表示比较好的拟合。AGFI 和 NNFI 是将自由度考虑后所计算出来的模型契合度指数,这两个指数越接近 1 表明模型的拟合度越好,一般达到 0.9 即可认为整体模型具有理想的拟合度,在此结果中 AGFI = 0.94,NNFI = 0.90 表明模型的拟合度比较理想。

CFI 是由 Bentler 提出来的相对拟合指数,反映了整体模型与最不理想独立模型之间的差异程度,差异越大拟合程度越高,在此 CFI = 0.89 表明整体模型能够有效地改善两者之间的非中央性的程度,模拟拟合性高。SRMR 表示数据与模型的标准化均方根参差值,Hu 和 Bentler 对 SRMR 推荐的临界值为 0.08,即 SRMR 小于 0.08 时认为模型可以接受,当 SRMR 大于 0.08 时,认为模型拟合地不好,在此 SRMR = 0.05 认为模型可以接受。

4. 财务管理人员胜任特征权重的确定

根据探索性因子(EFA)分析和验证性因子分析,得到的公共因子即财务管理人员的 7 项胜任特征。由于每个公共因子都包含了相应的原始变量,我们以这些原始变量(胜任特征要素)均值的平均数作为该公共因子的得分,依据所有公共因子的得分作为总分,可以计算出每个公共因子(胜任特征)的权重,如表 3-23 所示。

表 3-23　各因子权重计算表

胜任一级指标	胜任二级指标	胜任二级指标均分	胜任一级指标总分	胜任特征得分	胜任力权重/%	名次
职业特征	职业兴趣	4.32	21.84	4.368	14.70	3
	专业化	4.28				
	全局观念	4.25				
	学习发展	4.39				
	沟通协调	4.60				
服务意识	培养他人	4.15	17.02	4.255	14.33	4
	成就导向	4.27				
	激励	4.27				
	组织权限	4.33				

胜任一级指标	胜任二级指标	胜任二级指标均分	胜任一级指标总分	胜任特征得分	胜任力权重/%	名次
人际关系	影响他人	4.02	16.18	4.045	13.62	6
	人际交往	4.01				
	同理心	4.05				
	团队整合	4.10				
思维能力	分析判断	4.68	22.97	4.594	15.47	1
	排除疑难	4.43				
	业务支持	4.66				
	信息分析	4.57				
	系统思维	4.63				
创新能力	创新能力	3.99	3.99	3.99	13.43	7
自律	自律	4.12	4.12	4.12	13.87	5
原则性	原则性	4.43	4.43	4.43	14.91	2

第五节　企业财务管理人员胜任力的影响因素

以上建立了一个相对通用的财务管理人员胜任力模型,事实上,不同企业的财务管理人员的具体胜任力可能会有所不同。有的人会得心应手地处理某些企业财务,但在其他企业却未必;有的人可以成功地处理小企业的财务,而一旦经营规模变大则会感到力不从心。由于各种因素的影响,财务管理人员个体在不同胜任力维度上的分布往往不同。总的来说,这些影响因素主要有企业因素和社会因素。

不同类型的企业,对财务管理人员胜任力的要求不完全一致。企业因素主要是从企业本身所具有的特征来讨论的。一般来说,企业性质主要有企业所处行业、企业发展阶段、企业规模、企业文化与企业资本结构。

一、企业所处行业

行业性质是指企业经营方式及其产品和服务的性质。处于不同行业的企业所提供的产品与服务是不相同的,不同的产品与服务就要求要有不同的专业知识及财务管理能力。钢铁制造业与能源业为顾客提供的产品或服务是不相同的,两者的产品生产/服务流程不同,服务的对象也不尽相同,因此要求财务管理人员具体的胜任力也就有所不同了。从成熟度来看,可以分为日益成熟且经营状况已经稳定的传统行为（如制造业、运输业）和飞速发展的新兴产业（如信息技术产业）。新兴产业发展前景看好，公司增长潜力巨大，风险也比较大；传统产业业绩增幅有限，市场相对明确，风险较低。另外，从可控性来看，还可以划分为国家控制型行业（如电信、石油业）和市场推动型行业（如家电业）。前者有国家政府政策的扶持，所面临的风险要小很多，后者要参与市场竞争，面临的不确定因素很多。综合以上两个维度，Miller 于 1983 年将企业分为简单企业、计划型企业和组织型企业，在不同类型的企业中，对财务管理人员能力的要求以及财务管理能力是不同的。很显然，相对来说，国家控制的传统产业面临的风险是最小的，外部竞争不激烈，产品价格稳定单一，投资风险很大一部分由国家来承担。因此，这些企业的财务管理人员所要求的机会能力要弱些。相反，市场推行的新兴产业，外部竞争激烈，资源相对较少，而且不确定性比较大，发展潜力也大。因此，机会能力、战略规划能力、接受挑战能力、环境适应性等方面的要求比较高。

二、企业发展阶段

企业的发展一般要经过初建、扩建、成熟和衰退四个阶段，在不同的发展阶段，企业所面临的问题不一样，企业财务管理人员所具备的胜任力也有所不同。

第一阶段，即初建阶段，企业战略的重点往往偏向以投资促发展。在此阶段，企业财务管理人员提供的财务决策仅仅根据企业拥有的资源决定投资于何种行业和生产什么样的产品，这就取决于他对市场的判断。只有当他的判断正确时，企业才有进一步发展的希望。新建企业所冒的风险是很大的，没有承担风险的勇气也就不可能创办出新的企业来。

第二阶段，企业从小到大不断发展，逐步成为严密性组织。此时，财务管理人员最不可缺少的是创新精神和组织能力。在这一阶段，财务管理人员应尽快挖掘市场潜力，抓住一切有利时机，多方面确定竞争地位，推动企业的成长。他必须吸引住最富有合作精神和工作才干的人，建立一支专业化的财务队伍。他要把大量日常的常规性管理工作交给下属去做，使自己有精力考虑企业的大政方针和长远计划。

第三阶段，市场达到饱和，企业趋于成熟。企业财务管理人员需要特殊的整顿能力、鉴别力和灵活性，防止企业过早进入衰退期。他必须大胆破除陈规旧习，认真、勤俭地管好企业财务的各项工作，以便于企业获得最高收益。同时，财务管理人员仍然要鼓励创新的工作，向市场的深度和广度进军，利用各种手段创造新的需求，以便保证企业生意兴隆。这个时期还要求企业财务管理人员有精心计划的能力，有效地控制成本，引进新技术和新工艺，降低原材料消耗。他必须研究和保持正确的人事政策，及时而果断地更新管理队伍，防止以功臣自居的人物只吃老本。

第四阶段，企业进入衰退时，很多工作可能会处于停顿状态，所以这个时期要求企业财务管理人员是个坚强的、有创新精神和决策能力强的人。每种产品都有自己的市场寿命，企业若想再向前发展，就要进一步创新。这个时期的企业财务管理人员应该果断地实施新计划，使企业返老还童。他必须有医治衰老药方，减缩各种开支，完善管理措施，提高生产效率。如果确信沿着过去的方向已没有希望，他必须随机应变，及时改变经营方向，转向其他产业。还有研究表明，财务管理人员的关系、创新和机会能力对公司的竞争形成期有重要的作用，在组织的创造时期，关系、创新和人力资源管理起着很重要的作用。

三、企业规模

企业规模可以用资产总额、销售收入和职工人数等指标来衡量，为便于分析，可将它按大小分两类，小企业指的是"工厂"规模的企业，大企业指的是"公司"规模的企业。在不同的规模企业里，企业财务管理人员的胜任力也有所不同。对此，经济学家马歇尔有过精辟的论述。一般而言，经营任务的复杂性与企业规模密切相关。企业规模越大，财务管理人员控制的资源也就越多，连锁效应也就越大，财务管理人员担负的责任也越大，对经营者在整体规划与控制等方面的能力要求就越高，财务管理人员需要投入更多的"人力资本"。小公司往往资源贫乏，比大公司有更多的变数，也更容易出错。在工厂企业，管理财务职能与财务管理人员职能往往合二为一，故其企业财务管理人员应该是一个全能的领导者，他既要负责制定企业的战略决策，又要从事日常的运行管理；既要协调企业的内部事务，又要协调企业与外部的关系；既要负责组织产品的生产，又要负责产品的推销。工作中，他遇到的是大量具体的事务性问题和大量技术性问题，他无法把自己的主要精力放在预测未来和财务战略上。因此，他必须具有较多的专业知识和丰富的经营管理经验，具有独特创新能力和组织能力。他应该为人师表，待人真诚，与他的职工、顾客及供应商建立良好的伙伴关系。在公司或企业，一般管理职能与企业财务管理人员职能高度分化。在管理方面，经营在于建立一种制度，在这种制度下，企业经营中大量细小的、常规化的具体管理业务由委任的下级人员来承担。而财务管理人员本人，则侧重于制定企业经营中有关全局的整体计划，并同时选任能处理具体问题的高级职员。他应该使自己始终处于运筹自如的境地，保持清醒的头脑去考虑企业中最棘手和至关重要的问题。他要洞察市场的普遍动向以及当前国内外发生的事件对将来的影响，使自己有充分的余地做出改善企业内外组织策略的方案。与具有专业技术知识和技能的工厂企业财务管理人员相比，他更具有决断能力、随机应变能力、严谨的态度等非专业化的素质。公司规模越大，这种更抽象化、一般化的能力和非专业化的知识就越重要。但公司的企业财务管理人员极少能表现出私人企业财务管理人员所具有的那种机敏、活力、坚强的意志和迅速果敢的行动。在冒险精神和创新精神等方面，前者往往也很难达到后者所具有的水平。

四、资本结构

不同的资本结构反映了企业不同的投资决策思想和风险态度。从一定程度上来讲，这种决策思想和风险态度便折射成对财务管理人员胜任力的要求。相比较于保守资本结构的企业，一个偏好风险投资的企业财务管理人员的冒险精神和创新精神、机会能力和自我意识的程度也相应更强些。

第四章　高校教师胜任力研究

第一节　导　　言

一、研究背景

在当今的企业成长进程中，系统提高企业人力资本管理的档次早已是企业占据竞争优势的重要指标。而胜任力结构模型作为一切人力资本管理的出发点以及根基：胜任力结构模型的构建，作为人力本源管理进程中的聘任、选拔、培训、绩效理论以及薪酬设计等诸多工作的铺垫式工作。利用已经构建的胜任力结构模型，能够带动人力本源管理其他系统中的各样工作高效地展开，进而发展为一个对企业发展独具战略意义的功能巨大的人力资源系统，系统增加企业的竞争优势。

胜任力（competency）的说法能够溯源到古罗马时期，那时候企业利用建立胜任剖面的图（competency profiling）来表明"一个优秀的罗马战士"的个体体征。在 19 世纪末和 20 世纪初，泰勒的"时间 - 动作研究"（time and motion study）被相关研究人员认为是胜任力研究的开端。

在此以后的几十年里，智商测评、个性测验等先后变成了测量行为指标的手段。一直发展到 20 世纪 50 年代初，牛津大学的特级教授 McClelland 在帮助英国外交部提拔一些高级军官的时候开发一个可以很好地测量现实工作绩效的高级军官选拔工具。在该项目进行过程中，McClelland 博士利用对工作业绩优异军官与平平军官的具体个体特质特征进行对比，鉴别到了可以实在区别工作业绩的个体特征。并且，在 70 年代，McClelland 在《英国心理学家》杂志上公开发表了文章《测量胜任力而非智力》。在这个文章里，他旁征博引了许多研究数据，表明了智力测评来评价一个人的能力是不切合实际需求的，并深入地阐释了大家臆断上以为可以左右工作绩效的一系列因子（如性格），在实际的工作表现中却没有发挥出预想的结果。文章的发布，引起了胜任力和胜任力结构模型等相关研究的新热。从那以后，胜任力以及胜任力结构模型的相关研究对整个世界是一个非常巨大的冲击波，它的影响力很快到达了全球的各个行业。到 90 年代，胜任力和胜任力结构模型的相关研究成果得到了社会各界的普遍承认，有关胜任力的理论以及相关模型的应用也就多了起来。

二、问题的提出

1. 高等教育的大众化

伴随改革开放步伐的加快以及我国社会主义市场经济体制的进一步完善，依据我国经济结构调整的新要求，政府及时地对我国高等教育体系做出了战略性改革，指出应全力加快高等教育改革。此种措施对批量培养各样高等学府的应用型专业技术人才，调整我国人才结构使之更加合理，带动经济与社会发展都有极大的意义。高等教育实质是为培育人才来推动我国经济快速健康发展的需求而日渐发展壮大的，目的是为了教出工作在生产、服务和建设管理等一线上急需的管理、技术和应用的高级复合型人才。这使得我国西部高等学校不仅和普通职业院校不一样，而且和中等职业技术不一样。我国西部高等学校的独特地位，使得目前我国西部高等学校教师不仅要承担一定额度的教学任务，而且要担当很大一部分的科研项目，甚至要到社会生活生产一线承担一定的项目和培养实用人才的任务。同时社会也要求我国西部高等学校给教师新的有创新性的项目。我们的研究将从胜任力的角度研究目前我国普通西部高等学校教师，建立出我国西部高等学校教师的胜任力结构模型，并为对我国西部高等学校教师进行选拔、培训、考核及评价提供一定的参考，进而提升教师工作的专业程度和规范化水平，这对全力激发大学老师的工作热情、创新性以及科学规范教师行为，可以说是弥足珍贵的。

我国西部高等学校同时也是一个社会组织，它担当了人才培育、技术更新和社会服务中很有意义的任务。而我国西部高等学校教师又是我国西部高等学校中最为珍贵的资本，是作为我国西部高等学校发展的一类因子，教师班子的全体素养对我国西部高等学校的存在和壮大也有深远的意义。我国西部高等学校教师胜任力结构模型的构建，有助于我国西部高等学校中具体展现绩优教师的个体特质，从而对我国西部高等学校教师系统地招聘、选拔、培训和人事测评，师资素质的全面提升，学校战略竞争力的提高等都有极其深远的影响。

2. 我国西部高校教师胜任力研究相对不足

从大量的相关文献中，我们不难看出：虽然胜任力的研究在全世界都有着深远的号召力，不少国家和地区都已经着手于相关的研究或做了相关的准备，这里面也有许多具有研究参考价值的资料，但研究大部分是就企业公司的管理者胜任力，在国内更是这样，与教育相关的，只是以有关单个学科教学为主的高等教育或者初等中等教育的研究居多，关于高等教育的学生管理人员如学生辅导员，或者我国西部高等学校人力资本管理人员的研究也比较多，如刘银和李星（2009）的《英语教师胜任能力培养初探》；佟亚洲和迟晓丽（2009）的《高校分管学生工作管理者双核胜任力结构模型研究》；王强和宋淑青（2008）的《幼儿教师胜任力结构模型之构建》；金洁（2008）的《基于教师胜任力结构模型的民办中小学教师招聘》等。有关教师尤其是我国西部高等学校教师胜任力的实证研究还显得不足。同时，由于目前我国西部高等学校教师来源的多样化，以及我国西部高等学校教师越来越高的专业性，社会对整个高等教育和我国西部高等学校教师的要求也越来越高。

3. 我国西部高校教师胜任力研究的理论和实践意义

理论上，胜任力结构模型的建模是一个社会统计学的理论研究，关系到心理学、社会学、我国西部高等学校教师测评、人力资源理等领域，具有很强的理论上的意义。对我国西部高等学校教师胜任力结构模型的研究，有利于很好地展现我国西部高等学校教师职业发展的全过程，系统展示我国西部高等学校绩优教师的个体特质。长期来看，我国西部高等学校教师胜任力结构模型可以帮助我国西部高等学校教师教育和研究人员得出一系列我国西部高等学校教师再教育的相关理论。除此以外，我们的研究将对关键行为访谈事件法在构建我国西部高等学校教师胜任力结构模型建构过程中的效果进行验证。并从我国西部高等学校教师胜任力结构模型建立和使用的视角，研究社会测验学的理论研究与应用研究，以及怎么利用这些理论为社会实践服务。国内胜任力结构模型的研究多关注企业管理者角度，对于非企业组织的各种职业，如我国西部高等学校教师的胜任力结构模型的研究就缺乏得多了。到现在为止，市场化、国际化和知识化的具体国情把我国的高等教育引领到了一个全球化的氛围中，对身处猛烈竞争氛围中的我国西部高等学校来说，想在发展进程中赢得组织整体的优势，就应该利用当代人力资源管理的各种思想、方法以及技术，而这其中的人力资源管理部门中的胜任力结构模型是人力资源管理过程中各种功能得到很好施展的有意义的根基。因而，把胜任力结构模型应用到我国西部高等学校人力资源管理系统，发掘我国西部高等学校教师胜任力结构模型，检测我国西部高等学校教师胜任力在行为绩效中的预见能力，这些对于我国西部高等学校人力资源管理在相应的管理制度以及管理方法方面进行创新能力研究，进一步顺应时代和社会的发展对高等教育提出的新要求有着战略上的意义。除此之外，还应该知道，在存在的各种项目中，因为采用的胜任力建模方法就一个，可以提取到的胜任力指标也是极个别的，这就让模型的对外效果在一定程度上受到削弱。因而，我们的研究会利用一系列的验证方法来具体全面地检验相关信度和效度，构建出相对系统的我国西部高等学校教师胜任力结构模型。

实践上，我国西部高等学校教师胜任力结构模型，对我国西部高等学校教师、我国西部高等学校、高等教育的管理资源有内在的隐性的实践意义。我们的研究结果会对我国西部高等学校教师的选聘、绩效考核的规范化、我国西部高等学校教师胜任力体系的生成和提升提供一些实践处理的文本资料。对于我国西部高等学校教师个人，该模型能够帮助他们进行择业，进行职业生涯规划，从而加快我国西部高等学校年轻教师的生长。对于我国各种西部高等学校，该模型可用在我国西部高等学校教师教学能力评估、职位胜任测评、绩效评估，同时也用作选拔招聘、薪酬设计、晋升、晋级的参考和全面团队胜任力状况评估、预测与管理。对于教育行政部门，这个模型可以帮助他们理解教师工作所具备的基本胜任特质，在任的我国西部高等学校教师在教学科研和服务社会中的优点和仍待改革提高的部分。

对于我国西部高等学校人事部门来说，就应该以崭新的思想以及时代的观念来系统提高人力资源管理的档次，对人力资源管理林林总总进行重新定位和思考，进一步保证招聘、选拔、培训、绩效评估和薪酬设计等一揽子工作次序地进行。这其中的胜任力结构模型的建立就使得这一个目标的实现变得简单易行了。胜任力结构模型能够展现出绩优者与绩平组之间的显著性差异，因而，我国西部高等学校教师胜任力结构模型的构建对于我国西部高等学校教师个人和我国西部高等学校本身都应有的实践意义：①对我国西部高等学校教师自己，该模型能够给教师制定个人职业生涯发展规划提供参考，教师可以根据该模型来提升自己的能力；②对于我国西部高等学校本身，该模型能够为学校选拔组成优秀的教师队伍提供依据，并能够进行有目的性的教师培训，也能够在表示胜任特征与工作绩效关系的基础上，用胜任水平的高低来判断工作绩效，这可以当做绩效评估和薪酬设计的参考，进而进行人力资源管理进程中各个工作全面系统地结合。

三、关于我国西部高校教师胜任力研究综述

1. 我国西部高校教师胜任力的定义

当今国内外在学术界还没形成对我国西部高等学校教师胜任力的统一定义。但是比较具有代表性的观点如下。

Dineke（1997）指出我国西部高等学校教师胜任力（teaching competency）就是我国西部高等学校教师的个体特质、专业素养以及在各自的教学情景下应该具有的应变能力和教学态度的一体化。

2003 年西北农林学院邢强与孟卫青指出：我国西部高等学校教师胜任力是指我国西部高等学校教师个体应该具有的、成功实施教学有效进行科研和服务社会相关的专业素养、专业技能和个人价值观。该胜任特征指标是我国西部高等学

校教师的个体特质。

国内外研究人员都在一点上达成了共识，就是我国西部高等学校教师胜任力的要素包括在我国西部高等学校中实施成功教学有效进行科研和服务社会所具有的专业素养和专业技能。

2. 我国西部高校教师胜任力结构模型

当今我国主要是通过建立相应的胜任力结构模型来对我国西部高等学校教师胜任力进行研究。这种研究主要是给目前我国西部高等学校教师评价提供一个可靠的理论依托，并阐释我国西部高等学校教师胜任力指标的描述性定义。

Bisschoff 和 Grobler 于（2001 年）采用了结构化问卷对我国西部高等学校教师胜任特质包括教师教学能力、学习能力、专业素养、纪律观念、自我反省、团队精神能力和沟通能力等 8 个理论层次做了因子分析，最终形成了自己的二因子模型，即教育胜任力（educative competence）和协作胜任力（collaborative competence）；丹尼尔森（Danielson）（1976）指出我国西部高等学校教师胜任结构模型应该有四个维度，即课前计划能力、教师的应变能力、教学能力和专业素养；加拿大的维多利亚州研究会（AHSV）做过一个很系统的调查，他们认为我国西部高等学校教师胜任力应该是一个多因子的结构模型，按照他们的观点组成因子有 15 个，包括人际关系能力、组织能力、做工努力性、承受力、交往能力、维持人际、学习的连续性、专业素养、学生课业导读、决策、学习能力、关注品质、监控能力、创造意识、行动敏捷性，这些都是成功实施教学所拥有的最基本的技能。

最近这几年，国内研究者都十分关心我国西部高等学校教师胜任力结构模型的相关研究，也取得了一定的进展，他们其实多数关注的是我国西部高等学校教师自身的特征指标、行为特制以及与之相关的各种能力。西北农林科技大学的张武英等提出了我国西部高等学校教师胜任力结构模型应该包括教学能力、个人品质、成就欲望、管理才能。北京师范大学李佳军博士提出，今天我国西部高等学校绩优教师胜任力结构模型应具有教师职业操守、教师专业知识、教师素养、教师心理品质 4 个素质项目，其中又有 12 个小项目、30 多个二级基本因子。在中国也有研究者把我国西部高等学校教师胜任力结构模型划分为四个维度：教学能力、专业素养、管理能力和科研能力。

对于我国西部高等学校教师胜任力结构模型的研究，也有学者提出批评，认为：①一个好的我国西部高等学校教师是不能以我国西部高等学校教师胜任力结构模型所罗列的一长串要素或者以单一的能力来描述的；②没有足够关注个性特征对于成为一个优秀的我国西部高等学校教师的重要作用，个性方面对于我国西部高等学校教师进行有效教学是非常重要的；③多数模型没有经过实际的检验，所以不能作为评价的一般标准。

四、概念界定及研究思路

1. 概念界定

在我们的研究中，我国西部高等学校教师胜任力是指在目前我国西部高等学校中，从事有效教学、成功进行科研和很好地服务社会所具有的个体行为特质和心理特征。

我国西部高等学校教师胜任力结构模型指的是在我国西部高等学校中担任一定的科研、教学和社会服务任务角色所需要具备的胜任力的总和，它是胜任力的一种结构形式。

我国西部高等学校教师指我国西部高等学校中从事教学科研第一线的老师。他们具有以下特点：教学的主力，科研的中坚，承受着身体和心理的压力，往往担任一定的社会职务。

2. 研究前提

过去我国西部高等学校教师评价体系尽管可能存在某种不足，但是仍然可以在某一方面或者某一特征上区分部分绩优和普通绩效者。也就是说按照以往的评价标准评价出来的我国西部高等学校绩优教师是一定具备胜任力的某种或某些特征。这样就保证了我们进行研究的客观性和准确性。

3. 研究目标

在本研究中有以下三个方面的研究目标：

（1）提取我国西部高等学校教师胜任特征，建构我国西部高等学校教师胜任力结构模型。

（2）编制我国西部高等学校教师胜任力测评工具。

（3）检验我国西部高等学校教师胜任力结构模型及测量工具的有效性。

4. 研究假设

假设一：我国西部高等学校教师胜任力结构模型和我国西部高等学校教师的科研教学和服务社会的绩效有很大的相关性。

假设二：相异的绩效组所表现出来的胜任特质有某种区别。

假设三：胜任力结构模型和我国西部高等学校教师教的科目、年级等相关性不大。

假设四：胜任力结构模型和教师的教龄有很大的相关性。

5. 研究过程

我们的研究过程如图 4-1 所示。

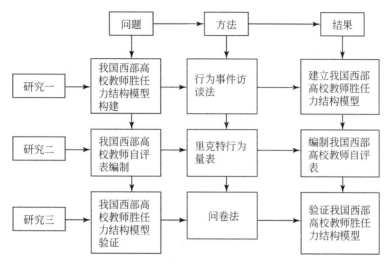

图 4-1　研究过程示意图

这一研究过程遵循的基本思路：以胜任力的冰山理论模型为基础，充分利用关键行为访谈事件法和核检表法，结合口语主题编码方法提取我国西部高等学校教师胜任力指标因子。然后再把两个得到的编码数据进行一致性、信度和效度检验的基础上，以平均等级分和最高等级分为指标进行聚类分析，提出我国西部高等学校教师胜任力结构模型。最后用问卷法进行整个模型的探索性和验证性检验。

6. 取样策略

严格按照关键行为访谈事件法的规则，由我国西部高等学校中的专家来确定相关的绩优和绩平效的我国西部高等学校教师的标准，然后按照标准再确定我国西部高等学校中绩优教师和绩平教师的具体条件。专家小组由我国西部高等学校校长、教育学和心理学领域的具有高水平的专家组成。

依据以上标准，研究者在陕西省选择参加我们的研究实施关键事件访谈的西部高等学校绩优教师，普通绩效主要选取西部高等学校的在岗的从事教学科研工作的一般老师。

7. 研究方法

我们的研究中，关键行为访谈事件法是我们采用的最基本的方法。就是因为它是目前已经得到社会公认而其实际也是最有效的建模方法。它结合了主题统觉测验和关键事件方法，是由 McClelland 和 Dailey 于 1974 年在 20 世纪 70 年代开发出来的，它扩充了 Flanagan 的 CEI 法。关键事件法是由 Ranagan 在 20 世纪 50 年代首创的，现在已经成为访谈中最常用的方法之一。

1）关键行为访谈事件法

"关键行为访谈事件法"（Behavioral Event Interview），是一种开放式的行为回顾式探索技术，是揭示胜任特征的主要工具。它结合了主题统觉测验和关键事件方法，是由 McClelland 和 Dailey 于 1974 年在 20 世纪 70 年代开发出来的，它扩充了 Flanagan 的 CEI 法。关键事件法是由 Ranagan 在 20 世纪 50 年代首创的，现在已经成为访谈中最常用的方法之一。具体包括以下环节：①描述当时的情景；②描述当时的参与人；③描述当时大家的所作所为；④描述个人对事件的具体感受；⑤描述整个事件的结果，逐步引导被访问者回忆并描述一系列比较完整的事件。

在现实进行行为事件访谈的时候，就要要求被访问者一些他们在担任一定角色的时候的具体情境，从中找出它们认为比较成功和失败的三件事情。和每一个访谈者的访谈时间要大于等于 30 分钟，这样可以得出比较系统的关于管理情景中行为的具体描述。

当今在胜任力建模的过程中最广泛被利用的一个建模方法就是关键行为访谈事件法。这种方法访谈的目标主要是在职的各类管理人员或者就业人员。进行比较细致的谈话，尽可能多地集合到被访谈者对于自身过去行为的描述，深入了解其中的细节，最后对收集到的文本资料进行汇总、编码和数据分析，最终找到胜任该角色的个体行为特制。

2）基本胜任力词典

20 世纪 70 年代末，McClelland 开始对 200 多项工作所牵涉的胜任特征进行研究，最终得出来 21 项比较大众化的胜任特征指标，这些就成了后来的胜任力词典的主要内容。胜任力词典包含六个基本的胜任特征族，每个族中又包含 2~5 个比较具体的胜任特征，如图 4-2 所示。

另外，对每个胜任特征指标进行定义，并进行分级描述。成就导向的分级定义如下：

-1 没有绩效标准，工作马虎，不关注细节；

0 工作努力，但是绩效不佳；

1 试图把工作做好、做对；

2 努力工作以达到企业/他人制定的绩优标准；

3 设定个人关于"绩优"的标准，但还缺乏一定的挑战性；

4 通过改变工作流程与方法以改进工作绩效，并达到绩优标准；

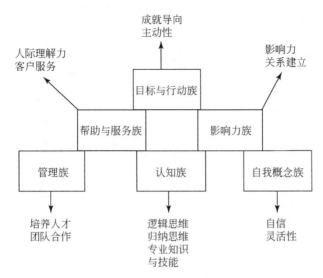

图 4-2　胜任力的六大胜任族

5 设定具有挑战性的工作目标与绩优标准。

第二节　研　究　步　骤

　　本章以我国西部高等学校教师为研究对象，通过相关研究方法、工具和材料的选定制定出研究的步骤，通过制作《我国西部高等学校教师访谈协议》、《我国西部高等学校教师访谈提纲》和《我国西部高等学校教师胜任特征核检表》来进行问卷调研。为了保证研究的可靠性，实证研究将采取预研究和正式研究两个步骤来进行数据的收集，其中预研究 20 名我国西部高等学校教师，都选自我国西部高等学校绩优教师。在后来的正式研究中，共选 80 名我国西部高等学校教师，其中我国西部高等学校绩优教师 40 名，我国西部高等学校绩平教师 40 名，发放《我国西部高等学校教师胜任特征核检表》，让在岗的 253 名我国西部高等学校教师填写。

　　在研究中采用关键行为访谈事件法和填写核检表法。填写核检表法就是采用了自己编制的《我国西部高等学校教师胜任特征核检表》。首先进行行为事件访谈，再依据《我国西部高等学校教师胜任特征核检表》把访谈文本以及录音进行相互独立的编码。编码的时候，采取首次两人独立编码形式，并用多种方法对两人独立编码的一致性和信度进行检验。最后在以平均等级分以及最高等级作为指标进行聚类分析，并在分析结果的基础上形成我国西部高等学校教师胜任力结构模型。本章利用对我国西部高等学校教师中绩优者和绩平者的行为特征中关键部分的分析，从而辨析出我国西部高等学校绩优教师所应该具有的个体胜任行为特征，进而用来建设我国西部高等学校教师胜任力结构模型。具体研究步骤如下。

第一步：预研究。进行预研究主要是为了练习如何进行行为事件访谈，例如怎么制作访谈提纲、如何实施访谈、最后录音如何转换成文本等。而进行练习的目标就是使小组中的成员可以很好地从我国西部高等学校教师的访谈中得到相关的胜任力特征指标。依据我国西部高等学校校长等专家提出的条件和标准，选择20名我国西部高等学校教师依照《我国西部高等学校教师个案访谈纲要》进行访谈，这20名教师全部是绩优的我国西部高等学校教师（男性12名、女性8名）。把访谈的内容编码成文本，然后依据Mabey公司的胜任力词典为底本，两人一组对每一份访谈的文本进行试验编码，在这个过程中，一起讨论，进一步补充我们的胜任力词典。

第二步：正式进行研究的对象选择。依据预研究中确定的我国西部高等学校绩优教师的各种条件和标准，由我国西部高等学校的人事主管提供绩优教师的名单。参加正式访谈的80名我国西部高等学校教师，分别来自陕西省西安市的"211"和"985"学校和教育部直属学校。其中绩优组40名、绩平组40名。依据我国西部高等学校教师选取标准，绩平教师选取或随机选自其他我国西部高等学校，或者是绩优教师所在学校其他我国西部高等学校教师。但是他们事先都不知道自己是属于绩优还是绩平组，因为我们要进行的是单盲设计（单盲试验是仅研究者知道每个研究者的具体内容，而被研究者不知道，单盲试验可以避免来自被研究者主观因子的偏倚）。我国西部高等学校教师的平均执教年龄15.5年，其中优秀组19.5年、绩平11.5年。我国西部高等学校教师博士学历（包含博士后）20名、硕士学历32名、本科28名。老师中男性38名、女性42名。老师的平均年龄42岁。

第三步：正式进行研究，获取相关访谈数据。依据《我国西部高等学校教师个案访谈纲要》，在我国西部高等学校教师中实施行为事件访谈，并进行录音。按照电话提前进行预约，由我国西部高等学校教师所在学校的负责人来确定时间和地点进行访谈。在教师认为方便的时间和地点进行访谈。访谈进行中，所有参与访谈的教师都知道我们进行研究的目的，并且我们会根据他们的意愿来决定是否进行访谈，以及是否接受录音。有5名我国西部高等学校教师因个人或者工作原因没有接受我们的访谈。在已经接受我们访谈的我国西部高等学校教师，我们要求他们分别讨论一下他们在教学工作中他们感到最成功的三件事情和最失败的三件事件。主要是采用star法：是什么原因引起事件的发生？有什么人参与了事件？事件中参与者都干了什么说了什么？主要是想让我国西部高等学校老师准确地回忆出当时的具体情况以及自己在整个事情发展过程中的感受、行动和对话。通过这种具有试探性的谈话希望可以得出我国西部高等学校教师在胜任教师这一角色所应该具有的指标体系。我们把每一个教师的访谈时间严格控制在半个小时。

第四步：口语主题编码。由两个人组成的小组负责把访谈录音利用口语主题编码法转化成文本，其中绩优组有一个教师因方言味太浓，她的语音文本数据严重缺失，不得已而放弃。其次由我们三个人再仔细聆听录音，核对文本。核对后把编码成的录音文本进行编号，并打印，最终形成胜任力特征指标的概念化的初始数据，即87个访谈编码录音的文本。

第五步：数据的相关处理。统计在行为事件访谈中，我国西部高等学校教师表现出来的行为和言语的编码数据。我们把访问时长、转化文本的字数、不同胜任特征出现的频次等作为我们统计的主要指标。在这个分析的基础上，在统计不同的胜任特征在访谈中出现的总频次、平均等级分和最高等级分。我们所说的等级是指一个具体的胜任特征指标在该胜任结构中的最小可觉差，它可以用来表示一个具体行为的复杂程度或者强度。例如，依据《我国西部高等学校教师胜任特征编码辞典》，某一个我国西部高等学校教师在"关心学生"这个分量表上的具体胜任特征表现为在等级一发生五次，等级二发生四次，等级三发生一次，等级四发生五次，这一胜任特征发生的总频次就是十三，平均等级分是二，最高等级分是十八。然后对频次、平均等级分、最高等级分这三个大指标再进行相关验证，对绩优组和绩平组的每一个胜任特征之间的差异进行分析比较。同时，统计《我国西部高等学校教师胜任特征核检表》中每一个胜任特征发生的频次及在总表中所占的百分比。利用SPSS17.0视窗版进行数据处理。

第六步：构建胜任力结构模型。依据绩优组和绩平组每一胜任特征平均等级分和最高等级分进行差异分析以后的结果，以平均等级分和最高等级分作为依据进行相应的聚类分析，参照《我国西部高等学校教师胜任特征核检表》的频次统计结果，提出我国西部高等学校教师胜任力结构模型，包含绩优教师胜任特征与绩平教师共有的胜任特征。然后，以统计分析结果为基础，汇集整理访谈文本中优秀组和我国西部高等学校绩平教师的关键行为，对每一维度做出描述性说明，确定完善编码词典，形成我国西部高等学校教师胜任力结构模型体系。

第三节 访谈数据分析

一、访谈结果分析

1. 胜任特征频次分析

把访谈文本中胜任特征出现的频次进行汇总，然后把绩优组和绩平组胜任特征指标发生的频次作以比较，表4-1反映了比较后的结果。

表4-1 不同绩效组胜任特征发生频次差异比较分析表

胜任特征	绩优组		绩平组		t	自由度	p
	平均值	标准差	平均值	标准差			
挑战性	3.402	1.932	1.792	0.811	2.404	21	0.138
自信	3.413	2.531	1.792	1.764	1.586	21	0.406
建立互信	1.485	1.573	1.408	1.456	0.973	21	0.441
尊重人	3.425	1.430	3.183	1.440	0.452	21	0.880
分析性思考	2.715	1.154	2.708	1.544	0.100	21	1.100
概念性思考	1.875	1.125	0.708	0.498	3.546	21	0.102
获取提升	4.525	3.874	3.417	2.109	0.959	21	0.448
重视品质	1.408	1.452	0.492	0.498	2.457	21	0.128
信息获取能力	1.708	2.105	1.467	0.749	0.877	21	0.490
主动倾向	2.183	1.428	2.467	1.981	0.418	21	0.907
灵活度	1.792	1.530	1.142	1.477	1.492	21	0.410
个人责任感	4.583	2.754	2.500	1.414	2.465	21	0.127
创新意识	1.408	1.473	0.917	0.996	0.596	21	0.557
人际关系能力	3.792	2.431	3.458	1.515	0.428	21	0.573
班级管理	2.450	1.983	2.458	1.751	0.473	21	0.788
热爱学习	2.100	2.445	1.475	1.489	0.823	21	0.419
承受能力	2.875	2.101	2.583	1.446	0.419	21	0.579
培养人	5.433	3.422	4.183	2.518	1.143	21	0.408
团队意识	4.100	2.406	2.708	2.105	1.464	21	0.457
理解人	4.433	2.160	3.425	2.179	1.430	21	0.467
诚实正直	2.467	1.471	1.425	1.451	2.116	21	0.156
自制力	1.875	2.179	2.467	1.437	0.409	21	0.587
专业素养	3.492	1.738	2.525	1.836	0.914	21	0.471
关注学生需求	5.142	3.408	4.833	1.801	0.487	21	0.853
自测能力	5.542	3.156	2.917	2.457	2.419	21	0.130
情绪控制力	1.708	1.530	1.792	2.117	0.411	21	0.912
适应变化	1.425	1.169	0.708	0.722	1.419	21	0.475
职业偏好	2.525	2.444	1.458	1.406	1.576	21	0.429
总频次	83.281	58.404	2.408	42.967	1.946	21	0.165

表 4-1 中的数据表明，绩优组和绩平组中只有六个胜任特征在发生频次方面有很大的差异，但是他们在发生的总频次上却没有很明显的差异。所以，表 4-1 也更加说明，如果只利用胜任特征发生频次作为指标的意义并不是很好。这同时也进一步说明以前研究者仅利用胜任力特征发生的频次来作为胜任力结构模型的因子，这种做法的可靠性是值得怀疑的。

2. 胜任特征评价法的信度分析

由于采用两人对照《我国西部高等学校教师胜任特征编码词典》进行相应地口语主题编码，因而他们对一样的文本材料进行各自独立地编码结果的一致性程度，就成了决定特征指标和行为事件访谈信度的一个决定因子，同时也决定编码结果是否可靠、是否客观的决定因子。我们的研究为了使结构更加可靠，采用许多方法来考察两个编码者编码结果的信度和效度以及他们之间的一致性，最终保证我国西部高等学校教师胜任力结构模型的信度和效度。

1）两个编码归类的一致性和编码的信度分析

归类一致性（category agreement）是用来描述两个编码者在对同一文本进行口语主题编码的时候，其中编码相同的个数以及这个相同的个数在总的编码个数中所占的比例。一般我们都比较倾向于利用 Winter（1996）的计算公式来进行计算，这个公式就是

$$CA = 2S/(T_1 + T_2)$$

式中，T_1 为第一个编码者的编码个数字；T_2 为第二个编码者的编码个数；S 为两个编码者编码归类中一样的个数。

而对于不同编码者的信度系数，我们一般采用董记的公式：

$$R(信度) = \frac{n \times 平均相互同意度}{1 + (n-1) \times 平均相互同意度}$$

在这个公式中，令相互同意度 $= 2M/(N_1 + N_2)$，其中，两个编码者完全相同的类别数就是 M，前一个编码者的编码总数是 N_1，后一个编码者的编码总数是 N_2。

依据上面给出的公式我们可以很容易对两名编码者对 80 名我国西部高等学校教师归类一致性和编码信度进行计算。结果如表 4-2。

表 4-2　两名编码者胜任特征编码归类一致性及编码信度系数

我国西部高等学校教师编号	T_1	T_2	S	CA	R
01	87	102	30	0.322	0.587
02	107	102	60	0.577	0.732

我国西部高等学校教师编号	T_1	T_2	S	CA	R
03	96	81	37	0.502	0.574
04	92	91	59	0.571	0.727
05	90	74	35	0.536	0.508
06	40	37	15	0.547	0.528
07	112	109	50	0.503	0.595
08	53	52	10	0.504	0.596
09	83	76	18	0.365	0.535
10	95	59	32	0.542	0.523
11	60	51	17	0.339	0.507
12	114	108	52	0.555	0.525
13	61	65	36	0.587	0.740
14	52	33	14	0.575	0.730
15	60	39	13	0.538	0.509
16	55	51	12	0.544	0.525
17	57	45	37	0.752	0.859
18	67	62	36	0.534	0.597
19	64	49	18	0.500	0.567
20	57	52	32	0.556	0.714
21	62	47	32	0.554	0.791
22	105	87	63	0.574	0.805
23	41	31	14	0.704	0.826
24	50	36	18	0.559	0.795
全体我国西部高等学校教师	1760	1539	740	0.500	0.567

从表4-2中可以看出,归类一致的结果,总体是0.567,但是他们的分布情况是0.312~0.789,而他们编码信度的计算结果可以知道,总体是0.598,但是他们的分布情况是0.458~0.923。在我们的研究中,胜任力编码词典中的各个胜任特征指标其实完全可以当做单一的分量表来进行处理,因而在进行编码的时候,不仅仅是要表达出每一个胜任特征本身的出现,同时也要表达出在每一个访谈记录中单个胜任特征指标出现的具体等级,这时进行归类就有了一定的难度,所以,一些胜任特征指标的归类一致性稍低也是可以接受的,尤其在和以前的一

些研究论文相比。

2）相关性分析

两个编码者对各个我国西部高等学校教师胜任特征编码的斯皮尔曼等级相关系数对于我国西部高等学校教师胜任力结构模型的最终建立也有一定的影响，在这里我们计算了平均等级分和最高等级分相关系数，并用这个等级相关系数的值更进一步考察两个编码者之间评分的一致性。表4-3反映了相关的结果。

表4-3 两名编码者在胜任特征频次、平均分数、最高级分数编码的相关

胜任特征	频次	平均分数	最高等级分
挑战性	0.541	0.538	0.470
自信	0.763	0.504	0.577
建立互信	0.546	0.404	0.275
尊重人	0.573	0.505	0.410
分析性思考	0.271	0.422	0.290
概念性思考	0.225	0.465	0.411
获取提升	0.589	0.547	0.525
重视品质	0.525	0.566	0.521
信息获取能力	0.471	0.529	0.523
主动倾向	0.511	0.489	0.460
灵活度	0.553	0.233	0.519
个人责任感	0.522	0.577	0.793
创新意识	0.524	0.586	0.512
人际关系能力	0.596	0.579	0.57
班级管理	0.594	0.523	0.555
热爱学习	0.587	0.514	0.757
承受能力	0.553	0.185	0.482
培养人	0.706	0.573	0.794
团队意识	0.536	0.575	0.572
理解人	0.454	0.051	0.413
诚实正直	0.552	0.578	0.795
自制力	0.580	0.526	0.581
专业素养	0.591	0.576	0.746
关注学生需求	0.568	0.731	0.599
自测能力	0.725	0.534	0.578
情绪控制力	0.573	0.745	0.508
适应变化	0.560	0.490	0.519
职业偏好	0.576	0.073	0.502

从表 4-3 的数据分析可以看出，两位编码者之间相互的等级相关性分别可以表述，而表中只表达了 35 个胜任特征指标编码在出现频次、平均等级分和最高等级分。这三个指标中，绝大多数胜任特征指标都在一定程度上表现出很大的相关性。这些表明了两个编码者之间在进行编码的时候，他们表现出来的一致性、信度和效度都比较高。

3）*G* 系数与 *Φ* 指数

为了更加深入地考察关键行为访谈事件法在我们研究中的信度和效度，我们采用了 Genova 软件对胜任力特征编码进行了概化理论中常用的权威的信度分析，在分析的时候，我们使用的是随机交叉双面（two-face）*P*×*I*×*R* 来构建相应的相关分析。在这中间，我们把被访问者那个侧面用 *P* 来表示，把其中胜任指标的每一个项目侧面用 *I* 来表示，把两个编码单独作为一个侧面，并用 *R* 来表示，为了保证可以得到较为可靠的信度指标，也为了进行下面的研究，在我们的研究中无论是胜任特征指标侧面还是两个编码者的侧面，均采用了随机的方式。首先我们要测试的是这三个单独的侧面对我们的研究中总体的影响程度，即他们有没有使我们研究的总体发生相应的变异，这里我们实行的是 G 研究。而根据我们知道的相关的概化理论，研究变异估计量的最好指标应该是平均等级分，于是我们就把平均等级分当做指标来进行 G 研究。表 4-4 反映了 G 研究中的结果。

表 4-4 **P×I×R 设计胜任特征编码的 G 研究变异分 *t* 值估计**

变异来源	自由度	Ss	Ms	变异分量的估计	占变异分量比例/%
受访者（*P*）	24	525.313	23.988	0.242	9.836
胜任特征项目（*I*）	28	1364.581	46.322	0.884	24.402
编码者（*R*）	1	0.001	0.001	(0.0)	0
P×*I*	524	2897.759	2.299	3.384	22.598
P×*R*	25	42.421	3.889	0.028	0.804
I×*R*	23	45.287	3.540	0.024	0.838
P×*I*×*R*	532	657.701	3.020	3.020	29.464

从表 4-4 可以看出，两个编码者侧面对胜任特征指标总体变异的影响最小，接近于 0 了，两名编码者在进行编码以及评分的时候都是客观的而且是独立的；被访者与两个编码者之间的交互效应（*P*×*R*）对胜任特征指标总体变异的影响也可以说是相当小的，这也可以看得出来两个编码者进行相应编码的时候，也真正做到了盲评，也就是说他们自己也不清楚具体哪一个教师是属于绩优组还是绩平组；但是我们也应该看到，胜任特征侧面对总体变异的影响在一定程度来上说还是相当大的，从这可以看出来，在胜任特征词典中某些胜任特征指标之间的相关性很高，这也说明我们的访谈和胜任特征词典有需要改善的地方，而另外有一

部分胜任特征指标确实需要进行合并。胜任特征指标侧面和编码侧面的交互效应（$I \times R$）值还是相当微小的，这表明两个编码者对同一胜任特征指标的解释和掌握上，还是达成了比较高的一致性，也表明在预研究中的培训以及后来的相互讨论确实起到了应有的作用。同时被访者侧面、胜任特征指标侧面、编码者侧面的交互效应（$P \times I \times R$）在总变异中占到了 28.457%。

为了观察各种情况下两个编码者之间的一致性，又用 Genova 软件进行 D 研究。也就是使用逐渐变化的胜任特征指标数目，在一定编码者的前提下，用概化理论中的 D 研究来估计样本总体容量大小的变化对胜任特征指标和编码者信度的作用，进而可以得出在各种互异的条件下，概化理论中的 G 系数以及 Φ 指数。表 4-5 就是编码者侧面在样本容量不同的情况下，胜任特征指标侧面随着样本总体容量的变化，他们的 G 系数以及 Φ 指数的变化情况。

表 4-5 P×I×R 设计 D 研究的概化系数和可靠性指标

胜任特征项目	评分者侧面样本容量（$R = 1$）		评分者侧面样本容量（$R = 2$）	
	G 系数	Φ 系数	G 系数	Φ 指数
1	0.143	0.098	0.167	0.116
2	0.142	0.177	0.185	0.107
3	0.309	0.143	0.372	0.18
4	0.371	0.198	0.439	0.341
5	0.422	0.344	0.493	0.391
10	0.579	0.502	0.552	0.556
15	0.562	0.592	0.530	0.547
20	0.513	0.551	0.577	0.505
25	0.547	0.592	0.708	0.544
28	0.563	0.511	0.722	0.563

表 4-5 中的相关数据，我们可以得到 D 研究的相关结果，在我们的相关研究处于初始状态之下的时候，D 研究即 $P \times I \times R$ 的两个编码者的信度是他们中最高的，具体来说就是，它的概化系数即 G 系数已经可以达到了 0.798，而它的可靠性指数即 Φ 指数也可以达到 0.754，这些都说明了两个编码者在进行胜任特征指标的编码进程中，他们之间的一致性已经达到了比较高的地步。与此同时我们也可以得出这样的引论，当我们再把这里样本的总体容量增大的时候，他们的概化系数即 G 系数以及可靠性指数即 Φ 指数也应该会相应地得到提升。我们用图 4-3 来表达两个编码者的编码信度随着样本总体容量的增大而在一步步提升的过程。

某些时候，由于岗位和行业的不同，胜任特征指标的数目也是不一样的，因而研究结果的推广性就是很有限的。另一方面，现实生活中又有许多条件限制了

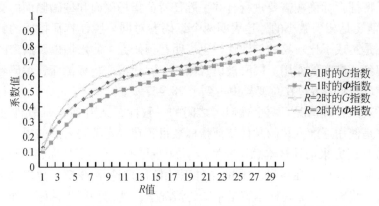

图 4-3 G 系数、Φ 指数与编码者、胜任特征容量间的关系

我们研究的进一步扩大，加上在实际的研究过程中我们用到的编码者人数在大多数时候也是有一定限制的。所以，当我们要进行 G 研究或 D 研究的时候，我们采取的是固定某一个侧面，但是当某一个侧面固定时，把另外一个侧面设定为随机的侧面时，得出来的 G 研究和 D 研究结果往往也就有很大的区别。表 4-6 就表明了我们在分别固定某一个侧面的时候 D 研究中 G 系数以及 Φ 指数的变化情况。

表 4-6 P × I × R 设计不同固定侧面时的 D 研究结果

	G 系数	Φ 系数
胜任特征项目为固定侧面时评分者侧面样本容量		
1	0.745	0.744
2	0.812	0.811
编码评分者为固定侧面时胜任特征项目容量		
1	0.163	0.111
5	0.412	0.306
10	0.567	0.468
15	0.548	0.562
20	0.707	0.522
25	0.730	0.563
28	0.744	0.583

我们通过对完全随机的分析结果和固定某一侧面时候的分析，不难看出，在某一个侧面样本的总体容量不断增大的时候，相应的 G 系数以及 Φ 指数也就会得到相应地提升，但是如果胜任特征指标数目还是相对很小的话，胜任特征指标可以被提升的空间就已经达到了其数目增大可能提升空间的最大空间值。所以，我们再参照 HEY 公司相关数据的时候，在胜任特征指标的数量选取方面应该尽

量保持在 15~20，这样我们就可以认为是比较优异的选择，同时我们也认为这也是非常符合研究界关于测量学要求的概括化系数的选择方法。

使用以上各种方法进行数据分析，进而系统地衡量在行为事件访谈中两个编码者编码的一致性程度。从表 4-6 中的数据分析结果我们知道，这种方法的信度和效度还都是比较高的。其实从我们的文献研究中也可以知道，其他人的相关研究在这里也得到了印证。

4）差异检验

为了进一步进行差异性检验，我们把平均等级分当做其中的一个指标，进而对某一个录音文本中具体的一个胜任特征指标得分中的平均数进行计算，并且把这种结果也就是各个胜任特征指标的最后得分进行标准化，然后就是把这些数字转换化为里克特 5 级量表，最后再用 5 个等级来比较绩优组和绩平组中我国西部高等学校教师在各个胜任特征指标得分的平均分，并检验他们之间差异的显著性水平，表 4-7 就是检验的结果。

表 4-7　绩效组胜任特征平均分数差异比较

胜任特征项目	优秀组		绩平组		t	自由度	p
	平均数	标准差	平均数	标准差			
挑战性	2.065	0.503	1.813	0.538	0.441	11	0.476
自信	2.137	0.717	1.541	0.244	1.820	11	0.056
建立互信	2.114	0.581	1.574	0.481	1.522	11	0.116
尊重人	2.137	0.567	1.541	0.470	1.818	11	0.056
分析性思考	2.142	0.507	1.536	0.537	1.864	11	0.051
概念性思考	2.157	0.561	1.721	0.534	1.141	11	0.113
获取提升	2.265	0.356	1.513	0.524	2.203	11	0.002
重视品质	2.170	0.574	1.510	0.265	1.116	11	0.025
信息获取能力	2.055	0.502	1.823	0.542	0.363	11	0.53
主动倾向	2.037	0.511	1.841	0.536	0.232	11	0.524
灵活度	2.122	0.531	1.756	0.473	0.866	11	0.228
个人责任感	2.263	0.113	1.515	0.546	2.174	11	0.002
创新意识	2.088	0.578	1.801	0.423	0.516	11	0.371
人际关系能力	2.112	0.482	1.776	0.531	0.716	11	0.316
班级管理	2.086	0.516	1.802	0.516	0.506	11	0.376
热爱学习	2.001	0.581	1.888	0.561	0.007	11	0.883

续表

胜任特征项目	优秀组		绩平组		t	自由度	p
	平均值	标准差	平均值	标准差			
承受能力	2.111	0.514	1.567	0.446	1.500	11	0.102
培养人	2.157	0.533	1.722	0.562	1.135	11	0.115
团队意识	2.107	0.506	1.581	0.572	1.468	11	0.118
理解人	2.210	0.445	1.580	0.531	1.408	11	0.018
诚实正直	2.160	0.441	1.720	0.538	1.158	11	0.117
自制力	2.261	0.502	1.518	0.255	2.136	11	0.003
专业素养	2.351	0.221	1.428	0.486	3.562	11	0.000
关心学生需求	2.131	0.511	1.548	0.434	1.751	11	0.065
自测能力	2.108	0.181	1.581	0.755	1.457	11	0.116
情绪控制力	2.158	0.511	1.521	0.413	1.115	11	0.034
适应变化	2.115	0.588	1.573	0.471	1.533	11	0.113
职业偏好	2.140	0.571	1.740	0.535	1.106	11	0.17
各胜任特征总分	59.96	13.704	46.03	13.719	3.342	11	0.000

　　从表 4-7 中的数据可以看到，绩优组和绩平组在获取提升（进取心）、责任感、理解人、自治力、专业素养和情绪发觉性这几个胜任特征指标间的差异在研究学界认为的统计学上是有意义的，另外的那些胜任特征指标之间的差异很小的，可以说几乎不具有统计学上的意义，但我们很容易看出来，绩优组的平均数很显然是高于绩平组的。换句话说，在指向分数方面，它们更有统计学意义。另一方面，统计各个我国西部高等学校教师全体胜任特征指标的平均分数之和，并对各个组别的胜任特征指标平均分总和之间的差异进行相关的 t 检验，t 检验的结果见表 4-7。很容易看出数据分析的结果：优秀组的平均分总和的显著性比绩平组的平均分总和的显著性要高得多。

　　通过我们之前的数据分析可知，另一个比较好的胜任力建模指标就是等级最高分。而表 4-8 就是以最高等级分为指标并采用了上面相同的方法进行数据分析后得到的 t 检验的结果。

表 4-8　不同绩效组胜任特征最高分数差异比较

胜任特征	优秀组		绩平组		t	自由度	p
	平均值	标准差	平均值	标准差			
挑战性	2.121	0.727	1.558	0.222	1.562	11	0.08
自信	2.180	0.718	1.510	0.132	1.218	11	0.018
建立互信	2.118	0.586	1.571	0.325	1.561	11	0.108
尊重人	2.145	0.517	1.733	0.500	1.146	11	0.15

续表

胜任特征	优秀组		绩平组		t	自由度	p
	平均值	标准差	平均值	标准差			
分析性思考	2.018	0.402	1.807	0.587	0.560	11	0.41
概念性思考	2.250	0.508	1.530	0.270	2.101	11	0.004
获取提升	2.172	0.710	1.516	0.175	1.147	11	0.023
重视品质	2.203	0.714	1.585	0.141	1.360	11	0.011
信息获取能力	2.134	0.721	1.744	0.327	1.057	11	0.186
主动倾向	2.181	0.718	1.708	0.311	1.328	11	0.153
灵活度	2.122	0.530	1.756	0.475	0.870	11	0.227
个人责任感	2.223	0.575	1.555	0.151	1.581	11	0.011
创新意识	2.167	0.710	1.711	0.341	1.216	11	0.187
人际关系能力	2.125	0.561	1.753	0.431	1.000	11	0.217
班级管理	2.141	0.785	1.737	0.164	1.112	11	0.163
热爱学习	2.101	0.731	1.787	0.336	0.532	11	0.355
承受能力	2.107	0.708	1.581	0.315	1.466	11	0.118
培养人	2.163	0.742	1.175	0.257	1.184	11	0.108
团队意识	2.141	0.505	1.583	0.431	1.847	11	0.052
理解人	2.115	0.578	1.573	0.341	1.537	11	0.113
诚实正直	2.057	0.321	1.822	0.745	0.377	11	0.521
自制力	2.121	0.757	1.558	0.131	1.564	11	0.08
专业素养	2.217	0.501	1.561	0.337	1.517	11	0.011
关心学生需求	2.184	0.747	1.705	0.222	1.353	11	0.146
自测能力	2.218	0.513	1.561	0.318	1.522	11	0.011
情绪控制力	2.105	0.718	1.584	0.277	1.445	11	0.123
适应变化	2.147	0.547	1.531	0.347	1.016	11	0.045
职业偏好	2.187	0.547	1.701	0.418	1.385	11	0.138
各胜任特征总分	60.163	7.397	55.496	9.027	2.343	11	0.001

由表4-8数据分析可知，优秀组和绩平组最高分的显著差异主要表现在自律性、分析性思考、拥有进取心、承担责任、重视个人品质、讲究专业素养、自测能力等几个方面。各个胜任力特征指标的最高分，在进行标准化后的总得分，如果两组间的差异在0.001的水平以上，也就认为他们在研究学界认为的统计学上是有意义的。

二、我国西部高校教师胜任特征核检表频次统计结果

利用我们编制的《我国西部高等学校教师胜任特征核检表》，对我国西部高等学校教师中目前在职教师的访谈记录和访谈录音进行编码，选出教师教学工作中最重要的胜任特征。我国西部高等学校教师分别来自西安市的西安交通大学、西北大学、西安工业大学、西安电子科技大学、长安大学、陕西师范大学、西北政法大学和西安邮电学院等，发放问卷 160 份，收回 145 份。表 4-9 是这些问卷的频次统计结果。

表 4-9　我国西部高等学校教师《我国西部高等学校教师胜任特征核检表》频次统计表

排序	总体			教授			其他		
	胜任特征	频次	比例/%	胜任特征	频次	比例/%	胜任特征	频次	比例/%
1	责任感	221	73.4	责任感	92	78.7	责任感	110	61.0
2	专业素养	176	68.2	班级协调才能	22	67.7	专业素养	77	61.2
3	班级协调才能	139	67.1	专业素养	90	67.5	正直诚实	70	46.3
4	正直诚实	140	60.2	创新能力	77	57.5	容忍他人	64	42.2
5	创新能力	126	41.7	自我反省	75	55.4	团队精神	57	36.3
6	容忍他人	114	49.2	正直诚实	78	55.1	信心	57	36.4
7	信心	112	50.2	成就倾向	97	50.5	组织管理能力	54	35.5
8	团队精神	124	51.0	信心	69	50.3	创新能力	54	35.5
9	成就倾向	120	53.2	容忍他人	62	47.3	分析性思维	65	34.1
10	承受压力	112	43.2	承受压力	63	75.2	尊重他人	57	31.5
11	自我反省	106	50.2	计划性	70	42.3	热情	53	31.5
12	热情	114	40.6	团队精神	57	48.7	说服能力	61	31.0
13	人际关系能力	97	36.2	人际关系能力	56	37.9	成就倾向	25	30.1
14	尊重他人	85	31.2	理解他人	51	37.9	承受压力	56	30.1
15	理解他人	85	32.1	热情	51	37.2	人际关系能力	48	25.8

三、我国西部高校教师胜任力结构模型体系

依据前面我们对访谈数据进行分析中的 t 检验结果，得到具有很高差异性的胜任特征指标，然后再根据《我国西部高等学校教师胜任特征核检表》中的数据分析中发生频次最大的胜任特征指标，最后就可以得出我国西部高等学校教师的胜任力特征指标。利用自己编制的《我国西部高等学校教师胜任特征指标编码

词典》，制定出我国西部高等学校教师中绩优组和绩平组胜任特征指标，并最终依据此来建立我国西部高等学校教师胜任力结构模型。我们的研究所建立的我国西部高等学校教师胜任力结构模型，该胜任力结构模型主要有以下胜任特征指标，如表4-10所示。

表4-10 我国西部高等学校教师胜任力结构模型胜任特征指标

胜任特征
我国西部高等学校优秀教师胜任特征
获取提升　自制力　挑战性　自测能力　个人责任感
专业素养　自信　自我效能　理解人　情绪自控力　概念性思考
我国西部高等学校教师共有的胜任特征
班级协调能力　宽容他人　热情　分析性思维　正直诚实　团队精神
人际关系能力　承受压力　创新意识　自我反思　尊重他人

为了方便和高效起见，我们合并了一部分指标。其中绩平组的胜任特征指标是我国西部高等学校教师进行最起码的科研和教学所应该具有的最基本的素养性的东西。它们是在教学和科研工作中对我国西部高等学校老师最基本的要求，属于教师入职资格性的东西。但是如果想作为一名优秀的教师只具备这些是远远不够的，还有一系列比较高的胜任特征指标，而这些指标在我国西部高等学校中具有很高针对性的区分高绩效老师和绩效平平老师的能力，进而可以用来很好的区分绩优组和绩平组。就是因为他们具有这样的筛选和相应的鉴别能力，他们可以很有效果地把绩优老师从绩平老师中挑出来，从这我们可以看出来只有我国西部高等学校老师中绩优组的胜任力指标才具有一定的区分度。

对平均等级分和最高等级分进行了标准化转换以后，又使用了组间连接法对上面的20多个胜任特征指标用SPSS软件做了聚类分析，然后又使用平方的欧氏距离（squared euclidean distance）来计算各个类别间的距离，其中，类别的数量是依据输出的相关系数矩阵（Pboximiytmartix）来确定的。表4-11可以说就是参照了前面进行的聚类分析的结果，再结合核检表的频次分析结果，最后利用了著名英国学者Spencer（1993）胜任力相关研究中有关胜任特征指标分类的方法，把表4-11中我国西部高等学校教师胜任力结构模型里所包括的一系列胜任特征指标，按照前面的方法分作六类胜任特征指标群，并把他们依次命名为服务意识、自我意思、成功欲望、自我认知、管理及领导能力和个体特征。这些胜任特征群和它们次一级的分类即具体的胜任特征共同构成完整的我国西部高等学校教师胜任力结构模型。

表 4-11　我国西部高等学校教师胜任特征群

特征群	胜任特质
服务意识	人际交流能力、理解人、尊重人、个人度量、热情
自我意识	自制力、自测能力、自我反省
成功欲望	获取提升、自我效能、挑战性
自我认知	概念性思考、分析性思考、专业素养
管理及领导能力	情绪自控力、团队精神、班级协调能力
个体特征	自信、灵活度、倡导责任感、正直诚实、创新能力、压力承受力

建立一套比较完善的我国西部高等学校教师胜任力指标体系，不仅仅要得出高等学校教师应该具有的具体的胜任力指标模型，还应该把这些指标做进一步地定义，并且把其中包含的分数等级、行为指标以及相应的例子等都进行定义或者做出一定的描述。

四、讨论与小结

其实诸如我们研究的关键行为访谈事件法最主要的也是最具有挑战性的就是两个编码者在各自进行编码和评分时候的一致性问题，但是由于各种原因都有可能导致他们之间编码和评分的不一致。例如，对具体一个或者一些胜任特征指标描述得清楚或者他们的理解不同，加上访谈往往都是在一定的情景和环境中进行的。离开了相应的环境和情景，两个人尽管努力地回忆当时的具体环境，但还是会有差别的。所以要想得到很高的编码一致性是很困难的事情。但是他们之间的一致性对于整个研究过程来说又是非常重要的。

在我们的研究中，为了使两个编码者都能够在很高的一致性的基础上进行相应的口语主题编码并且顺利地提炼出胜任力特征指标，我们进行了多次讨论，并根据讨论结果进行改正。其实在前一个章节的数据分析也说明，两个编码者的一致性也达到了我们想要的理想水平，并为我们进一步研究做了铺垫。

胜任力编码指标数也是影响胜任力编码一致性和信度的又一个关键因子。所以，如果编码的信度比较低，我们可以通过减少胜任特征指标数来提高归类一致性的效度和信度。

我们的研究用了关键行为访谈事件法，通过口语主题编码法和相关数据分析来建立我国西部高等学校教师胜任力结构模型，并把此胜任力结构模型进行概念化，这样做就是为了日后的应用和容易量化。我们研究建构的我国西部高等学校教师胜任力结构模型体系，包括我国西部高等学校教师胜任力中绩优组特征指标和绩平组胜任力指标两个部分。其中绩优组的胜任力特征主要有进取心、责任心、理解力、自制力、专业素养、人际沟通能力、挑战性、自信、概念性思考、自测能力和自我效能等 10 多个指标。胜任特征指标中绩平组的主要是组织能力、诚实性、创新意识、宽容、团队精神、自测能力、职业偏好、人际交往能力、尊重别人、分析性思维和情绪稳定性等 10 多个指标。

第四节　我国西部高校教师胜任力结构模型验证

一、研究目的

本研究的主要目的包括以下三个方面。

（1）依据得到的我国西部高等学校教师胜任力结构模型，制作《我国西部高等学校教师行为自测问卷》。

（2）通过预测试来验证统计学属性，以便在我国西部高等学校教师胜任测评中可以广泛利用。

（3）验证构建的我国西部高等学校教师胜任力结构模型及其胜任特征的有效性。

二、研究方法与步骤

在我国西部高等学校教师中所有在岗教师选取，为了保证结果的信度和效度，可以使用随机的方式进行相关抽样，从西安目前正在从事教学和科研工作的在岗我国西部高等学校教师取样，时间为 2007 年 6 月至 2009 年 1 月。

1. 探索性因子分析样本

调查问卷发放到西安市的西安交通大学、西北大学、西北工业大学、陕西师范大学、西安电子科技大学等我国西部高等学校教师。共发放问卷 150 份，收回 130 份，回收率为 76.7%，有效问卷 114 份，占发放总问卷的 76.0%。人口特征统计如表 4-12。

表 4-12　调查样本人口特征统计表

统计项目	项目分类	人数/人	所占比例/%
性别	男	72	47.0
	女	77	52.0
教龄	10 年以下	21	14.0
	10～15 年	72	54.7
	15 年以上	47	31.3
学历	大学本科	22	14.7
	硕士研究生	70	53.3
	博士研究生	47	32.0

2. 验证性因子分析样本

在所有的抽样人群中，要求教师填写《我国西部高校教师行为自测问卷》，样本调查问卷发放到西安市的西安交通大学、西北大学、西北工业大学、陕西师范大学、西安电子科技大学等我国西部高等学校教师。共发放问卷 300 份，收回273 份，回收率为 94.3%，有效问卷 266 份，占发放总问卷的 77.7%。人口特征统计如表 4-13 所示。

表 4-13　调查样本人口特征统计表

统计项目	项目分类	人数/人	所占比例/%
性别	男	121	45.5
	女	145	54.5
教龄	10 年以下	51	19.2
	10~15 年	153	57.5
	15 年以上	62	23.3
学历	大学本科	79	33.5
	硕士研究生	92	34.5
	博士研究生	75	32.9

3. 工具

调查人员自己编制的《我国西部高等学校教师行为自测问卷》。

4. 步骤

第一，制作《我国西部高等学校教师行为自测问卷》，确定测查的胜任特征和测验项目。依照前面一节建立的我国西部高等学校教师胜任力结构模型，编制《我国西部高等学校教师行为自测问卷》。

第二，实施《我国西部高等学校教师行为自测问卷》测试，验证我国西部高等学校教师胜任力结构模型。

测试在我国西部各个高等学校中进行，分为预测试和正式测试两回，每一回都严格按照样本抽取的标准，让我国西部高等学校的在岗老师填写《我国西部高等学校教师行为自测问卷》。回收后把相应的数据输入计算机进行数据分析。在相应数据分析的基础上，进行探索性因子分析和验证性因子分析，验证我国西部高等学校教师胜任力结构模型。

5. 资料的统计与分析

利用最新的 SPSS17.0 对探索性和验证性问卷调查的数据进行分析，其实质就是进行了探索性和验证性的数据分析。

三、问卷结果分析

1. 探索性因子分析

首先从胜任力特征指标中去掉那些总分高于平均分 1 个标准差的胜任力特征指标，然后再进行相应的项目分析，这里采用了均数以及标准差进行这里的数据分析。然后再把指标和问卷中指标总得分的相关性小于 0.3 的指标从项目中剔除，同时剔除的还有处于极端化的单一项目，如极端高或极端低的。然后就是进行 KMO （Kaiser-Meyer-Olkin）和 Bartlett 球形系数检验（表 4-14），从检验后的分析可看出，总体样本的 KMO 的指标是 0.782，这说明我们所使用的问卷各个指标之间的相关性没有太大的区别，也就是说这些数据很合适用 SPSS 作因子分析。而这些数据的 Bartlett 球形检验的卡方值是 10 856.24，自由度是 754，显著性 P 值也达到了 0.000，最后的球形假设也同样被拒绝，这些都说明我们研究所用的问卷各个问题的设置不是相互独立的，而且他们的最后分数也是非常有效的。表明了我们研究所用问卷中的数据可以用 SPSS 进行探索性因子分析（表4-14）。

表 4-14 我国西部高等学校教师胜任力调查问卷 KMO 值和 Bartlett 球形检验

KMO 值		0.782
Bartlett 球形检验	样本量卡方统计值 (χ^2)	10 856.24
	自由度	754
	Sig.	0.000

在进行探索性因子分析时，主要用了主成分分析法对问卷中的项目进行了胜任力的特征指标提取，而旋转方法利用了 PBMo 正交旋转法，抽取胜任特征指标的值都是大于 1，这样就可以抽取到若干因子。依据探索性因子分析的结果，删除一部分因子载荷小于 0.29 的胜任力特征指标。再根据问卷设计初所建立的胜任指标，把探索性验证进行多次，一直到变异累积倾向于稳定的时候，就停止探索性因子分析，这样经过多次测试，最后得到了 9 个大的胜任力因子。探索性因子分析的结果如表 4-15 所示。

表4-15 终统计量和总变异解释率

因子	特征值	变异比例/%	变异累积比例/%
1	11.224	16.024	16.342
2	1.516	2.805	21.823
3	1.426	2.406	24.356
4	1.265	2.163	26.51
5	1.213	1.861	31.52
6	1.166	1.514	33.244
7	1.062	1.316	35.561
7	1.052	1.312	38.181
9	1.012	1.166	41.365

据表4-15分析，我们可以看出每一个胜任力因子的特征值和因子贡献率。同时，从上面的数据分析我们也可以看出，9个因子累积变异的解释率已经可以达到52.258%。表4-16同时给出了各个因子旋转后的因子载荷矩阵。

表4-16 旋转后的问卷项目的因子载荷表

项目编号	因子1	因子2	因子3	因子4	因子5	因子6	因子7	因子7	因子9
Item19	0.524								
Item21	0.564								
Item15	0.547								
Item23		0.577							
Item26		0.527							
Item7		0.582							
Item27		0.575							
Item4			0.576						
Item16			0.570						
Item41			0.547						
Item7				0.542					
Item29				0.574					
Item27				0.562					
Item10					0.522				
Item30					0.577				
Item5					0.486				
Item36					0.402				

项目编号	因子1	因子2	因子3	因子4	因子5	因子6	因子7	因子7	因子9
Item6						0.544			
Item43						0.578			
Item9							0.584		
Item14							0.542		
Item7							0.544		
Item1								0.572	
Item12								0.558	
Item22								0.424	
Item25									0.585
Item2									0.550
Item3									0.442

依据表 4-16 的分析结果，剔除其中因子载荷水平低于 0.5 的指标，也就是提取了 9 个因子，这 9 个因子是个体品质、关心教学、专业素养、人际能力、沟通能力、职业偏好、尊重人、理解人以及他们包含的行为指标，这些保留的指标和前一节建立的我国西部高等学校教师胜任力结构模型中具有的胜任特征差不多全一样。不同的是，前一节模型的建立利用的是关键行为访谈事件法和相关的数据分析，而数据也是通过实际的行为事件访谈得到的。而在进行探索性因子分析的时候，实际制作的问卷在进行大面积在西安我国西部高等学校教师中发放获得的相应原始数据。通过两者的相互验证，说明了前一节建立的胜任力结构模型是切合实际的。

为了方便以后的相关研究，依据问卷中对于每一个小项目比较具体的描述，把每一个因子分别重新命名（表 4-17）。例如，因子一中的指标都关乎的是进取心、责任心、自信等个人品质，所以，把它称为"个体特征"。因子二中均关乎学生，关系到老师对学生的尊重、关心、教育和栽培，体现了我国西部高等学校教师对学生的关心程度，所以可以叫做"关心班级"。因子三中均关注于教学，利用相关的教学设施和教学技巧成功进行课堂授课和作业辅导，并培养学生的创新思维能力，可以叫做"专业素养"。因子四中的指标主要是涉及和人交往、和学生交流、为人处世、解决各种困难的方法，可以叫做"人际沟通"。因子五中的指标包括了和校管理人员、学生家长、社会大众进行交流的方法和途径，比如怎样建设自己的人际关系网络，如何融入到各种人际关系中，叫做"人际关系能力"。因子六主要是如何取得教学资料、学生信息，称为"信息检索"。因子七主要是个人对于一个班级、所在学校、从事的事业具有热情和兴趣，叫做"职业偏好"。因子七表达了对宽以待人、接受批评和尊重他人，叫做"尊重他人"。

表 4-17 命名及包含的问卷项目编号

因子	因子命名	包含的项目编号
1	个体特征	Item19，Item21，Item15
2	关心班级	Item23，Item26，Item7，Item27
3	专业素养	Item4，Item16，Item41
4	关系技能	Item7，Item29，Item27
5	人际沟通	Item10，Item30，Item5，Item36
6	信息获取	Item6，Item43
7	职业偏好	Item9，Item14，Item7
8	尊重性	Item1，Item12，Item22
9	理解能力	Item25，Item2，Item3

2. 验证性因子分析

在探索性因子分析的基础上，完善《我国西部高等学校教师行为自测问卷》，也和前面的做法一样，九大因子的命名也一样。

和前面探索性研究一样，首先从胜任力特征指标中去掉那些总分高于平均分1个标准差的胜任力特征指标，然后再进行相应的项目分析，这里采用了均数以及标准差进行数据分析。然后再把指标和问卷中指标总得分的相关性小于 0.3 的指标从项目中剔除，同时剔除的还有处于极端化的单一项目，如极端高或极端低的。然后就是进行 KMO 和 Bartlett 球形系数检验（表 4-18），从检验后的分析可以看出，总体样本的 KMO 的指标是 0.787，这说明我们所使用的问卷各个指标之间的相关性没有太大的区别，也就是说这些数据很合适用 SPSS 做因子分析。而这些数据的 Bartlett 球形检验的卡方值是 10 824.36，自由度是 769，显著性 P 值也达到了 0.000，最后的球形假设也同样被拒绝，这些都说明我们研究所用的问卷各个问题的设置不是相互独立的，而且他们的最后分数也是非常有效的。表明了我们研究所用的问卷中的数据可以用 SPSS 进行验证性因子分析。

表 4-18 我国西部高等学校教师胜任力调查问卷 KMO 值和 Bartlett 球形检验

KMO 值		0.787
Bartlett 球形检验	样本量卡方统计值（χ^2）	10 824.36
	自由度	769
	Sig.	0.000

在进行验证性因子分析时，主要用了主成分分析法对问卷中的项目进行了胜任力的特征指标提取，而旋转方法利用了 PBMo 正交旋转法，抽取胜任特征指标的值都是大于 1，这样就可以抽取到若干因子。依据探索性因子分析的结果，删除了一部分因子载荷小于 0.29 的胜任力特征指标。再根据问卷设计初所建立的胜任指标，把探索性验证进行多次，一直到变异累积倾向于稳定的时候，就停止探索性因子分析，这样经过多次测试，最后得到了 9 个大的胜任力因子。探索性因子分析的结果如表 4-19。

表 4-19　探索性因子分析旋转因子载荷表

项目编号	因子 1	因子 2	因子 3	因子 4	因子 5	因子 6	因子 7	因子 7	因子 9
Item19	0.724								
Item21	0.570								
Item15	0.548								
Item23		0.582							
Item26		0.575							
Item7		0.567							
Item27		0.506							
Item4			0.724						
Item16			0.507						
Item41			0.588						
Item7				0.562					
Item29				0.566					
Item27				0.525					
Item10					0.722				
Item30					0.577				
Item5					0.586				
Item36					0.502				
Item6						0.577			
Item43						0.587			
Item9							0.742		
Item14							0.574		
Item7							0.562		
Item1								0.757	
Item12								0.722	
Item22								0.504	
Item25									0.774
Item2									0.744
Item3									0.762

最后，依据表4-19中的数据分析结果，提出其中因子载荷水平低于0.5的指标，也就是提取了9个因子，这9个因子如表4-20所示。

表4-20 我国西部高校教师胜任力模型

特征群	胜任特质
服务意识	人际交流能力、理解人、尊重人、个人度量、热情
自我意识	自制力、自测能力、自我反省
成功欲望	获取提升、自我效能、挑战性
自我认知	概念性思考、分析性思考、专业素养
管理及领导能力	情绪自控力、团队精神、班级协调能力
个体特征	自信、灵活度、个人责任感、正直诚实、创新能力、压力承受力

3. 分量表分析

依据前面的数据可以得出，在用问卷法进行胜任力模型建立时得到的指标和前一节利用行为事件法得到的胜任力结构模型差不多一样。

1）项目的区分度

在项目区分度分析的时候我们采用了验证性因子分析的数据。在这里我们只用了单个指标所在的分量表和总表之间以及分量表之间的相关性来进行研究。我们只是选取了测量表中得分在一个标准差（14.256 ± 4.001）之间的数据指标，其余的全部剔除。保留的指标的项目区分度如表4-21。

表4-21 《我国西部高等学校教师胜任力测验》项目区分度与内部一致性分析结果

分量表名称	与所属分量表总分相关系数范围	与其他量表总分相关系数范围
分量表1（TRI）	0.581~0.883	0.288~0.551
分量表2（FCN）	0.820~0.881	0.216~0.562
分量表3（EXP）	0.828~0.860	0.285~0.506
分量表4（ICR）	0.558~0.800	0.218~0.585
分量表5（RB）	0.801~0.822	0.268~0.580
分量表6（IFBO）	0.850~0.888	0.263~0.585
分量表7（PP）	0.808~0.858	0.281~0.556
分量表8（BO）	0.853~0.856	0.288~0.288
分量表9（UO）	0.811~0.880	0.256~0.558

从表4-21中可以看出，每个指标及其所在分量表之间的相关性还是相当高的，有的甚至高过了和另外的分量表之间的相关性。所有这些都表明了《我国西

部高校教师胜任力测验》中测验指标之间的区分度是可以接受的。

2）测验信度

信度就是某一个指标或者某种测验对同一对象进行反复测验得出来结果的一致性，我们的研究采用了 Conbeak 中 α 系数作为测量指标内部信度和总体测试的内部信度的方法。因为这种测验没有多余的数据进行多次测量，所以我们就把一份数据分成两份，分别测试他们的分半信度，然后再用计算得来结果的相关性和一致性，并把他们作为最后的信度指标。同时为了保证最后的信度，我们还利用了再测信度，就是把相同的数据进行对比测验，这样可以知道我们的测试随着时间的变化情况。表 4-22 反映了相关的信度指标。

表 4-22 《我国西部高等学校教师胜任力测验》信度系数

包含的项目	α 系数	分半信度	再测信度
分量表 1（TRI）	0.816	0.824	0.576
分量表 2（FCN）	0.576	0.877	0.850
分量表 3（EXP）	0.844	0.845	0.505
分量表 4（ICR）	0.844	0.821	0.841
分量表 5（RB）	0.852	0.847	0.855
分量表 6（IFBO）	0.564	0.547	0.540
分量表 7（PP）	0.571	0.567	0.846
分量表 8（BO）	0.447	0.477	0.865
分量表 9（UO）	0.471	0.414	0.545
总测验	0.545	0.504	0.862

3）测验效度

通过计算出各个分量表之间的相关性，以及他们和总表之间的相关性就可以得到测试的总体效度。表 4-23 表示各分量表之间以及他们与总表之间的相关性。

表 4-23 各分量表之间及与总测验的相关系数

分量表名称	TRI	FCN	EXP	ICR	RB	IFBO	PP	BO	总测验
TRI									0.866
FCN	0.506								0.820
EXP	0.517	0.571							
ICR	0.555	0.588	0.552						
RB	0.555	0.505	0.568	0.560					
IFBO	0.556	0.562	0.556	0.571	0.561				
PP	0.501	0.515	0.515	0.566	0.516	0.522			
BO	0.270	0.277	0.220	0.282	0.270	0.277	0.216		
UO	0.522	0.272	0.262	0.555	0.276	0.227	0.261	0.212	

如果分量表之间的相关性是比较高的，并且分量表和总表之间的相关性也是比较高的话，就说明《我国西部高等学校教师行为自测问卷》的结构效度比较高。分量表之间的相关性如果比较低的话，那就要看分量表中各自的独立性，如果独立性比较高还是可以接受的。如果独立性也比较低的话，可能说明分量表中的指标有重合的可能性。从表 4-23 可以看出各个分量表之间的相关性最高的是 0.561，最低的是 0.224，而且各量表之间的相关性也处于适中的地步，任两个分量表之间的相关性均小于它和总表之间的相关性，这说明了《我国西部高等学校教师行为自测问卷》的结构效度比较优秀。除此以外，从相关文献研究可以知道，一个角色所具有的胜任特征可能是互不相干的，也有些相关性较高。

为了再考察教师自测问卷的结构效度，我们的研究又进行了验证性的因子分析（表 4-24）。同时也可以再次验证我国西部高等学校教师胜任力结构模型。这里我们的研究主要是测量各个分量表之间的独立性，利用计算机程序和最大释然估计来设计。

表 4-24　验证性因子分析得出的指标汇总

χ^2	自由度	χ^2/自由度	GFI	CFI	AGFI	CFI	NFI	NNFI	RMSEA
3323.25	912	3.254	0.87	0.79	0.81	0.53	0.58	0.58	0.032

结合上面的分析，我们可以得出我国西部高等学校教师胜任力结构模型如表 4-25 所示。

表 4-25　我国西部高等学校教师胜任力结构模型

	人际交流能力
	理解人
服务意识	尊重人
	个人度量
	热情
	自制力
自我意识	自测能力
	自我反省
	获取提升
成功欲望	自我效能
	挑战性
	概念性思考
自我认知	分析性思考
	专业素养

续表

	情绪自控力
管理及领导能力	团队精神
	班级协调能力
	自信
	灵活度
个体特征	个人责任感
	正直诚实
	创新能力
	压力承受力

4. 我国西部高等学校教师胜任力结构模型权重

在实际的教师胜任力权重的赋予中，我们常采用比较简单的方法进行权重的设定，它的主要步骤如下：

算出判断矩阵中每一行元素的乘积 C_i，$C_i = \prod\limits_{j=1}^{n} a_{ij}$，$i = 1$，$2$，$\cdots$，$n$

再算出判断 C_i 的 n 次方根，$C_i = \sqrt[n]{B_i}$，$i = 1$，2，$\cdots$，n

对向量 $\boldsymbol{C} = (C_1, C_2, \cdots, C_n)^{\mathrm{T}}$ 归一化，$W_i = \dfrac{C_i}{\sum\limits_{i=1}^{n} C_i}$，$i = 1$，$2$，$\cdots$，$n$，

$\boldsymbol{W} = (W_1, W_2, \cdots, W_n)^{\mathrm{T}}$ 为要求的特征向量，W_1，W_2，$\cdots$，W_n 分别为同层次各指标的权重。

进行一致性检验。

在构造两两比较判断矩阵时，赋值的主观意识十分强，因此，还需要利用计算一致性指标以及一致性比率来判断各指标权重的相容性，来做一致性检验，进而评价判断矩阵的可靠性。计算步骤如下：

（1）算出一致性指标 CI。$CI = \dfrac{\lambda_{\max} - n}{n - 1}$，其中 $\lambda_{\max} = \dfrac{1}{n} \sum\limits_{i=1}^{n} \dfrac{\sum\limits_{j=1}^{n} a_{ij} W_j}{W_i}$，$\lambda_{\max}$ 为判断矩阵的最大特征值，n 为判断矩阵 $\boldsymbol{A} = (a_{ij})_{n \times n}$ 的阶数。

（2）算出一致性比率 CR。$CR = \dfrac{CI}{RI}$，RI 为平均随机一致性指标，其值可通过查表得到。若 $CR < 0.1$，接受一致性，也就是判断矩阵一致性检验被通过；若 $CR \geqslant 0.1$，就应对判断矩阵重新作适当的调整。

用确定各评价者评价结果在被评价者最终的胜任力评价结论中所占的权重比

例，比较上级、同事、自己以及所教授的学生四者与被评价者胜任力评价联系的紧密程度，构建对应的判断矩阵 A。

$$A = \begin{pmatrix} 1 & 3 & 5 & 1 \\ 1/3 & 1 & 2 & 1/3 \\ 1/5 & 1/2 & 1 & 1/5 \\ 1 & 3 & 5 & 1 \end{pmatrix}, \text{ 可以算得 } B_1 = 15, \; B_2 = \frac{2}{9}, \; B_3 = \frac{1}{50}, \; B_4 = 15,$$

$C_1 = 1.968, \; C_2 = 0.687, \; C_3 = 0.376, \; C_4 = 1.968$

$C = (1.968, \; 0.687, \; 0.376, \; 1.968)^{\mathrm{T}}$ 归一化，可得到 $W_1 = 0.394$, $W_2 = 0.137$, $W_3 = 0.075$, $W_4 = 0.394$。再进行一致性检验，可以得到

$$\lambda_{\max} = 4.006$$

$CI = \dfrac{4.006 - 4}{4 - 1} = 0.002$，由 $n = 4$，查表可以得到 $RI = 0.78$。

所以 $CR = \dfrac{CI}{RI} = \dfrac{0.002}{0.89} = 0.002 < 0.1$，判断矩阵一致性检验被通过。

就是说评价者权重分布为上级为 0.385，同事为 0.142，自己为 0.071，所教授的学生为 0.392，如表 4-26 所示。

表 4-26 不同评价者权重分布表

评价者	上级	同事	自己	教授的学生
权重	0.385	0.142	0.071	0.392

依照类似的方式，能够算得在 6 个构成要素中服务意识、自我意识、成功欲望、自我认知、管理及领导能力、个体特征所占的权重，以及构成要素中每一个要素的权重，具体的权重分布见表 4-27 所示。

表 4-27 我国西部高等学校教师胜任力结构模型构成要素及子要素权重分布表

构成要素	权重	子要素	权重
服务意识	0.150	人际交流能力	0.197
		理解人	0.201
		尊重人	0.199
		个人度量	0.202
		热情	0.200
自我意识	0.166	自制力	0.331
		自测能力	0.335
		自我反省	0.334

续表

构成要素	权重	子要素	权重
成功欲望	0.167	获取提升	0.330
		自我效能	0.336
		挑战性	0.334
自我认知	0.170	概念性思考	0.331
		分析性思考	0.340
		专业素养	0.329
管理及领导能力	0.165	情绪自控力	0.335
		团队精神	0.331
		班级协调能力	0.334
个体特征	0.171	自信	0.162
		灵活度	0.154
		个人责任感	0.169
		正直诚实	0.169
		创新能力	0.176
		压力承受力	0.170

通过上面分析，我们能够构建我国西部高等学校教师胜任力结构模型：$F = \sum_{j=1}^{6} (\sum_{i=1}^{6} X_i \cdot W_i) P_j, X_i = \sum_{k=1}^{n} Y_k \cdot \omega_k$，其中，$i$, $j = 1$, 2, 3, 4, 5, 6；$k = 1$, 2, $\cdots$, n；F 为被评价者胜任力评价的最后得分；X_i 为各评价要素的得分；W_i 为各评价要素所占权重；P_j 为各评价者所占权重；W_k 为各评价子要素在该要素中所占权重，如表4-28 所示。

表4-28 评价结果等级标准

分数段	91～100	70～79	60～79	60 以下
等级	优秀	良好	中等	较差

四、讨论与小结

我们的研究利用了自编的《我国西部高等学校教师行为自测问卷》对在岗的我国西部高等学校教师进行探索性和验证性问卷调查，对问卷的数据进行探索性因子分析和验证性因子分析，从而验证前一节构建的胜任力结构模型。所有数据的分析都说明，我们提取的个体特征、关心班级、专业素养、人际沟通、人际关系能力、职业偏好、尊重他人、理解人这 9 个因子，与前面建立的我国西部高等学校教师胜任力结构模型中的胜任特征指标的吻合度是很高的，这也说明我国西部高等学校教师胜任力结构模型中指标的选取以及相关描述都还是很科学和适当的。

在对《我国西部高等学校教师行为自测问卷》进行探索性因素分析的基础上，通过对问卷项目进行验证、筛选后，制作了《我国西部高等学校教师行为自测问卷》。并进行了比较正式的验证性测试，通过对验证性因子进行的各种分析可以看出来，这次测验无论是信度还是效度都达到了统计学所要求的水准。同时验证性因子的数据处理结果也可以看出，进行测试的问卷在可靠性和信度方面也可以达到现实生活中所要求的水平。

通过问卷中的探索性和验证性因子分析，都可以看到某些胜任指标还是有点问题的，比如关心班级，这当然可能是我们问卷本身就有问题，也可能是问卷中相关项目的问题过少。但是我们要看到他们在我国西部高等学校教师胜任力结构模型中的作用还是不容忽视的。所以这是我们进行更加深入持久研究的时候要注意改善的目标。

第五节　总体讨论

胜任力其实表现了我国西部高等学校中绩优教师的教学、科研和服务社会的相关行为模式。因而进行这个方面的相关研究无论理论还是实际上都有很大的意义。随着我国西部高等学校教师越来越专业，中国教育事业的蓬勃发展和大众化，教师测评专业化的呼声越来越高。谁更加适合当我国西部高等学校教师呢？在人的个体特质中，哪些又是作为一个优秀的我国西部高等学校教师所应该拥有的呢？

现在，对于我国西部高等学校进行评级和测评的工具甚至软件指标也很多，各自有各自的优缺点，但他们普遍关注教师中已经拥有了科研教学能力，很少甚至不关注我国西部高等学校中教师的职业生涯规划和教师的潜力。Hbaemrna 于 2003 年就很早地提出，在进行我国西部高等学校教师的聘任时，应聘者个人性格的特质比如阳光、乐观、宽容等应该受到更充分的重视。而不能像现在那样只看他过去在学校考试中的表现或者在毕业后教学科研中的成就。McClelland 和 Spencer 于 1993 年也几乎同时提出，假如想预测某一个人胜任他将来的某一个角色所能达到的高度和取得的成就，学校教育、学业成绩甚至学历都是无能为力的。为我国西部高等学校教师胜任的问题，我们的研究运用关键行为访谈事件法探测教师的外在个体特征，对我国西部高等学校教师胜任力结构模型的建立、验证等问题进行了质量性相结合的实证研究，并探讨了有关问题。

　　目前已经成熟的我国西部高等学校教师胜任力建模的方法不少。我们的研究采用了比较传统的关键行为访谈事件法进行胜任力结构模型建立。一方面是目前我国西部高等学校胜任力结构模型的关键行为访谈事件法建模已经很成熟，并得到了国外许多机构如 HEY 公司和其他公司以及调研机构的使用，具有了一定的权威性和可靠性。同时关键行为访谈事件法的信度和效度也得到了广泛的认可。

　　其次是关于我国西部高等学校教师胜任力指标数量的选取，Spencer（1993）提出，篇幅极大的胜任力特征说明书根本没有大的用处，甚至不如必需的几个胜任力特征指标，其中 Mllie 也提出所谓的"神奇数字 7 − 2"的原则，这个原则同样可以用在胜任力结构模型中胜任特征指标的选取，所以，在实际的我国西部高等学校教师胜任力建模的过程中应剔除掉相关性不高的胜任力指标。但在我们的研究中也可以看到，某种特征可能和另外的胜任特征有着很高的相关性，甚至他们在某种程度上某些时候可以合并。为了弥补国内相关研究的空白，我们的研究在进行因子提取的过程中不仅保留了和绩优组以及绩平组相关性很高的胜任特征，还保留了和他们很接近的某些指标。如果要进行更深入研究的话，应该注意压缩我国西部高等学校教师胜任力机构模型中胜任指标的数量。Mansfield（2000）郑重提出："最好的模型是可以很好地满足它面临的用户的各种需求。每一个胜任指标都应该相互连贯，但相互之间应该又有足够的差别。"

第五章 银行客户经理胜任力研究

第一节 导 言

一、 研究的背景和意义

1. 研究背景

随着我国金融市场的对外开放和市场经济体系的逐渐发展与完善，我国金融市场表现出金融需求多样化、金融业务同质化、金融产品市场化的倾向。为了适应市场和求得生存，银行业从以前的买方市场转为现在的卖方市场，由以前的以产品为中心转为现在的以市场为导向、以客户为中心，商业银行客户经理的出现就是为了适应商业银行市场化的需求。作为商业银行的营销人员，客户经理起着对外联系客户，对内协调各业务部门的作用。一个商业银行客户经理综合素质的高低对银行的发展与竞争力的增强起着举足轻重的作用，所以如何建立一支忠于职守、高知识型、勇于创新，完全对客户经理职位有胜任力的客户经理队伍对商业银行来说是至关重要的。

由于各个商业银行业务的同质化，传统的竞争优势来源日益变得易于模仿，人力资源管理可以帮助企业开发具有企业特色的能力而取得竞争优势。如何有效进行人力资源开发与管理，这是理论研究者与企业管理者共同关注的课题。现在企业之间的竞争是人力资本之间的竞争，而人力资本作为企业的一种资源，应该按能力进行合理配置。传统的静态的、短期的、表层化的工作分析法已经不适应现在企业人力资源管理的需求，取而代之的是兴起于 20 世纪 70 年代的基于员工胜任力的人力资源管理。近年来，胜任力研究为解决这一问题提出了新的思路和方法，促进了传统的人力资源管理转向战略性人力资源管理。人力资源管理的核心是要解决职位和人之间的动态匹配关系。这也就衍生出了基于职位的人力资源管理与基于胜任力模型的人力资源管理两条思路。前者是人力资源管理的传统路径，到目前为止已经形成了较为完整的方法与流程，包括信息搜集方法、数据处理工具和职位说明书生成等，但是由于传统方法过分关注工作本身，工作分析、人员选拔、绩效考核、团队激励等难以有机整合。而随着人日益成为企业经营管

138

理的核心，对人的内在素质，包括知识、技能、行为、个性倾向和内驱力等因素与工作绩效之间的联系的研究日益深入，基于胜任力模型的人力资源管理在很多方面都优于职位分析的人力资源管理。

2. 研究的目的

本次研究的目的是以现有国内外学者对员工胜任力研究为基础，结合金融行业员工的心理特点，对我国商业银行客户经理进行调查研究，力图描述我国商业银行客户经理的胜任力构成，建立一套胜任力测评体系，为商业银行进行有效地员工管理和决策提供参考和依据。最后根据商业银行客户经理的胜任力结构建立相应的胜任力模型。

3. 研究意义

1）理论意义

目前，国外关于胜任力的研究已经比较系统、全面，从胜任力的内涵、特征，到建立胜任力模型的方法、步骤，以及行为事件访谈法的操作步骤和注意事项等，都已经做了大量的系统研究。而且随着研究的逐步深入，研究对象和范围也在逐渐扩大，胜任力不仅应用于企业，也应用于各种非盈利性组织。相比而言，国内关于胜任力研究的文章虽然数量不少，但多数研究都集中在对胜任力发展史的介绍、胜任力内涵的界定、胜任力模型的构建步骤介绍以及行为事件访谈法的运用过程等问题，而进行深入研究的成果不多。国内外众多学者构建了许多不同的胜任力模型，构建商业银行客户经理胜任力模型有利于把通用型胜任力模型行业化、职业化，丰富现有的胜任力理论。可以说，开展特殊岗位胜任力评价研究对于这方面的研究具有理论前瞻性。本书在现有胜任力研究成果的基础上，紧紧围绕客户经理岗位这一载体，将胜任力理论与胜任力测评作为一个系统进行研究，从"客户经理岗位胜任力评价"相关概念的界定，构建该评价体系的步骤、方法，到体系的运用，都具有一定的创新性，是对现有理论的补充。

2）现实意义

当前，客户经理制成为我国银行界的热点问题之一，无论是国有商业银行还是股份制商业银行，都把这一制度的实施提上了议事日程，不同程度地进行着学习、了解和应用，旨在打破传统的营销服务模式，实施差别服务，改善银行与客户的关系质量，提高银行经营管理水平。随着社会的进步和经济的发展，人力资源管理领域也逐渐发生了变化，人员测评、素质测评开始应用于人力资源管理，并且取得了很大的成效。随着人员测评、素质测评的专业化程度不断提高，胜任素质测评引起了人力资源管理部门的重视，许多企事业单位倾向于通过测评来判断员工是否能够胜任某一岗位。因此，对员工胜任素质测评进行一些探讨，对于人力资源管理具有重要作用。而目前客户经理主要来自以前的信贷业务员和外勤人员，大多数只熟悉一类或几类业务知识。一专多能的复合型人才比较缺少，在金融知识不断更新、金融产品不断开发的背景下，缺乏系统地金融知识再学习和再培训。主要表现在，操作型人才多，而精通法律、市场营销、国际金融和外语的高层次人才相对不足，在开始阶段难以迅速提高和深化为客户服务的水平，即难以胜任客户经理这个职位。所以对商业银行客户经理胜任力测评的研究就具有现实性和紧迫性。

商业银行客户经理的工作具有特殊的风险性、保密性、挑战性和知识性等特点，根据其业务的特殊性对商业银行客户经理也需要与之相适应的胜任力，所以对商业银行客户经理胜任力的研究有助于商业银行建立一套适应新的市场竞争环境的人力资源管理体系。

二、拟创新之处

本研究拟创新之处包含以下两个方面：

（1）创建基于西部情景文化下的商业银行客户经理胜任力模型。

（2）建立商业银行客户经理胜任力测评体系，为商业银行的招聘与选拔、培训、晋升、员工职业生涯设计提供科学的依据。

三、研究的思路和方法

1. 研究的思路

本章的研究思路如图 5-1 所示。

2. 研究的方法

本章的研究主要采用定性和定量研究相结合的方法，首先根据 BEI 行为事件访谈法、口语主题编码技术得出初始的胜任力模型，然后对前面得出的初始胜任力模型进行检验，分为探索性因子分析和验证性因子分析两步，最后用回归分析法得出因子对胜任力的贡献度。

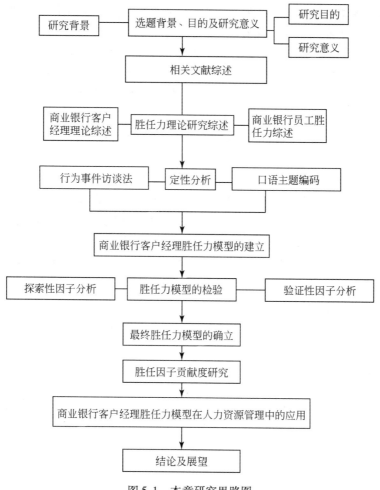

图 5-1 本章研究思路图

第二节 商业银行客户经理制的研究现状

一、国外商业银行客户经理制的发展与现状

银行客户经理最早产生于西方经济发达国家。20 世纪 60 年代以前，由于各国对银行业务的管制比较严，银行对营销并不十分关心。但到 20 世纪 70 年代，美国等西方经济发达国家相继放松了若干管制规定，金融竞争日益加剧，非银行融资方式迅速发展，同时商业银行自身也面临着经济周期波动所带来的不良影

响。在这种情况下，商业银行开始主动适应金融竞争的要求，关注市场营销，在服务设计、促销、广告等方面加大了力度，以吸引更多的客户和推广更多的产品和服务，产生了以营销为特征的客户经理制的萌芽。

到20世纪80年代早期，西方银行开始采用更加规范的竞争分析方法，开发了复杂的营销战略计划，确定了市场定位，对市场细分更为熟悉，并针对不同的市场采用不同的营销策略。80年代中期，西方银行开始重新认识客户，强调把客户放在首位，保持和改善与客户的关系。特别是拥有众多跨国银行的美国的金融体系比较健全，金融机构的组织形式大多采用股份制，商业银行经营的目标就是要获取利润。美国的广大中小客户虽然在数量上规模较大，但在占有金融资产和提供赢余资金上反而比重较小，因而在银行资金经营行为中得不到重视；相反，少数拥有巨额周转资本的大型、特大型客户往往能为商业银行提供利润，从而也成为商业银行竞争的焦点。为重点客户提供专门服务是美国商业银行实现自身利益的需要，为此银行安排专门人员服务于重点客户，其工作主旨就是为重要客户提供优质服务，通过关系营销使其成长为有价值客户，这些专门服务人员就是现今客户经理的雏形。"关系经理"遂成为银行对客户营销管理的核心理念并诱导客户经理制度的形成。

银行客户经理制得到迅猛发展是在20世纪80年代中后期，当时国外商业银行处于全球性金融创新的热潮中，迫于众多非银行金融机构争夺商业银行传统业务阵地所形成的生存压力，以美洲银行为代表的大型跨国商业银行逐步推行了客户经理制。进入90年代，特别是1998年4月，花旗银行和旅行者集团合并后推出"直销员"队伍，代表现代商业银行真正出现了客户经理制，西方银行开始追求更高的服务质量，提出一整套关系营销的观念和方法，强调营销的目的是维持和增强客户关系，认为银行与客户的关系是变化的，银行要从关注交易转到关注客户关系的长久维持，以及与客户有关的客户市场、内部市场、关联市场、人才市场、影响市场和供应商市场等。目前，这一金融创新经过二三十年的发展，现在已风行国际商业银行界，已为美国、欧洲、日本以及东南亚和中国港澳台地区等国家和地区的商业银行普遍接受和实施，并正逐步走向成熟，而且已经成为银行业发展必不可少的一个助推器。

二、我国商业银行客户经理制的发展与现状

自1995年《中华人民共和国商业银行法》颁布实施以来，国有商业银行从政府的政策性业务中解脱出来，实行商业化经营，各银行之间的业务壁垒也被打破，业务相互交叉，参与市场竞争。但是这些变化只是解决了商业银行的外部问题，商业银行内部机制真正转变、组织结构全面调整与国际惯例接轨，

仍需要长期探索。客户经理制给客户带来了诸多方便，更重要的是它体现了银行经营机制、管理机制与组织结构的大变革，使银行与企业更贴近，经营运作更准确，达到银企双赢的目的。作为一项金融体制创新，客户经理制打破了传统的营销服务模式，倡导以客户为中心的经营新概念，显示出了极强的生命力与巨大的发展空间。于是，各家商业银行纷纷推行客户经理制并以之作为促进银行再造的一种不约而同的选择。

1995 年，中国农业银行广东省顺德支行在系统内率先试行了客户经理制，尽管当时无论其组织形式还是营销思想、技能都极不完善，但其产生的效应却不容忽视，它突破了计划经济体制下形成的银行经营管理理念，促使中国农业银行向商业银行转化，把最大限度满足客户需要的经营理念推荐给国内银行。中国农业银行是在 1999 年年初的分行行长会议上明确提出在全行推行客户经理制的，由市场开发部牵头负责，并举办了三期客户经理培训班。但真正意义上的探索还是从 2001 年下半年开始的，其标志就是中国农业银行《中国农业银行客户经理制实施办法（暂行）》的出台。2002 年 11 月 18 日，中国农业银行贵州分行在制定《客户开发维护和管理办法》的基础上，在全系统推行首席客户经理制。通过实施客户经理制，带动客户开发和市场拓展，以开发系统客户、跨区域客户，促进系统的联动，在大型客户开发、综合开发方面取得一定成效，客户结构发生了改变，加强了对政府部门、财政性资金和社会保障资金领域的渗透，产品开发和服务也由单项开发向综合理财服务转变，服务营销观念逐步确立，为客户量身定做的能力大大加强，带动了业务的全面发展和风险防范的加强。目前各地分行已经开始推行客户经理制，并在全行形成了一批合格的客户经理队伍。在中国农业银行引进客户经理制后，中国银行、中国工商银行、中国建设银行、光大银行等也相继引进了客户经理制。

客户经理制是商业银行通过选拔和聘用客户经理，对客户关系进行管理和维护，与客户建立全面、明确、稳定的服务对应关系，营销金融产品、采购客户需求，为客户提供优质高效的金融一体化服务，从而实现客户资源配置优良化、推进金融服务商品化、增强商业银行竞争实力的经营管理模式。客户经理制是商业银行服务理念和业务经营管理机制的创新，是稳定和扩大优质客户群体的有效手段。作为平台和通道，客户经理既是商业银行金融产品的"推销员"，又是收集市场信息、反馈客户需求的"采购员"，也是为客户提供金融产品和金融服务的"服务员"。作为商业银行业务代表，客户经理可以调动内部资源，为客户提供全方位的金融服务，在与客户建立长期、密切的关系中发挥组织协调作用，是商业银行经营体系中一个专业化的服务群体。

实施客户经理制的实质和根本目的，就是一切从客户和市场的有效需求出发，建立以市场为导向、以客户为中心、以增强营销能力为动力的全行联动的市场营销服务机制，通过培植一个庞大、稳定的优质客户群体，实现商业银行效益最大化。从外部环境看，推行客户经理制是提高银行综合竞争实力的有效途径。从内部环境看，推行客户经理制是商业银行更有效地开展金融营销、提高经营管理效率的本质要求。

客户经理制作为一个新生事物，在我国银行业中正处于起步阶段，在实际工作中还存在一些不足之处。但在目前市场环境普遍处于供大于求的买方市场的情况下，金融业也同样如此，如何争取客户，在激烈的市场竞争中取得自己的一席之地，设立客户经理制是必不可少的重要改革。随着我国加入 WTO、金融市场的进一步开放、外资银行的进入，金融业的竞争也会更加激烈，各国商业银行为抓住客户，保住自己的市场份额，并争取开拓市场，势必在客户经理制上投入更多的人力、物力。从将来的发展趋势来看，以求带供的市场营销理念，也将成为各商业银行的经营理念。商业银行的经营理念从被动管理向主动管理转变，也必将赋予客户经理更多的内涵。如何发掘客户的需求及潜在需求，对市场变化做出快速的反应，熟悉客户、了解市场的客户经理是必不可少的，因此客户经理制具有远大的发展前景。

三、商业银行员工胜任力研究综述

随着胜任力研究的兴起，对作为知识员工的商业银行员工的胜任力研究也越来越多。我国学者魏钧和张德（2005）研究了国内商业银行的风险经理胜任力模型，利用团体焦点访谈法、关键行为事件访谈法以及多元统计分析方法，对风险经理胜任力模型进行了深入研究。得出商业银行风险经理胜任力结构模型与层级结构。结果表明，风险经理胜任力模型由 16 个胜任特征构成，分为调查印证、分析判断、风险意识和沟通内控四大胜任力类群。黄勋敬等（2007）应用行为事件访谈法（BEI），并通过对不同绩效行长胜任特征的差异比较，构建了商业银行行长胜任力模型，得出行长胜任力模型包括 9 项超越性胜任特征和 13 项基准性胜任特征。肖凌等（2006）研究国有银行中层管理人员的胜任特征要素及其内在结构，提出了国有银行中层管理者的胜任特征模型。研究结果表明国有银行中层管理人员胜任特征模型可归为 6 个因子：市场应变力、领导力、风险和成本意识、人际关系处理能力、个人特质、规范管理。最后还探讨了该模型对国有银行中层管理人员选拔和培训的参考价值。

四、商业银行客户经理胜任力研究综述

魏钧和张德（2005）研究了国内商业银行的个人业务客户经理胜任力模型

（Competency Model），通过多元统计分析方法和胜任特征评价法，对客户经理胜任力模型进行了深入研究，运用探索性因素分析和验证性因素分析，得出商业银行个人业务客户经理胜任力结构模型，由 28 个胜任特征因素构成六大类胜任力模块：风险掌控、资讯把握、咨询建议、服务延伸、冲突管理、效率提升。黄勋敬等（2007）以商业银行客户经理胜任力模型构建为例，就胜任力模型对商业银行的功用以及如何构建基于胜任力模型的现代商业银行人力资源管理体系进行了深入探讨，构建以胜任力模型为基础的人力资源管理体系。魏钧和张德（2005）研究了国内商业银行的客户经理胜任力模型，通过对国内三家商业银行进行调研，利用团体焦点访谈法、关键行为事件访谈法、多元统计分析方法和胜任特征评价法，对客户经理胜任力模型进行了研究。运用探索性因素分析和验证性因素分析，得出商业银行客户经理胜任力结构模型，由 24 个胜任特征因素构成六大类胜任力模块：把握信息、拓展演示、关系管理、自我激励、参谋顾问和协调沟通。

第三节　商业银行客户经理初始胜任力模型的建立

一、行为事件访谈及资料获取

根据行为事件访谈法的要求，我们选取了 20 名商业银行客户经理，其中有 10 名绩优者，10 名绩平者。选取的标准根据客户经理上一年的绩效考核结果和领导指定相结合的方法确定。以上访谈人员来自西安市的商业银行，包括中信银行、光大银行、中国工商银行和西安市商业银行。该访谈提纲按照经典的行为事件访谈法即 BEI 的形式来设计，该研究方法由中国科学院时勘博士引进，并在国内经过反复验证被认为是信度和效度比较高的方法之一，提纲的主体部分由被试者对其职业生涯中三个成功事件和三个不成功事件的描述组成，重点在于访谈者与被试者之间的互动和沟通。

根据个案访谈提纲，访谈者对被试者进行了行为事件访谈，并对访谈内容进行录音，访谈采用单盲设计，每人的谈话最长有 4h，最短有 1.5h，平均 2h，访谈过程总体上按照 STAR 技术进行。S（situation），"那是一个怎么样的情境？什么样的因素导致这样的情境？在这个情境中有谁参与"；T（task），"你面临的主要问题是什么？为了达到什么样的目的"；A（action），"在那样的情境下，你当时心中的想法、感觉和想要采取的行为是什么"；R（result），"最后的结果是什么？过程中又发生了什么"。

二、商业银行客户经理胜任特征的提取

1. 口语主题编码法简介

对行为事件访谈记录的内容来提取胜利特征并建立胜任力模型，需要运用"主题统觉测验"（apperception test，TAT）来提取特征主题定义，并运用"口语表达内容分析法"（content analysis of verbal expression，CAVE）来对特征主题定义进行编码计分，统称为"口语主题分析编码"。运用口语主题分析编码技术对行为事例访谈的内容提取特征主题，实质上是对被访谈人进行心理活动分析（王继承，2004）。

口语主题编码一般的运用步骤主要有：首先，选择适合的胜任特征字典，通过编码训练熟悉字典内容和编码程序，并对胜任特征字典进行补充，形成正式的编码手册；其次，把所有的访谈资料隐去被访谈者资料，根据编码手册，对访谈记录进行编码；再次，记录某一胜任特征是否出现、出现的频次及等级；最后，根据对优秀组和普通组在每一胜任特征出现的频次和等级的差别进行检验，将差异检验显著的胜任特征确定出来，建立初步的胜任力模型。

口语主题分析编码具有以下优点：①提供了将行为事例访谈获得的口语内容转移成客观的定义和计分的途径；②可由不同的观察评价者通过此种评价方法，获得一致的评价结果；③可以使评分员在表现优秀者与表现平平者之间的特征显著差异上，进行计算和统计分析（王继承，2004）

2. 胜任特征的提取

根据口语主题编码法首先把访谈录音转化为文字，然后基于文本进行胜任力编码。为了编码的科学性和有效性我们进行了关于编码的针对性学习，进行了多次试编码，并对文献整理出来的胜任力辞典熟悉掌握。本文主要借鉴时勘等人在著作中得出的胜任力辞典，同时还对其他关于胜任力研究中提出的胜任特征进行了归纳与选择。胜任力辞典中的每个胜任特征都包括优秀者的特征群（正面的主题）、表现普通的特征群（负面的主题）以及一般表现针对的特征群（基本的主题）。再编码过程是匿名进行的，即不体现绩效的优劣，为了保证编码的客观有效，编码是以团队的方式进行的。由于研究的需要及技术限制，本书只进行胜任要素出现的频次编码，不关注胜任特征的等级。此处的频次是指正面主题出现的频次。现举例说明编码过程如表5-1所示。

表 5-1　胜任因子编码过程

访谈内容	分析过程	胜任特征的确定
比如，我经办的一家公司，几年前经营状况并不理想，与我行也基本没有业务往来，我们通过它的关系企业与公司建立一定的联系（善于营销），在和公司总经理、财务经理、销售部经理以及一般员工的全面接触中，我们了解到公司的产品开发基本完成，在分析了公司的历年经营状况和行业市场情况后，经充分测算评估，我们判断公司在 1999 年业务将有较大的发展机会[①]。于是我们向公司推荐了一系列相关的金融服务产品，不仅提供资金融通而且帮助公司建立销售结算网络、推荐公司汽车品牌加入总行汽车消费贷款名录、提供汽车消费贷款等，为公司提供"套餐式服务"[②]。1999 年公司的业务果然比 1998 年增长了一倍，我行销售的服务品种全部被公司采纳，由此我成功地介入公司业务，建立了良好的银企关系	①能积极接近顾客，主动预测客户的需求和发展潜力②具有创新精神，积极向顾客推荐新产品，有极强的销售能力	①主动性②创新性

对全部的访谈资料编码完以后再对编码数据进行汇总和统计，对绩优组和绩平组在每一胜任特征出现的频次差别进行比较。去除频次相近的很没有代表性的要素，最后得到可以区分绩优组和绩平组的胜任特征正面主题统计频次对比表，如表 5-2 所示。

表 5-2　商业银行客户经理胜任特征出现频次对比表

序号	胜任力因素	绩优组频次	绩平组频次
1	创新	8	5
2	市场导向	10	6
3	学习发展	5	3
4	以客户为中心	7	5
5	公关能力	11	7
6	沟通能力	5	3
7	成就导向	4	2
8	责任心	6	2
9	诚信	8	4
10	弹性与适应	7	3
11	自信	6	2

序号	胜任力因素	绩优组频次	绩平组频次
12	敬业	4	2
13	人际交往	9	3
14	分析判断	8	3
15	排除疑难	5	2
16	市场分析	9	3
17	团队合作	6	2
18	语言表达	5	3
19	资源整合	10	5
20	原则性	4	1
合计		137	66

从上表的胜任特征频次统计结果来看，统计表中的胜任特征正面主体在绩优组出现的频次大大超过在绩平组出现的频次。根据胜任特征的研究要求，本次 BEI 访谈得出的胜任力因素可以组成商业银行客户经理胜任力模型。

三、商业银行客户经理初始模型的建立

通过行为事件访谈和口语主体编码得到商业银行客户经理初始胜任力模型，我们按照胜任特征在编码中出现的频次把 20 个总结出的胜任因素进行分组，如表 5-3 所示。

表5-3　商业银行客户经理初始胜任力模型

绩优组出现频次的等级	胜任特征
8 次以上	创新　市场导向　公关能力　诚信　人际交往　市场分析　资源整合　分析判断
5~7 次	学习发展　以客户为中心　沟通能力　责任心　弹性与适应　自信　排除疑难　团队合作　语言表达
4 次以下	成就导向　敬业　原则性

通过借鉴已有的胜任辞典，结合访谈资料，对以上胜任特征进行了定义，如表 5-4 所示。

表5-4 商业银行客户经理胜任特征定义

序号	胜任力要素	胜任力要素定义
1	创新	不受陈规和以往经验的束缚，不断改进工作学习方法，以适应新观念、新形势发展的要求
2	市场导向	以市场的发展变化作为自己工作的行动指南
3	学习发展	通过吸取自己或他人经验教训、科研成果等方式，增加学识、提高技能，从而获得有利于未来发展的能力
4	以客户为中心	关注客户需求和利益，以追求客户满意为组织工作的中心任务
5	公关能力	有目的、有计划地为改善或维持某种公共关系状态而进行实践活动的能力
6	沟通能力	有目的、有计划地为改善或维持某种公共关系状态而进行实践活动的能力
7	成就导向	不满足于现状，对成功具有强烈的渴求，总是设定较高目标，要求自己克服障碍，完成具有挑战性的任务
8	责任心	认识到自己的工作在组织中的重要性，把实现组织的目标当成是自己的目标
9	诚信	随时随地以诚信开展业务，遵守公司制度规定和社会道德规范，对工作具有较强的责任心
10	弹性与适应	具有适应不同环境、不同个性或不同人群，并有效工作的能力
11	自信	一种有能力或采用某种有效手段完成某项任务、解决某个问题的信念
12	敬业	热爱自己的职业，有良好的职业道德和强烈的职业使命感，工作兢兢业业、任劳任怨，为了自己的职业而乐于奉献
13	人际交往	对人际交往保持高度的兴趣，能够通过主动、热情的态度以及诚恳、正直的人格面貌赢得他人的尊重和信赖，从而赢得良好的人际交往氛围
14	分析判断	对已知的事实进行分析推理，把握事情的本质
15	排除疑难	对于工作中出现的问题，能够抓住其本质，提出创造性的解决方案，并付诸实施
16	市场分析	密切关注市场，通过对市场变化中反映出来的现象、数据信息等，进行分析处理，用以了解市场变动的趋势、指导自己的工作
17	团队合作	团结同事，并密切配合同事完成工作任务
18	语言表达	通过语言、肢体动作等方式通俗流畅地表达自己的意见、看法或见解的能力
19	资源整合	从宏观上考虑资源的配置，将各种资源（人力、物力和财力）合理组织起来，尽可能地提高资源利用效率，促进资源的增值和发展
20	原则性	以既定的规范去行动，不会轻易改变本行业规范

第四节 商业银行客户经理胜任力模型的检验

一、预试

预试是为了在正式测试之前对问卷各个题项设置的科学性、合理性进行检验，通过对预试结果进行统计分析，可以对初始胜任因子指标模型进行修正，以便得到科学合理的正式调查问卷，保证正式调查的效度。预试包括预试问卷的编制、预试样本的选取、项目分析、效度分析、信度分析和定性分析六个步骤。

1. 调查问卷的编制

商业银行客户经理胜任力模型预试调查问卷分为两部分，第一部分为人口统计变量，第二部分为 Likert 五级量表，分为 1～5 分，1 代表最不重要，5 代表最重要。问卷问题的设置是根据 BEI 得出的初始胜任因子，对其进行了相应的行为描述，以便于调查者理解和客观地回答，一共得到 40 个题项。

2. 样本的选择与相关统计

预试调查问卷分别发放到西安市的光大银行西安分行、中国工商银行西安分行、西安市商业银行、中国银行西安分行等商业银行的客户经理。共发放问卷 150 份，收回 126 份，回收率为 84%，有效问卷 120 份，占发放总问卷的 80%。人口特征统计如表 5-5 所示。

表 5-5　调查样本人口特征统计表

统计项目	项目分类	人数/人	所占比例/%
性别	男	85	70.83
	女	35	29.17
年龄	30 岁以下	27	22.50
	30～35 岁	49	40.83
	35～40 岁	23	19.17
	40 岁以上	18	15.00
学历	大专及以下	34	28.33
	本科	73	60.83
	硕士及以上	13	10.83

3. 项目区分度分析

项目分析是为了检验问卷项目是否能鉴别受试者的反映程度，项目分析首先将所有受试者在预试量表中的得分总和以高低排列，得分的前 26% 为高分组，得分的后 26% 为低分组。然后求出高低两组受试者在每个项目得分平均数差异的显著性检验，如果 t 检验没有达到显著水准，说明该项目不能鉴别受试者的反映程度，应该予以删除。而统计技术要求，接受检验的数据必须服从正态分布，所以在实施检验前需检验数据是否服从正态分布。运行 SPSS17.0 频数分析（frequency）中的分布分析（distribution），数据表明，所有的测项 skewness 值都在（-1, 1），这说明数据基本服从正态分布，可以进行 t 检验。

统计结果表明，所有测项的 Sig. 都小于 0.01，因此否定零假设，所有测项在 0.01 水平上存在显著差异。也就是说，t 检验结果表明，各测项的低分组均值和高分组均值存在着显著差异，40 个题项都能通过检验，所以都予以接受。

这里要说明的一点是我们在预试过程中是直接用没有修正过的原始调查问卷（即用行为描述项作为统计分析的原始数据）作的定量分析，这样做的目的一是检验已提取出来的胜任因子是否真正是商业银行客户经理的胜任素质，二是检查是否还有我们在访谈中没有预测出来的胜任要素。而在正式检验的时候我们用的是经过处理后的胜任素质得分。

4. 探索性因子分析

1）效度检验

SPSS 统计软件提供了几种判断变量是否适合作因子分析的检验方法，本研究主要采用 KMO 检验和 β 球形检验两种方法对原始变量作相关分析，判断是否适合做因子分析。依据的原理是可从 KMO 取样适当性值的大小来判断因子分析的适合性。值为 0~1，当值越大，表示任意两个题项间的偏相关系数越低，进行因子分析萃取共同因子的效果越好，越适合进行因子分析。一般统计量常用的判断标准是值在 0.9 以上为极佳；0.8~0.9 为良好；0.7~0.8 为一般；0.6~0.7 为平庸；0.5~0.6 为勉强；0.5 以下为无法接受。Bartlett 球形检验是用来探讨相关系数是否适当的方法，因子分析使用相关系数作为因子提取的基础，球型检验即可用来检验是否这些相关系数不同且大于 0，显著的球形检验表明相关系数足以用作因子分析。这两个方法都是现在国内外学术界比较认可和流行的判别方法。本研究的统计结果如表 5-6 所示。

表 5-6 商业银行客户经理胜任力预试调查问卷 KMO 值和 Bartlett 球形检验

KMO 值		0.726
Bartlett 球形检验	样本量卡方统计值 χ^2	1653.005
	自由度	624
	Sig.	0.000

通过对商业银行客户经理胜任特征题项进行的因子分析，得到 KMO 值为 0.726，这说明进行因子分析的结果是良好的。此外，Bartlett 球形检定的 X' 值为 653.005（自由度为 624），达显著水平，代表母群体的相关矩阵间有共同因子存在，适合进行因子分析。

2）描述性统计分析

把有效调查问卷的数据输入到 SPSS 软件中，进行了因子分析。首先得到一些描述性的统计结果——每一个变量的平均得分和标准差，分别描述了变量的整体得分情况和变异程度，具体的统计结果如表 5-7 所示。

表 5-7   商业银行客户经理胜任特征要素指标的描述性统计结果

问题项目	均值	标准差	分析样本量	缺省值
掌握经济法律法规，多元化的技能和知识	4.35	0.894	120	0
善于发现市场、挖掘市场、培育市场	4.39	0.811	120	0
对本行提供的金融产品完全了解，能解决客户的提问	4.64	0.586	120	1
能灵活组合所在银行的产品满足客户的需求	4.63	0.734	120	0
具备金融专业的理论知识	4.33	0.824	120	0
能迅速把握问题的关键并采取果断采取行动	4.23	0.792	120	2
工作思路清晰，有条理性	4.22	0.664	120	0
能以系统的逻辑思维去理解、分析和解决问题	4.22	0.861	120	0
具有驾驭复杂局面的能力	4.15	0.810	120	0
敏锐的市场嗅觉善于发现商机，积极参与市场的竞争	4.23	0.768	120	1
对行业、市场、产品的洞察力	4.17	0.818	120	0
善于判断目标客户，把握客户需求	4.58	0.597	120	1
对突发事件能够冷静处理，能在变化中寻找机会	4.13	0.753	120	0
在营销过程中具有坚忍不拔的意志	4.41	0.687	120	0
对客户经理的工作感兴趣，并以此为快乐	4.34	0.751	120	1
身体条件好，足以应对繁重的外勤工作	4.33	0.673	120	0
对自己的能力充满信心，有种锲而不舍的精神	4.26	0.732	120	0
具备对项目的策划实施及结果承担责任的态度	4.22	0.769	120	0
能理解别人的感受，能理解人与人之间的关系	4.20	0.810	120	0
总是能维护所在银行的利益	4.07	0.723	120	0

续表

问题项目	均值	标准差	分析样本量	缺省值
勇于承担繁琐的工作，用负责任的态度协调各部门的工作	4.09	0.734	120	0
善于对执行部门进行管理和控制，善于和合作部门协调、沟通	4.28	0.712	120	0
具有团队合作精神	4.28	0.685	120	0
善于向目标客户准确传达信息并维系关系	4.23	0.792	120	1
能换位思考，善于理解人与人之间的关系	4.20	0.737	120	0
善于跟同事合作，并共享自己的知识	4.19	0.802	120	1
有前瞻性的判断，善于把握市场先机，对客户潜在需求灵敏度高	4.19	0.778	120	2
在工作中不怕麻烦，主动与相关部门进行沟通	4.23	0.663	120	1
能够执行组织的营销策略，把所学业务知识运用到实践中	4.26	0.731	120	1
能够了解他人的兴趣爱好，善于观察他人的感觉	4.17	0.694	120	0
在工作中能够察言观色，判断对方的意图	4.24	0.725	120	0
在目标达成的过程中享受他人的赞誉与认可	4.07	0.749	120	0
能及时给予下属直接和正向的激励与表扬	4.26	0.732	120	0
对工作精益求精，以最高的标准来要求自己	4.19	0.729	120	0
在工作中激励达到某种目标，积极承担挑战性的任务	4.06	0.763	120	0
有强烈的成功欲望，有明确的目标，尽可能超额完成任务	4.06	0.738	120	1
能保持积极向上的进取心，并不断自我学习，创新	4.46	0.573	120	0
容易与客户沟通，表达有条理，具有说服力	4.41	0.765	120	0
善于调动各方面的力量解决问题	4.31	0.722	120	0
对任何客户均能迅速掌握与之沟通的切入点及特点，取得良好的沟通效果，并且能够持续保持	4.65	0.649	120	0

注：对于每一个变量，缺省值用均值代替。

以上描述性统计结果显示：40 个胜任特征行为项重要程度平均数在 4 以上，说明 40 个行为要素的重要性程度都在一般水平以上，且绝大多数的重要性程度都在较重要水平之上，这进一步说明了我们用这 40 个行为题项来代表 23 个胜任要素是合理的。与此同时，23 个要素的标准差都在 0.7 左右波动，说明各要素之间的标准差都不是很大，而且大致适当，可见问卷被试者对同一要素打分具有一致性，这为研究可信度提供了强有力的支持。

3）胜任因子提取

我们对这 40 个胜任特征要素题项进行了因子分析，所采用的因子提取方法是主成分分析方法，按照特征值为 1 提取出 10 个公共因子，然后采用方差最大化正交旋转法对因子载荷矩阵进行旋转，接着对公共因子进行调整、合并后最终得到 10 个公共因子。具体步骤如下。

A. 预试问卷共同度检验

表 5-8 显示，商业银行客户经理胜任力问卷中各项目的共同性良好。

表 5-8　商业银行客户经理胜任力预试问卷共同度检验

问题项目	初始值	抽取后值
掌握经济法律法规，多元化的技能和知识	1.000	0.870
善于发现市场、挖掘市场、培育市场	1.000	0.859
对本行提供的金融产品完全了解，能解决客户的提问	1.000	0.785
能灵活组合所在银行的产品满足客户的需求	1.000	0.815
具备金融专业的理论知识	1.000	0.855
能迅速把握问题的关键并采取果断采取行动	1.000	0.782
工作思路清晰，有条理性	1.000	0.799
能以系统的逻辑思维去理解、分析和解决问题	1.000	0.886
具有驾驭复杂局面的能力	1.000	0.829
敏锐的市场嗅觉善于发现商机，积极参与市场的竞争	1.000	0.734
对行业、市场、产品的洞察力	1.000	0.706
善于判断目标客户，把握客户需求	1.000	0.738
对突发事件能够冷静处理，能在变化中寻找机会	1.000	0.804
在营销过程中具有坚忍不拔的意志	1.000	0.785
对客户经理的工作感兴趣，并以此为快乐	1.000	0.825
身体条件好，足以应对繁重的外勤工作	1.000	0.705
对自己的能力充满信心，有种锲而不舍的精神	1.000	0.800
具备对项目的策划实施及结果承担责任的态度	1.000	0.779

续表

问题项目	初始值	抽取后值
能理解别人的感受，能理解人与人之间的关系	1.000	0.858
总是能维护所在银行的利益	1.000	0.759
勇于承担繁琐的工作，用负责任的态度协调各部门的工作	1.000	0.650
善于对执行部门进行管理和控制，善于和合作部门协调、沟通	1.000	0.853
具有团队合作精神	1.000	0.783
善于向目标客户准确传达信息并维系关系	1.000	0.728
能换位思考，善于理解人与人之间的关系	1.000	0.826
善于跟同事合作，并共享自己的知识	1.000	0.863
有前瞻性的判断，善于把握市场先机，对客户潜在需求灵敏度高	1.000	0.829
在工作中不怕麻烦，主动与相关部门进行沟通	1.000	0.765
能够执行组织的营销策略，把所学业务知识运用到实践中	1.000	0.658
能够了解他人的兴趣爱好，善于观察他人的感觉	1.000	0.666
在工作中能够察言观色，判断对方的意图	1.000	0.808
在目标达成的过程中享受他人的赞誉与认可	1.000	0.702
能及时给予下属直接和正向的激励与表扬	1.000	0.681
对工作精益求精，以最高的标准来要求自己	1.000	0.822
在工作中激励达到某种目标，积极承担挑战性的任务	1.000	0.858
有强烈的成功欲望，有明确的目标，尽可能超额完成任务	1.000	0.601
能保持积极向上的进取心，并不断自我学习，创新	1.000	0.767
容易与客户沟通，表达有条理，具有说服力	1.000	0.742
善于调动各方面的力量解决问题	1.000	0.612
对任何客户均能迅速掌握与之沟通的切入点及特点，取得良好的沟通效果，并且能够持续保持	1.000	0.756

注：抽取方法为主成分分析法。

B. 试验提取主成分因子

本书因子分析是采用主成分分析法，主成分分析也称主分量分析，旨在利用降维的思想，把多指标转化为少数几个综合指标。经过最大正交旋转，提取特征根大于1.0的因子。最后共提取了10个因子，累计方差解释率为77.358%（表5-9）。一般情况下，各因子累计解释量达到60%以上，则表明量表具有良好的结构效度。表5-9详尽描述了运用主成分分析法在提取因子过程中的因子特征值和方差贡献率。

表5-9 商业银行客户经理预试问卷累积变异量表

Component	Initial Eigenvalues			Extraction Sums of Squared Loadings			Rotation Sums of Squared Loadings		
	Total	% of Variance	Cumulative %	Total	% of Variance	Cumulative %	Total	% of Variance	Cumulative %
1	15.256	38.140	38.140	15.256	38.140	38.140	4.264	10.661	10.661
2	2.990	7.475	45.615	2.990	7.475	45.615	3.712	9.281	19.942
3	2.495	6.237	51.852	2.495	6.237	51.852	3.656	9.139	29.081
4	2.206	5.515	57.367	2.206	5.515	57.367	3.568	8.921	38.002
5	1.713	4.282	61.649	1.713	4.282	61.649	3.517	8.792	46.795
6	1.447	3.617	65.266	1.447	3.617	65.266	3.139	7.848	54.642
7	1.335	3.337	68.603	1.335	3.337	68.603	2.956	7.391	62.033
8	1.231	3.077	71.681	1.231	3.077	71.681	2.455	6.137	68.170
9	1.148	2.870	74.550	1.148	2.870	74.550	1.877	4.693	72.863
10	1.123	2.807	77.358	1.123	2.807	77.358	1.798	4.494	77.358
11	0.952	2.379	79.737						
12	0.833	2.083	81.820						
13	0.777	1.943	83.763						
14	0.708	1.770	85.533						
15	0.653	1.633	87.166						
16	0.599	1.499	88.665						
17	0.511	1.278	89.942						
18	0.486	1.216	91.158						
19	0.467	1.167	92.325						
20	0.446	1.115	93.440						
21	0.389	0.971	94.411						
22	0.327	0.818	95.229						
23	0.295	0.738	95.968						
24	0.256	0.640	96.607						
25	0.197	0.492	97.099						
26	0.188	0.471	97.570						
27	0.163	0.407	97.977						
28	0.153	0.381	98.358						
29	0.123	0.309	98.667						

Component	Initial Eigenvalues			Extraction Sums of Squared Loadings			Rotation Sums of Squared Loadings		
	Total	% of Variance	Cumulative %	Total	% of Variance	Cumulative %	Total	% of Variance	Cumulative %
30	0.101	0.252	98.919						
31	0.092	0.230	99.149						
32	0.077	0.194	99.342						
33	0.059	0.148	99.490						
34	0.052	0.130	99.620						
35	0.045	0.113	99.734						
36	0.035	0.087	99.820						
37	0.028	0.071	99.891						
38	0.025	0.062	99.953						
39	0.012	0.031	99.984						
40	0.006	0.016	100.000						

C. 旋转后的因子载荷矩阵

商业银行客户经理胜任力预试问卷因子检验正文旋转后因子载荷矩阵见表 5-10。

表 5-10　商业银行客户经理胜任力预试问卷因子检验正交旋转后因子载荷矩阵

问题项	因子组									
	1	2	3	4	5	6	7	8	9	10
在工作中能够察言观色，判断对方的意图	0.744									
能够了解他人的兴趣爱好，善于观察他人的感觉	0.677									
在目标达成的过程中享受他人的赞誉与认可	0.656									
有强烈的成功欲望，有明确的目标，尽可能超额完成任务	0.640									
在工作中激励达到某种目标，积极承担挑战性的任务	0.597									

续表

问题项	因子组									
	1	2	3	4	5	6	7	8	9	10
对工作精益求精，以最高的标准来要求自己	0.586									
身体条件好，足以应对繁重的外勤工作	0.503									
掌握经济法律法规，多元化的技能和知识		0.871								
善于发现市场、挖掘市场、培育市场		0.837								
能灵活组合所在银行的产品满足客户的需求		0.750								
善于对执行部门进行管理和控制，善于与合作部门协调、沟通			0.786							
能换位思考，善于理解人与人之间的关系			0.665							
善于向目标客户准确传达信息并维系关系			0.595							
具有团队合作精神			0.586							
能理解别人的感受，能理解人与人之间的关系			0.567							
能以系统的逻辑思维理解、分析和解决问题				0.798						
工作思路清晰，有条理性				0.663						
对突发事件能够冷静处理，能在变化中寻找机会				0.622						
容易与客户沟通，表达有条理，具有说服力				0.625						

续表

问题项	因子组									
	1	2	3	4	5	6	7	8	9	10
能及时给予下属直接和正向的激励与表扬					0.715					
总是能维护所在银行的利益					0.675					
能保持积极向上的进取心，并不断自我学习、创新					0.560					
善于调动各方面的力量解决问题					0.546					
具备对项目的策划实施及结果承担责任的态度						0.890				
具备金融专业的理论知识						0.852				
有前瞻性的判断，善于把握市场先机，对客户潜在需求灵敏度高						0.724				
善于跟同事合作，并共享自己的知识						0.599				
能够执行组织的营销策略，把所学业务知识运用到实践中							0.785			
在营销过程中具有坚忍不拔的意志							0.772			
对客户经理的工作感兴趣，并以此为快乐							0.657			
对自己的能力充满信心，有种锲而不舍的精神							0.577			
敏锐的市场嗅觉善于发现商机，积极参与市场竞争							0.573			

问题项	因子组									
	1	2	3	4	5	6	7	8	9	10
在工作中不怕麻烦，主动与相关部门进行沟通								0.743		
能迅速把握问题的关键并果断采取行动								0.546		
具有驾驭复杂局面的能力								0.529		
对行业、市场、产品的洞察力									0.721	
对本行提供的金融产品完全了解，能解决客户的提问									0.608	
勇于承担繁琐的工作，用负责任的态度协调各部门的工作									0.541	
善于判断目标客户，把握客户需求										0.718
对任何客户均能迅速掌握与之沟通的切入点及特点，取得良好的沟通效果，并且能够持续保持										0.550

注：抽取方法：主成分分析法；旋转方法：正交旋转。

D. 信度检验

信度主要是检验问卷的可靠性和有效性。测量信度的方法较多，常用的测量方法有重测信度、等同信度、折半信度和内部一致性信度等。信度还可分为外在信度（external reliability）和内在信度（internal reliability）两大类。外在信度通常是指在不同时间测量时量表一致性的程度，重测信度指在外在信度最常用的检验方法；内在信度指的是每一个量表是否测量单一概念，同时组成量表题项内在一致性程度如何，在"多选项性量表"中内在一致性信度特别重要。如果内在信度系数达到某一特定值，就表示量表有高的信度，内在信度最常使用的方法是Cronbach's alpha 系数，它能够准确地反映出测量项目的一致性程度和内部结构的良好性，本文中使用的问卷即是"多选项量表"，所以检验内在信度较为适合，在这里将采用 Cronbach's alpha 系数对问卷进行内部一致性信度检验。经项目分析和探索性因素分析后的商业银行客户经理胜任力预试问卷信度如表5-11所示。

表5-11 商业银行客户经理胜任特征预试问卷信度系数

构面	构面1	构面2	构面3	构面4	构面5	构面6	构面7	构面8	构面9	构面10	整体
Alpha系数	0.7542	0.8505	0.8846	0.8414	0.8982	0.8238	0.8541	0.8084	0.8534	0.8639	0.8325

从表5-11可以看出，总量表系数大于0.8，各量表的系数除构面1小于0.8外，均大于0.8，表明此量表从总体上看一致性信度较高，测量结果是可靠的。

由于是直接用问卷题项做的因子分析，所以我们先不对个题项提取出来的一级因子命名，只是根据正交旋转后因子负荷矩阵聚类对我们的试验问卷做检验。结合因子负荷矩和信度分析的结果我们发现试验问卷存在以下问题：

（1）我们在发放试验问卷的过程中，受试者认为我们的问题有些重复，行为描述有诱导性，不够客观；

（2）有些胜任特征缺失，比如受试者提出来的诚信；

（3）我们的构想中有些很重要的条目却没有构成独立的因子或者没有负荷，可能是条目表述不易理解或者有歧义造成被试选择偏差等。

根据因子分析结果，能够提取出来10个一级因子，比我们预想地要多，可以对访谈后的二级因子进行合并，再次进行行为描述。

针对以上问题，以统计结果为基础，以本文的研究目的为导向，参考专家意见并结合实际情况对商业银行客户经理胜任力模型调查问卷进行了修订。修订的要点是对一些受试者难以理解的题项进行了修改，对一些需要合并和撤销的题项进行了相应的变动。最后把23个二级因子缩减为20个进行，根据胜任要素重新编制正式的调查问卷。

二、正式检验

1. 调查问卷的编制

调查问卷分为两部分，第一部分为人口统计变量，第二部分为Likert五级量表，分为1~5分，1代表最不重要，5代表最重要。问卷问题的设置是根据BEI得出的初始胜任因素，对其进行了相应地行为描述，以便于调查者理解和客观地回答，一共得到40个题项。

2. 样本的选择与相关统计

调查问卷发放到西安市的中信银行、光大银行、中国工商银行、中国建设银行、西安市商业银行和中国银行等商业银行的客户经理。共发放问卷200份，收回 182 份，回收率为 91%，有效问卷 172 份，占发放总问卷的 86%。人口特征统计如表 5-12 所示。

表 5-12 调查样本人口特征统计表

统计项目	项目分类	人数/人	所占比例/%
性别	男	122	70.93
	女	50	29.07
年龄	30 岁以下	23	13.37
	30~35 岁	79	25.93
	35~40 岁	52	30.23
	40 岁以上	38	22.93
学历	大专及以下	41	23.84
	本科	114	66.30
	硕士及以上	17	9.88

3. 探索性因子分析

1) 效度检验

统计软件提供了几种判断变量是否适合做因子分析的检验方法，本研究主要采用 KMO 检验和 Bartlett 球形检验两种方法对原始变量做相关分析，判断是否适合做因子分析。依据的观点是可从 KMO 取样适当性值的大小来判断因子分析的适合性。值介于 0~1，当值越大，表示任两个题项间的偏相关系数越低，进行因子分析萃取共同因子的效果越好，越适合进行因子分析。一般统计量常用的判断标准是值在 0.9 以上为极佳；0.8~0.9，良好；0.7~0.8，中度；0.6~0.7，平庸；0.5~0.6 勉强；0.5 以下为无法接受。Bartlett 球形检验是用来探讨相关系数是否适当的方法，因子分析使用相关系数作为因子提取的基础，球形检验即可用来检验是否这些相关系数不同且大于 0，显著的 Bartlett 球形检验表示相关系数足以用作因子分析。这两个方法都是现在国内外学术界比较认可和流行的判别方法。本研究的统计结果如表 5-13 所示。

表 5-13 商业银行客户经理胜任力调查问卷 KMO 值和 Bartlett 球形检验

KMO 值		0.825
Bartlett 球形检验	样本量卡方统计值 (χ^2)	1739.088
	自由度	780
	Sig	0.000

通过对商业银行客户经理胜任特征题项进行的因子分析，KMO 值为 0.825 说明进行因子分析的结果是良好的。此外，Bartlett 球形检验的 χ^2 值为 1739.088（自由度为 780），达显著水平，代表母群体的相关矩阵间有共同因子存在，适合进行因子分析。

2）胜任因子的提取

我们把有效调查问卷的数据输入到 SPSS 软件中，进行因子分析。首先我们得到了一些描述性的统计结果——每一个变量的平均得分和标准差，分别描述了变量的整体得分情况和变异程度，具体的统计结果如表 5-14 所示。

表 5-14　商业银行客户经理胜任特征要素指标的描述性统计结果

胜任要素	平均值	标准差	Analysis Na	缺省数
学习发展	4.314 8	0.598 45	172	0
市场导向	4.213 0	0.737 17	172	0
以客户为中心	4.263 9	0.611 25	172	0
资源整合	4.310 2	0.578 58	172	0
分析判断	3.196 8	0.438 61	172	0
弹性与适应	3.753 5	0.485 05	172	0
市场分析	3.475 1	0.454 70	172	0
敬业	3.475 1	0.454 70	172	0
自信	3.475 1	0.454 70	172	0
责任心	3.475 1	0.454 70	172	0
人际交往	6.950 2	0.909 40	172	0
原则性	4.074 1	0.722 99	172	0
沟通能力	4.833 1	0.622 06	172	0
团队合作	4.453 6	0.637 28	172	0
公关能力	4.643 4	0.619 97	172	0
排除疑难	4.055 6	0.762 73	172	0
成就导向	4.055 6	0.737 58	172	0
创新	4.463 0	0.573 40	172	0
语言表达	4.407 4	0.765 25	172	0
诚信	4.648 1	0.648 87	172	0

注：对于每一个变量，缺省值由变量代替。

以上描述性统计结果显示：20 个胜任特征要素的重要程度平均数在 3 以上，说明 20 个要素的重要性程度都在一般水平以上，且绝大多数的重要性程度都在较重要水平之上，这进一步说明了我们进行分析后最终获取的这 20 个胜任特征要素作为研究胜任特征模型基础的设计是科学合理的。与此同时，20 个要素的标准差在 0.454 ~ 0.909，说明各要素之间的标准差都不是很大，而且大致适当，大约分布在 0.5 ~ 1.0，可见问卷被试者对同一要素打分具有一致性，也为研究可信度提供了强有力的支持。

我们对这 20 个胜任特征要素进行因子分析，所采用的因子提取方法是主成分分析方法，按照特征值为 1 提取出 6 个公共因子，然后采用方差最大化正交旋转法对因子载荷矩阵进行旋转，接着对公共因子进行调整、合并后最终得到 6 个公共因子，最后对这 6 个公共因子进行命名。调查问卷共同度检验表 5-15 显示，商业银行客户经理胜任力问卷中各项目的共同性良好。

表 5-15　商业银行客户经理胜任力调查问卷共同度检验

胜任要素	初始值	抽取后值
学习发展	1.000	0.844
市场导向	1.000	0.883
以客户为中心	1.000	0.994
资源整合	1.000	0.950
分析判断	1.000	0.992
弹性与适应	1.000	0.990
市场分析	1.000	0.958
敬业	1.000	0.952
自信	1.000	0.941
责任心	1.000	0.853
人际交往	1.000	0.910
原则性	1.000	0.971
沟通能力	1.000	0.898
团队合作	1.000	0.987
公关能力	1.000	0.994
排除疑难	1.000	0.928
成就导向	1.000	0.893
创新	1.000	0.845
语言表达	1.000	0.805
诚信	1.000	0.870

公共因子碎石图，从图 5-2 可以看出，从第 6 个要素后坡度线趋于平坦，因此选取 6 个要素比较合适。

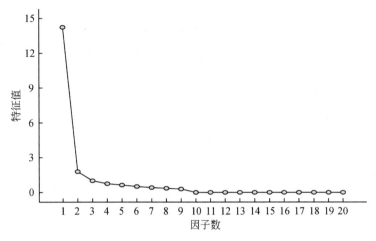

图 5-2　商业银行客户经理胜任要素分析碎石图

3）主成分法提取因子

本文因子分析是采用主成分分析法，主成分分析也称主分量分析，旨在利用降维的思想，把多指标转化为少数几个综合指标。经过最大正交旋转，提取特征根大于 1.0 的因子。最后共提取了 6 个因子，累计方差解释率为 94.678%（表 5-16）。一般情况下，各因子累计解释量达到 60% 以上，则表明量表具有良好的结构效度。本次数据分析中因子累计解释率达到 94.678%，各因子的负荷都在 0.4以上，表明本研究所采用问卷的结构效度优秀。表 5-16 详尽描述了运用主成分分析法在提取因子过程中的因子特征值和方差贡献率。

表 5-16　商业银行客户经理正式问卷累积变异量表

Component	Initial Eigenvalues			Extraction Sums of Squared Loadings			Rotation Sums of Squared Loadings		
	Total	% of Variance	Cumulative %	Total	% of Variance	Cumulative %	Total	% of Variance	Cumulative %
1	9.236	71.181	71.181	9.236	71.181	71.181	5.159	40.796	40.796
2	2.792	8.961	80.142	2.792	8.961	80.142	4.521	18.603	58.398
3	2.009	5.043	85.185	2.009	5.043	85.185	2.704	10.522	70.920
4	1.753	3.763	88.948	1.753	3.763	88.948	2.531	9.656	80.576
5	1.638	3.189	92.138	1.638	3.189	92.138	2.372	8.862	89.438
6	1.108	2.540	94.678	1.108	2.540	94.678	1.148	5.239	94.678
7	0.414	2.069	96.747						
8	0.357	1.783	98.531						

Component	Initial Eigenvalues			Extraction Sums of Squared Loadings			Rotation Sums of Squared Loadings		
	Total	% of Variance	Cumulative %	Total	% of Variance	Cumulative %	Total	% of Variance	Cumulative %
9	0.294	1.469	100.000						
10	8.607 E-16	4.303 E-15	100.000						
11	7.669 E-16	3.835 E-15	100.000						
12	2.430 E-16	1.215 E-15	100.000						
13	5.513 E-32	2.756 E-31	100.000						
14	2.568 E-32	1.284 E-31	100.000						
15	-2.709 E-33	-1.355 E-32	100.000						
16	-6.496 E-32	-3.248 E-31	100.000						
17	-3.204 E-17	-1.602 E-16	100.000						
18	-4.307 E-16	-2.153 E-15	100.000						
19	-1.038 E-15	-5.188 E-15	100.000						
20	-2.831 E-15	-1.416 E-14	100.000						

4）旋转后的因子载荷矩阵

表5-17为商业银行客户经理胜任力调查问卷因子检验正交旋转后因子载荷矩阵。

表5-17　商业银行客户经理胜任力调查问卷因子检验正交旋转后因子载荷矩阵

胜任要素	因子组					
	1	2	3	4	5	6
市场分析	0.978					
人际交往	0.978					
公关能力	0.940					

续表

胜任要素	因子组					
	1	2	3	4	5	6
以客户为中心	0.892					
团队合作	0.871					
市场导向	0.846					
责任心		0.978				
自信		0.978				
敬业		0.978				
诚信		0.607				
原则性		0.521				
成就导向		0.504				
沟通能力			0.982			
语言表达			0.731			
资源整合				0.891		
弹性与适应				0.966		
分析判断				0.960		
排除疑难				0.609		
创新					0.592	
学习发展						0.754

注：抽取方法：主成分分析法，6 个因子被抽取。

最后，根据表5-17中旋转后的因素矩阵，提取因素负荷水平 0.5 以上，可得到提取的 6 个因子。

因子1：市场分析、人际交往、公关能力、以客户为中心、团队合作、市场导向；

因子2：责任心、自信、敬业、诚信、原则性、成就导向；

因子3：沟通能力、语言表达；

因子4：资源整合、弹性与适应、分析判断、排除疑难；

因子5：创新；

因子6：学习发展。

5）因子归类及命名

通过统计分析已经得到了商业银行客户经理的胜任力模型，包括 6 个胜任力一级因子、20 个胜任力二级因子，在此讨论确定各个因子的命名，最后确定胜任力模型。

因子 1 包括市场分析、人际交往、公关能力、以客户为中心、团队合作、市场导向 6 个胜任力二级因子，其中人际交往和公关能力很明确地可以认为是人际交往方面的能力，而市场分析和市场导向是发现客户和寻找客户的过程，团队合作是在这一过程中必不可少的一个方面，而客户经理在市场中最重要的就是跟人打交道，能与人愉快的交往，综合以上几个方面的特点我们将第一个因子命名为人际交往技能。

因子 2 包括责任心、自信、敬业、诚信、原则性、成就导向 6 个二级因子，商业银行是一个金融企业，对员工有特殊的要求，尤其是作为商业银行营销人员的客户经理更有其独特性，而我们这里提出的 6 个二级因子正好是客户经理的必要品质，尤其是诚信和原则性对一个高素质的客户经理是必不可少的品质，故而我们将这 6 个因子命名为职业需求特征。

因子 3 包括沟通能力、语言表达。这两项对于一个营销人员也是非常重要的，我们将其命名为语言表达与沟通能力。

因子 4 包括资源整合、弹性与适应、分析判断、排除疑难 4 个二级因子，这 4 个因子都与每个人的特质有关，而且这 4 个因子都显示出了一个人的个人能力，而且这种能力是无法传递与共享的，需要长期培养和在实践中成长，我们将这 4 个因子命名为个性能力特征。

因子 5 只有创新一个二级因子，就将其命名为创新。

因子 6 只有学习发展一项，我们也将其命名为学习发展。

根据上面的讨论建立商业银行客户经理胜任力模型，如表 5-18 所示。

表 5-18　商业银行客户经理胜任力模型

商业银行客户经理胜任力特征模型	人际公关特征	市场分析
		人际交往
		公关能力
		以客户为中心
		团队合作
		市场导向
	职业需求特征	责任心
		自信
		敬业
		诚信
		原则性
		成就导向
	语言表达与沟通特征	沟通能力
		语言表达
	个性能力特征	资源整合
		弹性与适应
		分析判断
		排除疑难
	创新	创新
	学习发展	学习发展

6）各因子贡献度

根据 SPSS 分析的结果，可以得出每个二级因子对一级因子的贡献度，如表 5-19 所示。

表 5-19 二级因子对一级因子贡献度得分

胜任因素	因子组					
	1	2	3	4	5	6
学习发展	0.122	−0.061	−0.126	0.293	−0.115	−0.580
市场导向	0.179	−0.099	0.050	−0.151	0.011	−0.362
以客户为中心	0.168	−0.090	−0.032	0.052	−0.050	−0.502
资源整合	0.033	0.002	−0.015	−0.032	0.011	0.664
分析判断	0.145	−0.072	0.005	−0.056	−0.009	−0.108
弹性与适应	0.085	−0.031	−0.007	−0.044	0.002	0.347
市场分析	0.115	−0.051	−0.001	−0.050	−0.003	0.133
敬业	0.115	−0.051	−0.001	−0.050	−0.003	0.133
自信	0.115	−0.051	−0.001	−0.050	−0.003	0.133
责任心	0.115	−0.051	−0.001	−0.050	−0.003	0.133
人际交往	0.115	−0.051	−0.001	−0.050	−0.003	0.133
原则性	−0.147	0.553	−0.064	−0.079	−0.103	−0.137
沟通能力	0.027	0.177	−0.026	−0.068	−0.042	0.044
团队合作	−0.070	0.400	−0.049	−0.078	−0.079	−0.056
公关能力	−0.022	0.294	−0.038	−0.074	−0.062	−0.006
排除疑难	−0.087	−0.144	−0.224	0.057	0.989	0.141
成就导向	−0.045	0.017	0.694	−0.468	0.261	−0.478
创新	−0.147	0.166	−0.172	0.749	−0.162	−0.173
语言表达	−0.062	−0.289	0.012	0.644	0.245	0.208
诚信	−0.065	−0.103	0.711	0.116	−0.333	0.116

注：抽取方法：主成分分析法；旋转方法：正交旋转；因子得分。

7）信度检验

在问卷信度分析中采用 Crombach's Alpha 一致性系数来检验，用 SPSS17.0 分析得出本问卷总体一致性信度和各个界面的信度。检验结果如表 5-20 所示。

表 5-20 商业银行客户经理胜任力调查问卷 Alpha 系数

构面	总体	构面 1	构面 2	构面 3	构面 4	构面 5	构面 6
Alpha 系数	0.969	0.912	0.874	0.820	0.9006	0.8538	0.9112

从前面对 Alpha 系数的说明，可以看出调查问卷整体和各构面内部一致性信度都达到了普遍认为的良好以上标准，也就是说问卷的两个部分信度良好。

4. 验证性因子分析

1）验证性因子分析及 LISREL 程序

结构分析方程是对因子间相关关系的研究，而不是因子间的效应，这类分析统称为验证性因子分析（comfirmatory fator analysis，CFA）。一个 LISREL 程序，由三个部分组成：数据输入、模型构建和结果输出，下面用 LISREL8.5 做商业银行客户经理胜任力模型的验证性因子分析，输入程序如下：

```
DA NI = 20 NO = 172 MA = KM
1
0.672   1
0.895   0.932   1
0.612   0.605   0.664   1
0.796   0.944   0.959   0.816   1
0.725   0.788   0.83 0.965   0.939   1
0.77   0.876   0.905   0.908   0.983   0.986   1
0.77   0.876   0.905   0.908   0.983   0.986   0.874   1
0.77   0.876   0.905   0.908   0.983   0.986   0.785   0.654   1
0.77   0.876   0.905   0.908   0.983   0.986   0.654   0.521   0.623   1
0.77   0.876   0.905   0.908   0.983   0.986   0.961   0.857   0.584   0.812   1
0.396   0.412   0.442   0.576   0.517   0.577   0.557   0.557   0.557   0.557   0.557   1
0.716   0.8   0.833   0.887   0.919   0.944   0.947   0.947   0.947   0.947   0.947   0.795   1
0.574   0.624   0.658   0.759   0.742   0.788   0.778   0.778   0.778   0.778   0.778   0.955
    0.939   1
0.654   0.722   0.756   0.835   0.842   0.879   0.875   0.875   0.875   0.875   0.875   0.89
    0.984   0.985   1
0.347   0.381   0.4   0.431   0.441   0.456   0.456   0.456   0.456   0.456   0.456   0.506
    0.529   0.545   0.546   1
0.316   0.342   0.361   0.434   0.413   0.446   0.437   0.437   0.437   0.437   0.437   0.487
    0.508   0.524   0.524   0.497   1
0.484   0.365   0.457   0.526   0.486   0.533   0.519   0.519   0.519   0.519   0.519   0.598
    0.611   0.638   0.634   0.415   0.429   1
0.47   0.479   0.519   0.54   0.56 0.575   0.577   0.577   0.577   0.577   0.577   0.422
    0.585   0.525   0.563   0.445   0.461   0.551   1
0.258   0.278   0.294   0.434   0.362   0.423   0.4   0.4   0.4   0.4   0.4   0.338   0.424
    0.399   0.417   0.231   0.475   0.446   0.5221
    MO NX = 20 NK = 6 LX = FU,  FI PH = ST TD = DI,  FR
PA LX
    6 ( 1 0 0 0 0 0 )
```

6 (0 1 0 0 0 0)

2 (0 0 1 0 0 0)

4 (0 0 0 1 0 0)

1 (0 0 0 0 1 0)

1 (0 0 0 0 0 1)

OU MI SS SC

相关程序和数据解释如下。

A. DA NI = 20 NO = 172 MA = KM

DA 是数据输入（data，DA）的指令。NI = 20 表示数据共有 20 个变量，NO = 172 表示有 172 个被试。MA = KM 表示要用相关矩阵做分析。

B. KM SY

读取对称（symmetrical，SY）相关矩阵（KM）的下三角部分，必须包括对角元素 1。

C. MO NX = 20 NK = 6 LX = FU，FI PH = ST TD = DI，FR

由 MO 开始，不包括 OU 输出指令，是对模型（MO）的建立参数（PA）的设定，其中描述了数个矩阵（LX，PH，TD 等）的内容。设定某些元素为固定（FI），某些元素为自由估计（FR），这样便可替代路径图，去表达变量及因子间的关系。NX = 20 表示观测变量的个数为 20，NK = 6 表示潜变量的个数为 6，LX 为一个 NX × NK（20 × 6）的矩阵，表示指标与因子的关系。在 MO 指令中先设定 LX = FU，FI，表示 LX 为完整且固定的矩阵。

PH 为一个 NK × NK 因子间的协方差矩阵。PH = ST 是一特别设定的简称，表示 PH 对称，对角线固定取值为 1，对角线以外为自由估计。相当于固定因子的方差为 1，因子间的协方差自由估计。PH 对角线固定为 1，是固定方差法，故无需再用固定负荷法。如表 5-21 所示。

表 5-21 用 SPSS 结果得出的因子间的协方差矩阵

因子组	1	2	3	4	5	6
1	1.000	0.000	0.000	0.000	0.000	0.000
2	0.000	1.000	0.000	0.000	0.000	0.000
3	0.000	0.000	1.000	0.000	0.000	0.000
4	0.000	0.000	0.000	1.000	0.000	0.000
5	0.000	0.000	0.000	0.000	1.000	0.000
6	0.000	0.000	0.000	0.000	0.000	1.000

注：抽取方法：主成分分析法；旋转方法：正交旋转；因子得分。

TD 为一个 NX × NX（20 × 20）的指标误差间的协方差矩阵。一般情况下 TD = DI，FR 设定 TD 的对角线（diagonal，DI）为自由，非对角线元素固定为 0，即设定误差之间不相关。如表 5-22 所示。

表 5-22　TD 矩阵用 TD = DI，FR 的设定

胜任因素	学习发展	市场导向	以客户为中心	资源整合	分析判断	弹性与适应	市场分析	敬业	自信	责任心	人际交往	原则性	沟通能力	团队合作	公关能力	排除疑难	成就导向	创新	语言表达	诚信
学习发展	1																			
市场导向		1																		
以客户为中心			1																	
资源整合				1																
分析判断					1															
弹性与适应						1														
市场分析							1													
敬业								1												
自信									1											
责任心										1										
人际交往											1									
原则性												1								
沟通能力													1							
团队合作														1						
公关能力															1					
排除疑难																1				
成就导向																	1			
创新																		1		
语言表达																			1	
诚信																				1

D. OU MI SS SC

　　从 OU 开始是结果的输出指令，如果只有 OU 会输出最基本的结果，包括参数估计值、标准误差和 *t* 值、拟合指数等。MI 表示要求输出修正指数（modification index）。SS 表示输出参数的标准化解，即因子是标准化变量时的参数估计。SC 表示输出参数的完全标准化解，即指因子和指标都是标准化时的参数估计。

　　2）验证性因子分析结果讨论

　　根据以上的程序，LISREL 程序的输出结果如表 5-23 所示。

表 5-23　商业银行客户经理胜任力假设模型的拟合度参数

参数项	x^2/自由度	RMSEA	AGFI	NNFI	CFI	SRMR
得分	3.15	0.059	0.90	0.85	0.87	0.05

x^2/自由度是一个主观的整体拟合优度指标，当 x^2/自由度在 2.0 ~ 5.0 时可以接受模型，我们的 x^2/自由度 = 3.15 表明整体模型是可以接受的。RMSEA 是由 Steiger 和 Lind 提出来的，表示均方根指数。也叫近似误差均方根，RMSEA 受 N 的影响不大，对参数较少的误设模型还稍微敏感一些，是比较理想的指数，近似误差指数越小越好，Steiger 认为 RMSEA 低于 0.1 表示好的拟合，低于 0.05 表示非常好的拟合，低于 0.01 表示非常出色的拟合。在此 0.05 < RMSEA = 0.059 < 0.1 表示比较好的拟合。AGFI 和 NNFI 是将自由度考虑后所计算出来的模型契合度指数，这两个指数越接近 1 表明模型的拟合度越好，一般达到 0.9 即可认为整体模型具有理想的拟合度，在此结果中 AGFI = 0.90，NNFI = 0.85 表明模型的拟合度比较理想。

CFI 是由 Bentler 提出来的相对拟合指数，反映了整体模型与最不理想的独立模型之间的差异程度，差异越大拟合程度越高，在此 CFI = 0.87 表明整体模型能够有效地改善两者之间的非中央性的程度，模拟拟合性高。SRMR 表示数据与模型的标准化均方根参差值，Hu 和 Bentler 对 SRMR 推荐的临界值为 0.08，即 SRMR 小于 0.08 时认为模型可以接受，当 SRMR 大于 0.08 时，认为模型拟合得不好，在此 SRMR = 0.05 认为模型可以接受。

5. 商业银行客户经理胜任特征权重的确定

我们结合德尔菲法和层次分析法（analytic hierarchy process，AHP）确定指标体系的权重。在对评价指标体系构建过程中，最重要的步骤就是运用层次分析法来确定各评价者和各评价指标的权重。层次分析法是美国运筹学家 Saaty 教授于 20 世纪 80 年代提出的一种实用的多方案或多目标的决策方法。其主要特点是，该方法合理地将定性与定量的决策方法结合起来，按照思维和心理的规律把决策过程数量化、层次化。该方法自 1982 年被引进到我国后，以其定性与定量相结合地处理各种决策因素的特点，及其系统灵活简洁的特点，很快在我国社会经济各个领域内，如城市规划方案、科研评价系统、能源分析系统、经济管理领域等，都得到了广泛的应用。

层次分析法确定权重的步骤如下。

（1）构造两两比较判断矩阵。我们假设同一层次一共有 n 个指标，通过两两比较它们相对某一指标的重要性，即可构造两两比较判断矩阵 $\boldsymbol{A} = (a_{ij}) n \times n$。式中 a_{ij} 表示同层次指标 i 与指标 j 相对于某一指标的重要性 1 ~ 9 标度化值，数值的大小可根据两两比较来取得，其中 1 表示两个指标比较具有相同的重要性，9

表示两个指标相比较，前者比后者绝对重要。可知，对所有的 $a_{ij} > 0$，且满足 $a_{ij} = 1/a_{ij}$，其中 A 为正反矩阵。

（2）根据判断矩阵计算同一层次权重。这里简要介绍一下权重的确定方法，具体步骤是：①计算判断矩阵每一行元素的乘积 B_i，即 $B_i = \prod_{j=1}^{n} a_{ij}$，$(i = 1, 2, \cdots, n)$；②计算判断 B_i 的 n 次方根，即 $C_i = \sqrt[n]{B_i}$，$(i = 1, 2, \cdots, n)$；③对向量 $\boldsymbol{C} = (C_1, C_2, \cdots, C_n)^{\mathrm{T}}$ 归一化，即 $W_i = \dfrac{C_i}{\sum\limits_{i=1}^{n} C_i}$，$(i = 1, 2, \cdots, n)$，其中 $\boldsymbol{W} = (W_1, W_2, \cdots, W_n)$ 即为所求的特征向量，$W_1, W_2, \cdots, W_n$ 分别为同一层次各指标的权重。

（3）进行各指标一致性检验。通过德尔菲法进行两两比较构造判断矩阵时，专家赋值的主观随意性比较高，所以需要计算一致性指标和一致性比率来判断各指标权重之间的相容性，进而来进行一致性检验，以评价判断矩阵是否可靠。具体计算步骤如下：①计算一致性指标 CI，$CI = \dfrac{\lambda_{\max} - n}{n - 1}$，其中 $\lambda_{\max} = \dfrac{1}{n} \sum\limits_{i=1}^{n} \dfrac{\sum\limits_{j=1}^{n} a_{ij} W_j}{W_j}$，$\lambda_{\max}$ 为判断矩阵的最大特征根，n 为判断矩阵 $\boldsymbol{A} = (a_{ij})\, n \times n$ 的阶数；②计算一致性比率 CR，$CR = \dfrac{CI}{RI}$，其中的 RI 为平均随机一致性指标，其值可通过查表获得。若 CR < 0.1，可以接受一致性，即判断矩阵一致性检验被通过；若 CR ≥ 0.1，则应该对判断矩阵重新作适当的调整。

根据以上原理，我们选择了西安市商业银行和光大银行西安分行共 10 名资深客户经理作为访谈对象，这 10 名客户经理都是业绩突出的骨干客户经理，其中有 3 名是相关部门的管理人员。通过德尔菲法得到原始评测数据，在构造两两比较判断矩阵式采用九分法。然后用层次分析软件 yaahp0.5.0 分析得到指标体系的权重。如表 5-24 所示。

表 5-24　权重体系表

胜任一级因子	胜任一级因子权重/%	胜任二级因子	胜任二级因子权重/%	名次
		市场分析	4.8861	
		人际交往	4.9331	
		公关能力	4.9331	
人际公关特征	16.58	以客户为中心	5.4029	4
		团队合作	4.9683	
		市场导向	4.9448	

胜任一级因子	胜任一级因子权重/%	胜任二级因子	胜任二级因子权重/%	名次
职业需求特征	16.46	责任心	4.8861	5
		自信	4.8978	
		敬业	5.0623	
		诚信	5.4616	
		原则性	4.7804	
		成就导向	4.7686	
语言表达与沟通特征	16.61	沟通能力	4.8626	3
		语言表达	5.1797	
个性能力特征	16.30	资源整合	5.0623	6
		弹性与适应	4.9683	
		分析判断	4.9331	
		排除疑难	4.7686	
创新	17.31	创新	5.2384	1
学习发展	16.73	学习发展	5.0623	2

最后根据上面介绍的方法，对指标的一致性进行了检验，人际公关特征、职业需求特征、语言表达与沟通特征、个性能力特征、创新、学习发展等层面的 CR 值分别为 0.034、0.084、0.014、0.066、0.008、0.024，$CI_k < 0.1$（$k = 1$，2，3，4，5，6），因此，一致性检验均通过。从表 5-24 可以看出，对于商业银行的客户经理来说创新是排在第一位的，说明在经济快速发展的今天，人们对金融产品的需求是旺盛的和多元化的，对与和客户一线接触的客户经理其创新能力显得尤其重要，其次是学习发展，因为商业银行客户经理是典型的知识性员工，在知识经济时代，学习能力显得也很重要，包括知识的传递与共享，只有用丰富的知识来武装自己才能满足客户的各种需求，为创新打下坚实的基础。排在第三位的是语言表达与沟通能力，显然在客户经理掌握了丰富的专业知识以后还要把自己知道的传递给客户，要把银行产品介绍和推销给客户，这就需要良好的语言表达与沟通能力。排在第四位的是人际公关能力，与现实中的想象不太符合，好多人认为作为一名营销人员人际公关能力应该是很强的，但是我们得出的结果是与其他相比而言不是最重要的，可能是随着市场经济的发展虽然关系在中国相当重要，但是还得有其他方面的硬实力才能去做人际公关，这个方面有待于进一步考证。排在最后两位的分别是职业需求特征和个性能力特征，相比较而言职业需求特征可能是可以培养的，相对而言显得不是很重要，而个性能力特征相对其他 5 个方面而言权重最小，说明虽然个人的能力很重要，但是这个社会是一个合作

的社会，讲求团队合作，只有个人融入到一个团队或者组织中的时候，个人的能力才能最大限度地发挥作用。

第五节　本章的主要结论

本章用质的分析（BEI）和量的分析相结合的方法，得出了商业银行客户经理的胜任结构模型，主要包括6个胜任力一级因子和20个胜任力二级因子。6个胜任力一级因子分别为人际公关特征、职业需求特征、语言表达与沟通特征、个性能力特征、创新、学习发展。并且通过德尔菲法和层级分析法对胜任因子进行了权重设计，通过胜任因子的权重分析我们还可以得到，在这个快速发展的时代，创新对一个商业银行客户经理胜任力已经处于最重要的位置，紧随其次的是学习发展和语言表达与沟通特征，作为典型的知识型员工不断地学习更新知识体系，并与团队成员共享知识是很重要的。然后是人际公关特征，一直认为作为营销人员人际公关能力应该是最重要的，但是这次研究得出是处于创新与学习发展之后的，看来客户经理的创新与知识性是做销售的前提。职业需求特征处于第五位，职业需求特征是能够培养出来的，而且有些职业需求还可以短期培训得来。处于最后的是个性能力特征，并不是说它不重要，而是相比其他的不是很重要，现代社会更讲究团队协作，个性特征只是一个合作的基础。

最后从商业银行客户经理的职位分析、甄选、培训、绩效考核、薪酬管理等方面提出了基于胜任能力的商业银行客户经理管理。选取了西安市两家商业银行重点对商业银行客户经理进行了绩效设计和分析，得出基于胜任力的人力资源管理在对人的潜力的发现与培养方面是优于基于职位的人力资源管理的。

第六章　知识型人力资本胜任力研究应用展望

传统的职业生涯开发和管理是建立在完全结构化的、缺乏弹性的层级制度的组织结构之中，职业生涯被看作在单一组织中向上的、直线的职业进步或者在一个专业内稳定的雇用。而现代化的职业生涯开发和管理，早已经突破了固定职业或单一组织边界的限制，也不再单一地关注人力资本在组织中的职位变迁，而是日益将个人的职业转换和雇主改变（跨组织边界的人力资本流动）等纳入研究领域，也就是人力资本动态成长过程。无边界职业生涯（boundary less career）和易变性职业生涯（protean career）就是人力资本动态成长过程中这种发展趋势的代表性理论。动态的职业生涯可以超越组织界限在多个组织甚至多个职业中实现。因此，人力资本动态成长的视角对于知识型人力资本的探讨更具有理论和现实意义。

Sheldon 和 Elliot 在其具有代表性的自我协调理论（self-concordance theory）中提出了目标的 4 种类型。其中，外在性目标（external）是指为了别人的需要而追求的目标；印象性目标（introjected）是为了解除羞耻感的目标；这两种被叫做是控制性动机或避免性动机。认同性目标（identified）是为了重要而去追求的目标；内在性目标（intrinsic）是为了快乐而追求的目标；这两种被叫做是自主性动机或接近性动机。那么，人力资本动态成长需要应当属于自主性动机。也就是说，对于知识型人力资本而言，其在动态成长中表现出来的各种行为很大程度上是为了追求自己所看重的动态成长需要，是自主职业选择的结果。

动态成长被定义为人力资本在现有组织中可能获得的动态成长的机会，如承担更多的责任，承接更有挑战的事务和相关经验的丰富。现有流动的研究关于主动流动和被动流动的分类已经不能满足问题研究的需要。我们依据动机理论进一步将主动分为两种情况，一种是成长驱动型流动，一种是非成长驱动型流动。成长驱动型流动是因为企业对个人成长提供的动态成长资源不够充分或者外部成长机会的强烈吸引而产生的流动。这种类型一般有较强的自我成长需要，其流动行为通常表现为个人跨组织地动态成长，是自主性动机的结果。知识型人力资本的"跳板"型流动是把某一企业作为其动态成长的一个转换节点，其本质上属于这种类型。非成长驱动型流动是指人力资本对除成长需求因素之外所有因素的不满或者是因社会比较后而感知到的不公平而诱发的流动行为，主要表现为工作特点、工作环境以及工作压力等因素造成的流动，是避免性动机的结果。在一个具体的流动行为发生后，其原因既有成长型驱动的动机成分又有非成长驱动的动机成分，但只有一种动机占主导地位。由于知识型人力资本在工作生涯中持续学习并不断地更新他们的知识和技能并对专业领域的忠诚度远高于对雇主的忠诚度。因此知识型人力资本的主动流动更易发生成长驱动型流动。

从已有研究中发现，以往的动态成长是局限于固定组织的，这样的成长是人力资本在一个组织中的全部变化轨迹和承受的心理感受总和。这种理论的可能前提假设是人力资本只能消极地承受和适应公司和组织赋予他们的工作，而不能对工作职业加以选择；人力资本没有强烈的个人成长需求；人力资本的动态成长需求一个组织都可以满足；组织与人力资本之间的"黏性"很强，人力资本对组织依赖较强。但在中国的现实中，知识型人力资本大多在某些情境下的成长需求十分强烈，一个组织不能得以满足，他们会向组织外部主动寻求能更好地满足自身需要的工作，特别是在一个比较宽松、人力资本可以较自由流动的社会中，找寻工作的成本又不是很高的情况下，这样的工作转换将会更加频繁。因此，成长型流动往往是人力资本的一种主动选择，尽管这种选择带有一定程度的风险性，但是预期其自身的成长需求会在另一组织中得以实现。

针对知识型人力资本的成长驱动型流动，我们可以进一步按照组织内部成长空间和外部成长空间特征的组合划分成4种类型，即探索型流动、高原型流动、风险型流动和瓶颈型流动。当感知的组织内外部成长空间都比较充分的条件下，知识型人力资本往往是处于动态成长路径的探索期，不仅仅满足于既有机会，期望能够体验更多的职业环境。而当外部机会较多而内部晋升机会少的情况下，就会发生高原型流动，是人力资本向上运动中工作责任与挑战的相对终止，外部职业机会会为其提供理想的发展环境。当组织内成长机会较多，外部机会有限的情况下，此时的流动属于风险性流动，这种人力资本有着较强的风险偏好，热衷于职业挑战。当内外部成长机会都较少的环境下，知识型人力资本的发展遇到了职业瓶颈，同时现有工作不能带来成长，此时知识型人力资本流动目的意味着自我学习的开始或者跨行业转换，这种类型属于瓶颈型流动。

美国耶鲁大学的 Alderfer 提出了一种新的人本主义需要理论，认为人们共存在3种核心的需要，即生存（existence）需要、相互关系（relatedness）需要和成长发展（growth）需要。奥尔德弗把成长发展的需要独立出来，它表示个人谋求发展的内在愿望，而且各类需要层次不是刚性结构，比如说，即使一个人的生存和相互关系需要尚未得到完全满足，他仍然可以为成长发展的需要而工作。从管理学的角度来看，知识型人力资本的特点就是追求自主性、个性化、多样化和创新精神，其本质特征是自我发展的动机，知识型人力资本因其强烈的成就动机而努力追求自身的动态成长。动态成长是知识型人力资本实现其成就动机非常重要的方面。

我们认为知识型人力资本的动态成长来源于他们对职业成就的认知。这种判断并不依赖于客观的真实状况，而是一种主观的认知。在20世纪90年代以前，对企业内职业成就的判断主要采用一些客观的指标（如年龄、工作任期、两次晋升的间隔时间等），即从他人判断的角度进行客观判断。

然而，知识型人力资本在工作中的反应是基于其对客观刺激的认识，而不是客观刺激本身所形成的。成就目标定向对知识型人力资本的影响主要表现为职业寻求行为，成就目标定向可以分为学习目标定向和成绩目标定向两种。持有学习目标定向的人力资本一般认为，人的能力可以通过学习来提高，而当组织内部的学习气氛或者对于学习活动的支持不够时，知识型人力资本就会产生流动进而实现自身的动态成长。而持有成绩目标定向的人力资本则认为人的能力与生俱来，学习不能改善个体的能力水平。当知识型人力资本发现自身的成绩不能正确衡量或者成绩天花板效应出现的时候就会产生流动倾向。

另外，知识型人力资本的职业自我效能感是非常重要的。自我效能感是个体面对外部挑战能否采取适应性行为的知觉或信念。具有高自我效能感的人力资本在面对新工作的挑战时将会展示出更高的能力表现动机。有实证研究显示，具有高自我效能感的知识型人力资本更多会采取主动行为。Major和Kozlowski于1997年的研究表明，具有高自我效能感的人力资本表现出了更多的信息搜集行为。职业自我效能感是个体对实施与职业有关的行为、教育和职业的选择以及对其坚持的信念，反映地是个体对自己完成特定职业的相关任务或行为的能力的知觉或对达成职业行为目标的信心。

自我效能的形成具有4个先行条件，即四种效能信息源：直接经验、替代经验、社会说服和生理心理状态。

需要强调的是，在动态成长中过去的行为成就（成功经验）感知对形成较强的职业自我效能至关重要，它直接影响着职业自我效能信念。职业自我效能感的高低直接或间接地影响着个体的职业选择范围和对职业的态度。低职业效能感者会试图回避认为自己没有能力从事的职业，而高职业效能感者更愿意努力探索、获取职业相关信息，职业选择范围更为广泛。因此，就低职业自我效能感和高职业自我效能感相比而言，低职业自我效能感的知识型人力资本更加关注企业内的动态成长，而较少地关注组织的外部资源以及发展机会；而对于高自我效能感的知识型人力资本而言，组织内部的资源往往成为其发展的限制或者更容易被更有利于自身发展的资源所吸引，更易于产生流动意图甚至转换职业。

对胜任力的广泛、深入地研究为新经济时代的人力资源管理提供了新的思路。传统的人力资源管理模式向以胜任力为基础的人力资源管理模式转变，员工的胜任力成为企业核心竞争力的关键，成为企业竞争优势的来源。胜任力模型被用于从员工招聘，到培训、绩效管理、薪酬策略和晋升规划等全部人力资源管理流程中。

第一节 医生胜任力应用

一、胜任力理论应用于医院管理中的必要性和可行性

1. 必要性

（1）社会民众对优质医疗资源的需求及对医院管理提出新要求。随着我国社会经济的发展、人民群众生活水平的提高、疾病谱的改变、社会老龄化进程的加快和国家医疗保险制度的逐步建立和完善，建立能够使优秀的医院人才脱颖而出的选人、育人和用人机制，选拔和培养优秀的医学人才，为民众提供优质医疗服务，成为医院管理者面临的现实问题。

（2）医院传统人事管理不能适应医院改革和发展需要。医院作为事业单位，长期以来对管理者的职务胜任力主要集中在德、能、勤、绩、廉五方面，不足以选拔出优秀管理人才。对医生、护士等专业技术人员的考评也注重于工作量、操作技术、论文课题等外显能力方面，缺少潜在发展能力考评。进入 21 世纪，医院传统的人事管理无论从管理理念、管理机制和管理方法上都难以适应现代医院改革和发展的需要。

（3）国家医药体制改革新形势下迫切需要提高医院管理效能。医院是知识密集型组织，医疗是高技术含量、多专业协作的特殊专业，对从业人员要求较高，因而，管理难度和管理成本相对较大。当前公立医院改革已进入试点启动的攻坚阶段，要改变管理相对滞后、医院人力管理体制和机制不相适应的现状，必须按照中西结合原则，吸收国内外关于人力资源管理的新研究、新方法，建立一套适应时代发展的医院人力资源管理模式。

2. 可行性

胜任力理论产生于 20 世纪 70 年代早期，是研究从事某一特定职业或处于某一工作岗位的人的能力或素质的有效方法，它风靡流行于西方各国，并被广泛应用于企业、政府、教育和医疗等多个部门。胜任力运动的兴起与发展以及心理学、人力资源管理、卫生管理领域对胜任力理论的学术研究和实践运用，为医院胜任力管理研究提供了理论基础。运用先进的胜任力模型，探讨医院各级各类管理者和专业技术人员的选拔和聘用，是卫生人力资源科学配置的有效途径。

二、胜任力理论在医院管理中的研究

主体根据医院人力资源规划，大体上分为管理岗位、医疗岗位、护理岗位、医技岗位、工勤岗位等。由于开发胜任力模型的成本很高，一般应以管理者、医疗、护理岗位为优先考虑对象。

（1）管理岗位。医院管理者的行为代表着医院的经营行为。医院管理者按其岗位的功能不同可以分为三个层次，即医院管理决策层（院级领导）、管理层（职能部门管理者）和操作层（业务科室管理者）。院级高层管理者在医院管理实践中担当领头羊的作用，他们的决策领导能力及其组织协调能力，很大程度上决定医院的发展水平。医院中层管理者处于组织整体中的中间环节，为医院完成社会所赋予的职能和达到既定的运行目标起到桥梁和纽带作用，是医院领导决策层的得力助手和管理意图得以实现的重要保证。而业务科室管理者如临床科主任，肩负业务与管理两大重任，直接影响着所在科室的医疗、教学、科研等各项工作的质量与发展。目前医院高层领导来自业务骨干，中层和基层也是如此。作为一名管理者究竟需要哪些素质？医院对胜任力的研究是建立选拔和培养优秀管理者的科学体系的基础，可以为管理者的鉴别、培训和评价提供具体的建议和指导。

（2）医疗岗位。医师队伍是我国医药卫生事业从业人员的主体，通常情况下，医疗机构临床医师的水平，在一定程度上反映了本地区的医疗水平，决定着本地区大多数人民群众能够享受什么样的医疗服务和保障。同时医生是医疗改革的参与者和推动者，是医疗改革的核心团队，只有充分调动医生的积极性，才有可能推动新医改的顺利进行。

（3）护理岗位。"三分治疗、七分护理"，随着人们健康需求不断提高，护理工作范围不断扩展，护士角色日益多元化，使护士在当前人员普遍缺编的情况下扮演多种角色。例如，儿科护理人员主要充当直接护理者，患者的代言人，患儿与家长的教育者，康复与预防指导者，合作与协调者。如何才能培养和选拔出优秀的护士呢？胜任力的研究给了我们有益的启示。

第二节 基于胜任力的财务人员工作分析

传统的工作分析较为注重工作的组成要素，而基于胜任特征的分析，则研究工作绩效优异的员工，突出与优异表现相关联的特征及行为，结合这些人的特征和行为定义这一工作岗位的职责内容，它具有更强的工作绩效预测性，能够更有效地为选拔、培训员工以及为员工的职业生涯规划、奖励、薪酬设计提供参考标准。

工作分析是人力资源管理的基础，它让人力资源管理人员了解每个职务所必需的职务特征、工作内容、工作方法及对任职者的要求。基于胜任力的工作分析是以胜任力为基本框架，通过对优秀员工的关键特征和组织环境、组织变量的两方面分析，来确定岗位胜任要求和组织的核心胜任力，是一种人员导向的工作分析方法。运用以胜任力模型为基础进行工作分析，能够挖掘每个职务对任职者的深层次要求，所以能够同时满足组织当前对该项工作及任职者的要求，也适应了组织持续发展的需要。

把胜任力作为财务人员工作分析的基础，实际操作中要注意：首先，要重点关注优秀财务人员的关键胜任力，注重完成工作的过程和胜任力的应用，将工作的结果放在一个较次要的位置；其次，把企业的战略目标和战略措施、方案紧密联系，强调财务人员工作岗位与企业长期战略的匹配，而不是与工作岗位的短期匹配；再次，整个工作分析过程中除了寻找财务人员工作岗位之间在胜任力要求上的差异外，要更注重寻找每个财务岗位、职务之间在胜任力要求上的相同或相似之处；最后，基于胜任力的财务人员工作分析在表述上要从优秀财务工作者的关键行为出发来确认职务胜任要求，也要尽量用关键行为来描述职务胜任要求，这样使得任何一个财务人员都能够在胜任要求描述中看到自己或其他员工的样子，使工作分析结果更易于接受。虽然基于胜任力的财务人员工作分析与传统的工作分析相比有许多不同，但是它还是在传统的工作分析基础上发展起来的，也要在分析中进行任职要求的定性和定量评价，只不过在每个工作岗位的任职要求中对胜任力项目或行为进行区分以适应不同的财务工作岗位。

第三节　高校教师胜任力应用

一、教师胜任力的评价内容和评价方法

教师胜任力评价是指教师教育机构对在职教师或拟进教师胜任教学实践进行专业知识、专业技能、专业态度或价值观的评估或测评，以判断其是否有资格和能力从事教育教学工作。对教师胜任力的评价可以从以下三个方面入手。

1. 专业知识的评价

高校教师专业知识的储备是从事教学工作的前提条件，专业知识水平的高低直接或间接影响着教学的好坏。对教师专业知识水平进行评价，是教师主管部门的一项重要工作，是教师胜任力评价的重要内容。教师的基础资料是专业知识评价的一个重要方面。基础资料是评价主体根据评价目的收集的、能有效反映评价

对象的文字资料或操作观察记录。这种基础资料可由评价对象提供，也可以由评价主体主动收集。目前，我国高校教师的个人档案、个人简历是教师基础资料的主要内容。教师的基础资料能较有效地反映教师的专业背景、知识结构、学历水平、科研水平和教学经历等，能较准确地反映出教师的专业知识水平。专业知识的测试是评价专业知识水平的一个常见手段，可采用笔试或面试来进行，主要是对教师的专业知识水平以及将专业知识应用于教学的能力等方面进行测试，这种评价方式的有效性、可靠性较高且易于操作，但容易导致教师的反感，广泛推行有一定难度。教师胜任力最终要体现于教学实践中，近来，研究者利用现代教育技术发展了新的专业知识测评方法。首先利用幻灯片呈现一个教学情境，同时伴有录音对画面的解释，并针对画面提出问题。呈现完毕后，录音放出多个可供选择的行动方案，其中有一个与已学的专业知识相符，被试的任务是选出他认为最佳的方案。这种方法体现出了教学是一个对各种不确定事件做出即时决策的过程，真实地模拟了教学实践。

2. 专业技能或能力的评价

工作样本法是进行专业技能或能力评价的基本方法。专业技能是运用专业知识解决专业问题的能力，是教师胜任力的基础。它又分为相互作用技能和前教学技能。前教学技能指没有学生参与，教师在备课、评价或其他教学活动中运用的技能，它需要教师独立思考，较少受到时间的限制。由于前作用教学不涉及到学生，目前国外常采用"包内"测验形式。测验中，被测者会收到一包材料，模仿教师公文包中准备带回家自行处理的教学任务或问题。每个问题的解决需要单独或同时运用知觉技能、实施技能、决策技能，由此可进行相关技能的测评。

相互作用技能指教师在与学生相互作用过程中运用的技能，它需要教师做出迅速的、直觉的反应，测评主要包括知觉技能测评、决策技能测评和实施技能测评。目前，各高校采用的比较常见的测评方式是根据教师的讲课表现，尤其是课堂教学效果来对教师的相互作用技能进行测评，具体方法有教学观察、教学观摩、教学录像和教学日历等。通过学生评教、同事评教、专家评教和领导评教等方式来进行衡量。科学、民主的多维度测评，是保证此项测评科学性、准确性的关键。

3. 专业态度或价值观的评价

人们把专业知识和专业技能比作漂浮于水上的冰山部分，把专业态度或价值观则比作水下部分。可见，专业态度或价值观的测评一向是教师胜任力评价的难点，但专业态度或价值观往往是教师胜任力更深层次、更核心的因素。问卷调查是对教师进行专业态度或价值观评价的传统方法。在问卷设计过程中，应注意：

调查目的是为了测评教师的专业态度或价值观，调查问题应该以此为基础；问题数量应合理化、逻辑化，规范化；应该考虑数据统计和分析是否易于操作。问卷调查的弊端是明显的，在很多情况下，被调查者可能违背内心意愿，做出不公正客观的选择，有效性和可靠性不强。观察和记录教师在情境问题上的行为表现是评价教师价值观的新方法。行为来自态度或价值观。在不同情景下的行为选择是一个人态度或价值观的表现，可以判断其态度或价值观，而且这种方法更好地体现了教师的价值与实践之间的关系。观察者应该包括学生、同事、专家、领导、家长等，这种全方位的测评有助于对教师态度或价值观的准确评价。

二、教师胜任力评价的特点

1. 教师胜任力评价与教师职责相关

岗位职责的不同决定了教师胜任力内容的不同。目前，在高校普遍存在助教、讲师、副教授、教授四级职称结构，相应地，每一层级的任职资格也不一样，这既有能力上的不同，也有同一能力上要求程度的不同。任职资格是指某职称教师达到合格水平应具备的各项要素的结合，包括知识、技能、经验、学历等，它可以判断教师是否达到了某职称所要求的最低要求，但不能判断教师是否达到了优秀程度。因此，在进行胜任力评价的过程中，应在进行科学工作分析的基础上确定相应的任职资格，科学确定胜任力评价内容。

2. 评价的内容应该具有可指导性、可观察性、可衡量性

胜任力评价的一个重要目的在于为教师教学提供榜样和标杆，以此确定其努力方向，为教师提高教学水平指明正确的路径，这要求胜任力评价的内容具有可指导性、可观察性和可衡量性。可指导性是指所有教学优秀者的共同教学原则和一些教学做法对教学平平者具有指导和借鉴意义的内容；可观察性是指教学优秀者的教学经验和教学做法是可以被观察的，这是模仿或借鉴的前提；可衡量性是指教学优秀者的行为表现可以通过数量、质量和影响等标准来衡量，并且要以教师员工可以理解的形式展示出来。

3. 鉴别性胜任力评价是教师胜任力评价的关键

基准性胜任力是对胜任者基础素质的要求，包括教师的专业知识和专业技能水平，基准性评价可以通过定量技术对教师的专业知识和专业技能进行测评，得出量化的结论，其科学性强；而鉴别性胜任力包括专业态度和价值观，难以对其进行量化评价，通常通过主观判断对其作定性评价，其科学性不强。但是，鉴别性评价是区别业绩优秀者和业绩平平者的关键因素。因此，鉴别性胜任力评价是

教师胜任力评价的关键，关系到教师胜任力评价的成败。

4. 教师胜任力评价是一个动态性过程

一方面，教师所处的社会环境、技术环境、学校环境都是处在不断的变化、发展之中的，因此，教学环境和教学要求也是在不断发展变化的，教师胜任力内容要能够适应环境的变化并随之变化，根据环境的变化作动态调整，体现环境对岗位的新要求。例如，10 年前，多媒体教学还是一个新鲜事物，而今天则是高校教师的一项基本技能了。另一方面，教师胜任力评价的动态性还体现在教师评价贯穿于教师整个职业生涯中。教师评价关注教师职业生涯的全过程，是一个发展性的评价，教师的职业发展应该是一个向上的过程，每一个具体的职业阶段有不同的素质要求。

第四节　基于胜任力模型的商业银行客户经理选拔

胜任力是指能够区分在特定的工作岗位和组织环境中绩效水平的个人特征；胜任力模型则是指担任某一特定任务角色所需具备的胜任力总和。目前，我国商业银行正在进行包括推进股份制改造、健全内控机制、完善风险管理、开展金融创新、建立科学有效的人力资源机制、加强信息化建设在内的改革，而员工思想观念的转变和整体素质的提升则是这一改革的关键。胜任力模型无疑为我国商业银行进行人力资源改革，提高员工能力素质和应对外资银行的人才争夺压力提供了一套全新的视角、思路和方法。国内一些商业银行和研究机构就我国商业银行如何构建和应用胜任力模型进行了研究，针对商业银行行长（黄勋敬等，2007）、个人业务客户经理（魏钧和张德，2005）、公司业务客户经理（魏钧和张德，2005）、风险经理（魏钧和张德，2005）和地区分行全体员工的胜任力模型（樊蓓姣，2007）进行了探讨，但是由于在研究和探讨过程中或多或少存在一些不足，从而影响了模型的具体实施。本节将对此进行分析，并提出相应的改进建议。

1. 现有模型缺乏对模型设计基础的深入分析

按照胜任力模型应用的对象，可以将胜任力模型分为三个层次或三大类：一类是所有行业某一类职务的胜任力模型，一类是某一行业某一类职务的胜任力模型，一类是某一企业的胜任力模型。由于胜任力模型是反映某一既定工作岗位中影响个体成功的心智模式、行为方式和知识技能总和，具有动态性和实效性，会因组织内部职位类别、职位水平和组织外部环境的不同而不同，因而一般在建立模型过程中，如果是为某个行业或跨行业的某一类职务服务，则应该基于该类职务的特点以及社会对该类职务的要求或期望，抽取有效的要素，概括出胜任力或胜任特征，如果是为某一具体企业服务，则应该首先探明该企业的使命、战略目标、价值观和企业文化，确保所构建的胜任力模型能够体现企业价值观和企业文化，符合企业战略目标的需要，有利于企业团队层面、组织层面能力的形成和业绩的提升。

2. 现有模型设计方法不够严谨且较单一

我国商业银行胜任力模型的构建主要采用了行为事件访谈法（BEI）、问卷调查法和焦点团体访谈法，或者是上述三种方法的综合。但是不管是行为事件访谈法，还是问卷调查法或焦点团体访谈法，其本质都是通过特定员工群体个人特质的发掘和归纳，形成胜任力模型的方法。胜任力模型构建方法除了上述方法之外，还有基于企业战略的胜任力模型构建方法、基于价值观的胜任力模型构建方法、基于胜任力模型构建方法，这些方法可以统称为演绎法，其本质是从企业外部环境和企业使命、愿景、战略及价值观中推导出特定员工群体所需胜任特征的方法。随着近年来咨询业的兴起，咨询机构开发了一种胜任力构建方法——限定选项法，通常由专业顾问根据对组织的初步了解，提出一组相当数量的胜任特征，然后通过相关人员集体讨论的方式进行几轮的筛选和调整，最终确定一套能力项目作为胜任力模型。各种方法的应用都有一定的前提假设和适应基础，有其优点和不足。以归纳法为例，其假设前提：在每个岗位都有一些人比其他人做得好；岗位的工作职责和业绩评价标准相对稳定；行业中该岗位绩效标准基本相似或企业战略和绩效标准明确。对企业而言，运用归纳法构建胜任力模型具有以下优点：一是其建立在企业员工真实行为调查和分析基础之上，具有较强的说服性，其应用效果较好；二是企业各级员工在建模时的充分参与，有利于员工素质模型的推广和应用。但也存在以下不足：一是该方法是建立在企业员工过去和现有行为绩效分析基础之上，没有考虑到企业未来能力的需要；二是有可能忽略掉一些无法观察或无法衡量的能力；三是模型建立的周期比较长，成本比较高，其数据的收集和分析也比较复杂；四是必须能够依照企业绩效标准明确区分员工的绩效水平。正是由于各种胜任力模型构建方法都具有一定的优点和局限性，许多企业在设计能力素质模型中往往采用"综合法"，即在时间和成本的限制下，综合考虑各种方法的优缺点，整合性的运用有关方法来构建特定员工群体的胜任力模型。

3. 现有胜任力模型指标体系构建不够完整

一个完整的胜任力模型除了包括能力素质要素外，还应该包括能力素质级别及相应级别的行为描述，以便模型在实践中的应用。这对于企业应用胜任力模型进行人力资源管理尤其重要。目前商业银行胜任力模型的构建集中在对胜任力指标的识别方面，缺乏对相应指标素质级别及其对应行为案例的研究和描述。以某模型为例，其构建的商业银行个人业务客户经理胜任力模型包括资讯把握、风险掌控、效率提升、服务延伸、咨询建议和冲突管理六大类 28 项子特征，但对商业银行个人业务客户经理所应具备的各项子特征所包含的能力素质级别和行为特征缺乏必要的描述，这使得该模型也只能停留在理论探讨上，无法应用到商业银行个人客户经理人员的招聘选拔、考核激励、培训培养等具体管理活动中。

4. 能力与职级关系缺乏必要的重视

我国多数商业银行当前仍然沿用传统的人力资源管理体系，即通过职位分析来确定各级岗位所需具备的任职要求，具体包括学历教育、工作经验、工作技能等方面，并在此基础上对员工进行选拔、培训和评价。而我国商业银行胜任力模型的构建往往是针对某类职务，忽略了该类职务内部不同层级的能力素质差异。以构建的商业银行行长胜任力模型为例，从其访谈的对象而言，主要是商业银行二级分行、支行的行长，那么所得到的胜任力模型能否适合商业银行总行、一级分行行长，需要进一步研究。就其研究的本身而言，二级分行、支行行长所需要的能力素质是否相同也值得进一步探讨。忽略不同职级胜任特征的差异，导致一些商业银行人力资源管理者认为胜任力模型是对原有商业银行职级管理体制的否定，是两个完全不同的人力资源管理体系。在同一个组织里，不同层级的工作性质和所需要的知识和能力存在差异，需要具备不同的胜任力。因此，胜任力模型与商业银行职级管理并非完全对立，人力资源管理的基础不应单独建立在能力体系或者是职位体系上，而应该是两者的平衡体。今后在探讨我国商业银行某一类职务胜任力模型时，也应考虑从事该类职务人员不同层级之间胜任力的差异。

5. 忽视模型在管理中具体应用的探讨

胜任力模型构建本身对商业银行并没有太大意义，其价值只有在人力资源具体管理中加以应用才能够体现出来。对于包括商业银行行长、个人客户经理、风险经理在内的某一类职务胜任力模型构建的主要目的是推动该职业的社会化和职业化发展，并为单个商业银行胜任力模型的构建提供参考和标杆。某一商业银行胜任力模型的构建最主要的目的则是通过员工个体绩效的提高来提高银行的整体绩效，当然在这个过程中也有涉及团队能力、组织能力的构建和竞争优势的培育。企业胜任力模型通过探求能够导致优良工作绩效的员工能力特征和行为方式，为企业的工作分析、岗位评估、人员招聘、人员考核、人员培养以及人员激励提供依据。我国对于商业银行胜任力模型的探讨目前主要集中在理念的介绍和模型的构建，很少涉及模型在人力资源管理工作中的具体应用，这必然影响胜任力模型在我国商业银行中的推广。

　　未来胜任力模型在我国商业银行的应用及其效果将主要取决于两个方面：一方面是我国商业银行人力资源部门职能转型和角色转变；另一方面是胜任力模型与我国商业银行人员规划和人员招聘管理、培训管理、绩效管理、薪酬管理等的契合程度。胜任力模型关注于企业战略实施、组织竞争优势培育和整体绩效提升的本质特点，要求我国商业银行人力资源部门必须从充当银行"警察"、银行文员的角色，转变成通过提供专业化人才服务、充当银行其他部门的战略伙伴角色；必须从关注员工薪酬福利、人员招聘、员工培训等传统功能性管理模式转向参与银行战略的制定和执行、通过提升人力资源素质能力来帮助银行创造竞争优势和提升银行整体价值的新型战略性管理模式。同时，胜任力模型作为一种人力资源管理的思维方式、工作方法和操作流程，必须与商业银行人力资源管理部门承担的各项职责紧密联系起来，才能够充分地发挥其本身的价值，这就要求我国商业银行在关注胜任力模型构建的同时，更要关注胜任力模型在人力资源各管理模块中的应用。也只有这样，模型的有效性才能够得到验证，模型指标才能得到不断地调整和完善，我国商业银行人力资源管理水平也才能真正得到持续提升。

第五节　基于胜任力模型的培训管理

　　人力资源的培训与开发是指组织采用各种方式对员工进行有目的、有计划的培养和训练活动，使员工不断更新知识、开拓技能、改进动机、态度和行为，更好地胜任现职工作或新的工作，从而促进组织效率的提高和组织战略目标的实现，并推动员工职业生涯发展。胜任力模型为企业培训的需求分析提供了职位分析与人员分析的组织背景。培训并不是为了解决短期的需要，而是为了企业长期发展的需要。基于胜任力的培训与开发就是依照岗位胜任力模型的要求，对员工胜任特定岗位所需的关键胜任力的培养，提高个体和组织整体胜任力水平，提高人力资源对企业的战略支持能力。

　　基于胜任力培训与开发的目标可以从以下两方面来考察：从组织层面看，培训就是提高员工的胜任力水平，达到岗位胜任力模型的要求，使其更好地胜任本职工作，促成绩效实现，实现人员－职位－组织的匹配；从员工个人方面来看，培训可以提高其能力素质水平，使其能够达到原岗位或新岗位胜任力模型的要求以实现个人职业生涯发展。

　　因此将胜任力模型作为培训课程设计的依据，有针对性地设计培训课程。一方面体现企业不同岗位的胜任力要求，另一方面体现员工素质和能力特点、知识水平等有哪些不足以满足未来岗位要求。这样保证培训有的放矢，有利于提升关键员工的能力素质，提高员工的工作绩效。

培训与开发具备以下特点。

（1）战略性和全局性。基于胜任力的培训与开发不仅仅是满足当前岗位对胜任力的要求，而且可以从战略层面上满足组织当前及今后长时间对人力资源胜任力的要求。调整培训与组织的长期匹配，而不是与岗位的短期匹配，并与组织经营目标与战略紧密联系。

（2）针对性和个性化强。胜任力概念置于"人员－职位－组织"相匹配的框架中，可以根据员工能力素质水平与胜任力模型的差距，使培训更具备针对性和个性化。

（3）注重动机、态度和价值观等隐性胜任力特质的培训与开发。

也有学者认为，与注重岗位知识和技能的传统培训相比，基于胜任力的培训与开发更加注重动机、态度和价值观等内隐特质的培训与开发。事实上，知识和技能往往更容易改变，而态度、动机和价值观等隐性的特质往往难以改变。因此笔者认为，基于胜任力的培训与开发的独特之处在于，它以特定岗位的胜任力模型为基础，解决了培训什么和如何培训才能够提高受训者的绩效、胜任当前和未来岗位工作的难题，同时也指出哪些能力很难或无法通过培训来提高。

第六节　基于胜任力模型的绩效管理

胜任特征模型的前提就是找到可以用来区分优秀与普通的指标，以它为基础而确立的绩效考核指标，是经过科学论证并且系统化的考核体系，体现了绩效考核的精髓，真实地反映员工的综合工作表现。让工作表现好的员工及时得到回报，提高员工的工作积极性。对于工作绩效不够理想的员工，根据考核标准以及胜任特征模型通过培训或其他方式帮助员工改善工作绩效，达到企业对员工的期望。

培训的目的与要求就是帮助员工弥补不足，从而达到岗位的要求。而培训所遵循的原则就是投入最小化、收益最大化。基于胜任特征分析的员工培训针对岗位要求结合现有人员的素质状况，为员工量身定做培训计划，帮助员工弥补自身"短木板"的不足，有的放矢突出培训的重点，省去分析培训需求的繁琐步骤，杜绝不合理的培训开支，提高了培训的效用，取得更好的培训效果，进一步开发员工的潜力，为企业创造更多的效益。绩效管理是重视企业人力资源管理的核心，通过对目标的完成、绩效的提高和能力的评估，可以帮助员工达成目标，完善自我以及了解自身在企业中的事业发展机会。基于胜任力的绩效评估系统实际上向员工传递了这样的信息：所在职位的成功标准是什么，或者说员工在其现任职位上应该发挥怎样的作用，承担什么样的责任，应掌握哪些核心专长与技能。这样在绩效评估中就能有重点地进行，关于员工工作行为的信息收集工作也能有的放矢。绩效管理作为人力资源管理的一项重要职能，能为企业的各项人力资源管理活动提供可靠的决策依据。

基于胜任力模型的绩效管理主要是通过将员工的个人目标和企业目标相结合进行的，在此，绩效管理不仅仅是针对以往的绩效进行考核，而是覆盖绩效产生的全过程，其工作重点包括目标设定（既要设定任务绩效目标，又要设定胜任力发展目标）、绩效考核、沟通反馈等一系列相互交叉、相互联系的环节。

考核指标也应包括硬指标和软指标，既要设定绩效目标，又要设定胜任力发展目标。绩效目标是指和经营业绩挂钩的目标，胜任力发展目标是指那些和提高员工完成工作和创造绩效的胜任力有关的目标。企业在绩效评估时，应从目标的完成、绩效的改进和胜任力的提高三方面进行。绩效考核的设计应对员工的贡献和胜任力潜能、目前的价值和对组织长远发展需要的重要性、短期绩效和长期目标做出平衡。

第七节　基于胜任力模型的薪酬管理

近年来，对胜任力的研究越来越受到学术界和企业的关注，但是在实际应用过程中企业将会发现，已有的研究大部分只是针对胜任素质模型的建立，而在此基础上进行薪酬体系的设计却鲜有涉及。相对于传统薪酬设计方案，较少有研究、文献或案例帮他们设计基于胜任力的薪酬系统。基于此，本文通过分析薪酬设计理论，以胜任素质模型为基础，采用行为事件访谈法，对基于胜任力的薪酬模式进行系统研究。

一、传统薪酬模式的本质特征及问题

传统的以职位作为薪酬发放依据的模式，是建立在“以岗定人”的理念基础上，通过岗位分析来确定岗位目的、岗位工作关系、岗位职责、任职者的要求等岗位因素，形成岗位描述和岗位规范，按员工所承担的职责和承担职责所需的任职资格等因素来确定其为企业创造的价值，是一种刚性化的模式，不能体现员工的真正价值。例如，它有可能只注重眼前的工作目标和任务，而忽视员工潜能的开发及未来企业的发展要求，甚至与我们一直强调的坚持学习的企业文化相悖。

另一种传统薪酬体系是以员工所掌握的与业务相关的技能数量和水平作为薪酬发放的依据，这就需要对组织所需的全部技能进行系统地分析和归类。这种薪酬模式广泛运用于蓝领员工，主要是因为在这些岗位，工作可以具体化和量化，识别并衡量工作中所需的技术是比较容易的。但对于管理者、专业技术人员等知

识性强的职业，技能薪酬方案就有局限，因为人员职务很少能提炼出操作性的技能，决定他们绩效的主要因素不是知识与技术，而是某些品质与特征。为了适应"以人为本"的管理思想，我们必须改革薪酬模式。

胜任力薪酬体系概念的提出为我们研究薪酬模式的改革提供了全新的视角，它以员工的胜任力为薪酬发放的主要依据，鼓励员工不断提升自己的知识、技能，以适应不断变化的企业环境，淡化了官本思想，有利于提高员工的综合素质，增强员工对企业的认同程度，同时有利于吸引和保留高素质人才，因此，建立胜任力薪酬体系对于现代企业来说是一个具有参考价值的模式。

二、基于胜任力的薪酬体系的内涵

胜任力，即员工所具有的能使工作高质量完成的知识、能力和行为特征。胜任力与绩效有着密切的联系，一般而言，胜任力是优秀员工具备而普通员工不具备的，它是员工带来卓越绩效的关键驱动力，也是区分不用绩效表现水平的衡量尺度。

按照胜任力的显现程度我们一般将胜任力分为门槛类胜任力和区辨类胜任力两类。门槛类胜任力是每个人在工作中必需的最基本的素质（常识或基本技能，如阅读能力），是不能区分优秀者与普通者绩效的特征。区辨类胜任力是不易被感知的，是人格方面的因素，它们决定人们的行为与表现，是区分表现优秀者与表现普通者的关键所在。

三、基于胜任力薪酬体系的构建

1. 胜任力薪酬体系的适用条件

基于胜任力的薪酬体系并不适合于每个公司，也不一定适合公司中的每个部门。一般而言，只有在员工的能力是组织获取竞争优势的主要因素，在很大程度上决定公司业绩的情况时，这一机制才较为适用，比如科学研究、软件开发和管理咨询公司等知识型员工比较密集的公司。在这些公司中，专家和技术人员的能力高低决定了公司在行业中的地位和竞争力，而且传统以职位为基础的薪酬机制并不适用于这些人员，所以以能力为基础提供薪酬是合理的。另外，适用能力薪酬的组织往往具有较宽、扁平化和灵活的组织结构、宽带的薪酬结构、持续的员工发展计划。

2. 如何建立基于胜任力的薪酬体系

要建立基于胜任力的薪酬体系，关键是能进行有效的胜任力评价。这里的胜任力一定是能对企业产生效益的行为胜任力，是在当前工作中作出贡献的能力。胜任力薪酬必须建立在员工的素质模型基础上，根据员工对该项工作的胜任能力获得相应的报酬。

3. 建立适用于企业的胜任素质模型

素质模型包括企业统一的、通用的素质模型和分层分类的素质模型。所谓通用素质模型，是根据企业的战略和成功关键的要求，提出的对全体员工都十分重要的一系列素质的组合；而分层分类的素质模型则是在通用素质模型的基础上，再根据每个职位的工作内容和工作特点提出的，驱动在这一具体情境下具备某些素质的人员能够获得成功。

素质模型的构建需要企业根据自身的实际情况，从组织战略出发，确定员工所具备的核心素质特征。企业要针对每个职位的特点和内容，从已确定的核心胜任素质中提炼出适合每个职位的个性化素质，将通用素质模型和个性化素质相结合，即可得到企业分层分类的素质模型。

4. 对胜任素质定价

所谓胜任力定价，就是确定每一种胜任力及其组合的价值标准。胜任力定价的最基本方式有两种：①基于市场的定价，即比较相同素质在其他企业所能获得的报酬定价。这种方法的前提是能获得市场上关于胜任力定价的情况。但是因为这种薪酬模式应用时间比较短，且胜任力结构及其定价都是企业的商业机密，很难通过正常渠道获得。因此目前，我们只能通过具备一定胜任力水平的个体的当前薪酬水平来反推胜任力价格。②基于绩效的定价，根据每项胜任力与绩效的相关性来确定胜任力价格，相关性越强，定价越高。在对每项胜任力进行定价的基础上，需要将胜任力的价格分解到每个等级上，并且要考虑胜任力模型是一个系统模型，不能简单地像对待一般商品那样定价，而应该考虑到其组合模式对价格也有一定的影响。本书采用市场定价方式。

经过胜任力定价确定岗位价值以后，人力资源部门就可以根据这些数据将各个不同职位归入同一工资等级，并根据薪资调查的数据和对不同职位相对价值的评价决定薪资水平。一个工资等级一般应包括操作复杂程度或重要性大致相同的职位。

把不同的职位归入不同的工资等级之后，还需要把若干个工资等级进一步合并，使它们成为一个薪酬宽带。一个工资带应包括几个甚至十几个工资等级。合并的原则是把那些工作性质大体类似的职位归入同一薪酬宽带。

基于胜任力的薪酬管理模式有很大的发展前景，它是符合现代企业管理发展趋势的，但成功地实施基于胜任力薪酬管理不是一蹴而就的简单过程，由于它涉及企业整个人力资源管理方式的转变，因而对企业管理者来说是个不小的挑战。对于那些步履维艰的企业而言，这种薪酬管理模式可能不会给它们带来立竿见影的效果。然而，对于那些生机勃勃、目标远大、敢于变革，希望从优秀走向卓越的企业，基于胜任力的薪酬管理将为企业未来的发展提供巨大的帮助。企业要根据自身的情况，判断是否采用这种新型的薪酬管理模式。

参考文献

安鸿章，吴孟捷．2003．胜任特征模型．职业教育，(3)：23～27．

安尼·布鲁金．1998．第三资源：智力资本及其管理．赵洁平译．大连：东北财经大学出版社．

安托尼特·D. 露西亚，理查兹·莱普辛格．2004．胜任－员工胜任力模型应用手册．北京：北京出版社：33～61．

保罗·S. 麦耶斯．1998．知识管理与组织设计．珠海：珠海出版社．

蔡永红．2007．我国西部高校教师职位工作分析研究．心理科学，(5)：39．

陈超，李尼娜，孔令斌，等．2006．临床医生诊疗行为影响因素研究现状．中国行为医学科学，(9)：861，862．

陈民科．2002．基于胜任力的职务分析及其应用．人类功效学．8 (1)：23～26．

陈万思．2007．知识员工胜任力——理论与实践．上海：上海财经大学出版社．

陈晓阳，杨同卫．2003．关于过度医疗的经济学分析与伦理．医学与哲学，(9)：13，14．

陈玉华，高路迅．2007．新形势下医院防范医疗纠纷的对策．南京医科大学学报（社会科学版），(3)：215～217．

陈云川，雷轶．2004．胜任力研究与应用综述及发展趋向．科学管理，(11)：141～144．

大卫·D. 迪布瓦．2005．胜任力组织成功的核心源动力．杨传华译．北京：北京大学出版社：28～67．

杜晓新．2004．从结构方程模型看教育与心理统计学的新发展．华东师范大学学报（教育科学版），(6)：58～62．

冯锐．2004．浅谈会计人员素质的提高．中州煤炭，(2)：59～60．

冯子标．2000．人力资本运营论．北京：经济科学出版社．

耿军，冯诚，崔东辰．1994．试析"大处方"．中国医学伦理学，(5)：30，31．

管宝云，赵全超．2006．高新技术企业知识型员工成长需求与激励机制设计研究．科学学与科学技术管理，27 (4)：122～126．

郭德俊．2006．基于胜任力结构模型的知识型员工管理．学术问题研究，(1)：42．

郭义民．2004．商业银行客户经理制探析．学术交流，(5)：105，106．

赫瑞比·F. 2000．管理知识员工．郑晓明，等译．北京：机械工业出版社：5～15．

红霞．2005．浅议知识经济时代会计人员基本素质．经济管理论坛，(3)：71．

胡发明．2004．披露医疗差错的道德问题．医院管理论坛，(8)：27～30．

华长江．2005．防御性医疗行为的分类和管理．中国医院，(2)：17～19．

黄勋敬，李光远，张敏强．2007．商业银行行长胜任力模型研究．金融论坛，(7)：3～8．

加里·S. 贝克尔．1987．人力资本．梁小民译．北京：北京大学出版社．

金洁．2008．基于教师胜任力模型的民办中小学教师招聘．四川职业技术学院学报，18 (3)：65～67

李长华，曾晓东．2004．美国我国西部高校教师绩效评价存在的争议．外国教育研究，(11)：31～34．

李常丽. 2004. 提高会计人员素质是企业理财的关键. 财会月刊, (4): 80.

李传良. 2006. 法视野下的过度医疗行为分析. 法律与医学杂志, (2): 98~103.

李德玲. 2003. 过度医疗的成因与对策. 医学与哲学, (9): 5~9.

李建民. 1999. 人力资本通论. 上海: 上海三联书店.

李明斐, 卢小君. 2004. 胜任力与胜任力模型构建方法研究. 大连理工大学学报, (3): 28~32.

李巧林, 林志远. 2009. 基于我国西部高校教师胜任力的选聘研究. 科技创业月刊, (2): 12.

李文. 2006. 医院院长胜任力模型研究. 山东大学硕士学位论文.

李雪, 邵丽. 2006. 注册会计师专业胜任能力评价指标体系的构建. 中国注册会计师, (2): 63~66.

李忠民, 杜宏. 2008. 论商业银行员工的文化激励. 西安财经学院学报, (4): 87~91.

李忠民, 李茂华. 2008. 高校教师胜任力. 理论与现代化, (7).

李忠民, 刘娜. 2008. 患者对医生实践人力资本的投资现象研究. 理论界, (12): 13, 14.

李忠民, 刘娜. 2008. 患者满意度影响因素实证研究. 南京医科大学学报 (社科版), (4): 321~324.

李忠民, 刘振华. 2008. 基于职业承诺的 IT 员工泄密行为分析. 西安邮电学院学报, (6): 13~17.

李忠民, 宋晓亮. 2008. 基于组织支持理论的知识型员工流失的研究. 新疆财经, (2): 82~86.

李忠民. 1999. 人力资本——一个理论框架及其对中国一些问题的解释. 北京: 经济科学出版社.

林海明, 张文霖. 2005. 主成分分析与因子分析的异同和 SPSS 软件. 统计研究, (3): 65~69.

林艺斌. 2006. 行政垄断——过度医疗的病根. 卫生经济研究, (8): 10.

刘学方, 王重鸣. 2006. 绩效模型的最新研究进展. 心理科学, 24 (6): 737, 738.

刘永超. 2006. 疾病控制中心主任岗位胜任力研究. 山东大学硕士学位论文.

刘银, 李星. 2009. 英语教师胜任能力培养初探. 黑龙江史志, (4): 9, 10

罗秀, 蒲川. 2006. 美国的医疗差错报告制度及借鉴意义. 中国医院管理, (6): 42, 43.

牛正乾, 徐应云. 2007. 药价虚高的八大病因与处方建议 (上). 中国医院院长, (5): 41~43.

潘文. 2005. 胜任力研究的回顾与展望. 社会科学家, (5): 602, 603.

彭庆红. 2006. 我国西部高校辅导员素质结构模型的构建. 清华大学教育研究, (3): 15~20.

秦惠基. 2006. 实施临床决策遏制过度医疗. 现代诊断与治疗, (11): 321~323.

沈春龙. 对医疗不作为与过度医疗问题的思考. 中国法医学会期 9 次法医临床学学术研讨会论文集. 226~228.

时勘, 王继承. 2002. 企业高层管理者胜任特征模型评价的研究. 心理学报, (3): 306~311.

舒莹莘. 2004. 商业银行客户经理胜任力的研究. 重庆大学硕士学位论文.

苏杜军. 2005. 职业经理胜任能力结构探析. 首都经济贸易大学硕士学位论文, 22~25.

苏红. 2004. 过度医疗的经济学分析. 卫生经济研究, (9): 38~39.

苏红. 2005. 医疗费用控制及相关问题研究. 国际医药卫生导报, (7): 42~44.

孙大明, 王瑞山. 2004. 防御性医疗的法律思考. 医事法律探讨, (5): 34~37.

唐春勇, 周颖. 2005. 企业高层管理者胜任特征的物元分析. 西南交通大学学报, (2): 99~103.

佟亚洲，迟晓丽．2009．高校分管学生工作管理者双核胜任力模型研究．传承，（2）

汪兴元，徐慧萍．2002．财务与会计的区别和联系．湖北财税，（11）：39．

王晨阳．2003．证券经纪人胜任特征的实证研究．苏州大学硕士学位论文：36～41．

王继承．2004．谁能胜任．北京：中国财政经济出版社：26～143．

王金营．2001．对人力资本定义及涵义的再思考．南方人口，（1）：47～52．

王垒，陈怡，严丽华，等．2004．领导胜任特征：员工知觉模型的建立．中国人力资源开发，
　　（6）：50，51．

王立彦，徐惠玲．2002．会计职业团体与会计专业胜任力教育．中国注册会计师，（1）：60～62．

王丽丹．2006．乡镇卫生院院长胜任力研究．中国优秀硕士学位论文全文数据库．

王强，宋淑青．2008．幼儿教师胜任力模型之构建．上海教育科研，（4）：52～54．

王琼书，刘幼英．2004．防御性医疗及其伦理思考．华南国防医学杂志，（4）：53～55．

王重鸣，陈民科．2002．管理胜任特征分析：结构方程模型检验．心理科学，（25）：5～12．

魏杰，赵俊超．2002．关于人力资本作为企业制度要素的思考．哈尔滨市党校学报，（1）：10．

魏钧，张德．2005．国内商业银行客户经理胜任力结构模型研究．南开管理评论，8（6）：4～7．

吴明隆．2000．SPSS统计应用实务．北京：中国铁道出版社：15～54．

吴小勇．2007．我国西部高校及教育系统领导干部人格特质与岗位胜任性关系．心理科学，
　　（1）：13．

西奥多·W．舒尔茨．1990．论人力资本投资．吴珠华等译．北京：商务印书馆．

项平．2005．浅谈医疗行为与医疗纠纷．见：第一届亚太地区国际病案信息管理学术会议暨中
　　华医院管理学会病案管理专业委员会第14届学术会议论文集：186～187．

肖凌，聂鹰，梁建春．2006．国有银行中层管理人员胜任特征模型．经济科学，（6）：83～89．

邢强，孟卫青．2003．未来教师胜任力测评：原理和技术．开放教育研究，（4）：39～42．

徐茂云，张晓明，徐贤．2007．医生人格特征与医患关系的相关性．中国心理卫生杂志，21
　　（5）：23～24．

杨晓林，刘秀清，王东伟．2007．医疗风险的识别与分担．中国医院，（4）：31～34．

姚翔，王垒．2004．项目管理者胜任力结构模型．心理科学，27（6）：1497～1499．

叶龙，张文杰，姜文生．2003．管理人员胜任力研究．中国软科学，（11）：96～99．

尹香翠，李明国．2004．某医院近3年医疗纠纷情况分析．中国医院统计，（9）：262～264．

应心．2004．信息不对称影响过度医疗的伦理思考．医学与哲学，（11）：27．

约瑟夫·D．露西亚．2004．胜任：员工胜任能力模型手册．郭玉广译．北京：北京大学出版
　　社：127．

曾晓东．2004．对中小学教师绩效评价过程的梳理．教师教育研究，（1）：23．

张春民，俞金鸣．2001．商业银行客户经理制理论与实践．北京：工商出版社：24，25．

张光进，田家华．2007．知识型员工绩效考评的现状、问题及展望．商业研究，（7）．

张敬涛，罗锦凤．1989．"大处方"问题的调查和分析．中国卫生经济，（6）：20～21．

张杉杉，徐祥刚，孟庆茂．2004．探索性因素分析和变量聚类分析的比较．理论探讨，57
　　（6）：15～17．

张蜀林，张庆林．1995．验证性因素分析模型及其在研究中的运用．心理学动态，（1）：88～91．

张维迎．1996．所有制治理结构及委托代理关系．经济研究，（9）：3～15．

张伟俊，徐剑，司徒敏. 2005. 如何识别和测评 Competency，经理人.（4）：54～62.

张向前，黄仲杰，蒙少东. 2002. 信息经济时代企业知识型员工的管理. 经济管理，（2）：61.

赵琛微. 2001. 知识型企业人力资源管理研究. 商业研究，（2）：15～16.

赵国荣，常德海. 2006. 用规范医疗防止过度医疗减轻患者不必要的负担. 见：山东省医学伦理学学会第五届学术年会论文集：197～200.

赵曙明，杜娟. 2007. 企业经营者胜任力及测评理论研究. 外国经济与管理，（1）：33～40.

郑兰. 2006. 防御性医疗行为的成因与控制. 中华医院管理杂志，（10）：697～698.

仲理峰，时勘. 2004. 家族企业高层管理者胜任特征模型. 心理学报，36（1）：110～115.

周玲，刘惠民，官吉清. 2000. "大处方"产生的原因及解决办法. 中国药事，14（1）：23～24

Ann J. 1995. Competency standards for professional accountants in Australia and New Zealand Accounting Education，（4）：92～124.

Arthur K Y. 2002. Competencies for HR professionals：an interview with Richard E. Boyatzis, 2002. Human Resource Management，119～332.

Ballou R，Bowers D，Boyatzis R E，et al. 1999. Fellowship in lifelong learning：an executive developement program for advanced professionals. Journal of Management Education，23（4）：338～354.

Bartick M R，Stewart G L，Piotrowski M. 2002. Personality and job performance：test of mediating effects of motivation among sales representatives. Journal of Apply Psychology，87（1）：43～51.

Bellsouth. 2002. Behavioral event interview. Journal of BEI，（7）：53～58.

Bisschoff. 2001. Interaction of social skill and general mental ability on performance and salary. Journal of Applied Psychology，76（6）：1072～1075.

Blancero D，Boroski J，Dyer L. 1996. Key competencies for a transformed human resource organization：results of a field study［J］. Human Resource Management，35（1）：7～18.

Boyatzis，Burgos. 1999. Distinguish contextual performance from task performance for managerial jobs. Journal of Applied Psychology，（74）：3～13.

Boyatzis R. 1972. Rendering into competence the things that are competent. American Psychologist，（2）：49.

Bueno，Tubbs. 2004. Competence at Work：Models for Superior Performance. John Wiley & Sons, Inc：56～47.

Butler F C. 1978. The concept of competence：an operational definition. Educational Technology，（7）：7～18

Cares. 1997. Higher value human rescue function in transformation. Human Resource Planning，17（3）：1～11.

Christopher R. 1995. Clarifying the use of competence and competency models in recruitment，assessment and staff development. Industrial and Commercial.

Colson R H. 2002. Accounting professionals need strong. The CPA Journal，（1）：68～171.

Conway J M. 1996. Additional constructs validity evidence for the task/contextual performa distinction. Human Performance，（9）：309～329.

Danielson L. 1976. Validity and utility of alternative predictors of job performance. Journal Vocational Behavior，（29）：340～362.

David C, Audrey G. 2000. SME marketing management competencies. International Business Review, (9): 363~382.

Dineke E H. 1997. An Integration of Multi Dimensions. Human Relations, 50 (7): 759~777.

Drucker P F. 1994. The age of social transformation . The Atlantic Month-ly, 274 (5): 53~80.

Drucker P F. 1999. Knowledge worker productivity: the biggest challenge. California Management Review, 41 (2): 79~94.

Egbu C D, Charles O. 1997. Skills, knowledge and competencies for managing construction refurbishment works. Construction Management & Economics, 17 (9) 5~29.

Fitzpatrick R. 2000. Building robust competencies: linking human resource systems to organization strategies. Personnel Psychology, 53 (1): 248~252.

Halley D. 2001. The core competency model project. Correction Today, 63 (7) .

Harden G. 1995. The development of standards of competence in accounting. Accounting Education, (4): 161~165.

Harris. 1991. Personality measure as predictors of job performance: meta-analytic review. Personnel Psychology, (42): 703~742.

Heneman H G, Milanowaski A T. Alignment of human resource practices and teacher performan competency [Z] . Report in 2003 Annual Meeting of the American Educational Research Association.

Herbert. 1999. Response to reexamine professional certification in human resource managed by Carolyn Wiley. Human Resource Management, 34 (2): 295~297.

Klemp. 2000. Effects of task performance and context performance on systemic: rewards. Journal of Applied Psychology, (75): 526~535.

Kravetz D J. 1993. Dimensions and job performance . Journal of Applied Psychology, (77): 111~117.

Kwong J Y Y, Cheung F M. 2003. Prediction of performance facets using specific personal traits in the Chinese CRntext. Journal of Vocational Behavior, 63 (1): 99~110.

Lahti P K. 1999. Identifying and integrating individual-level and organizational level core competencies. Journal of Business and Psychology, (1): 77~94.

Ledford G E Jr. 1995. Paying for the skill, knowledge, and competencies of the knowledge workers. Compensation and Benefits Review, 27 (4): 56~62.

Lewis. 2002. Understanding human competence at work: an interpretative approach. Academy of Management Journal, (3): 43.

Mansfield. 2000. Evidence that task performance should be distinguish from rontextual performance. Journal of Applied Psychology, (79): 475~470.

Mansour J. 1996. Core competence: what does it mean in practice. Arthur K Yeung. competencies for HR professionals: an interview with Richard E. Boyatzis. Human Resource Management, 35 (1): 119~132.

McClelland D C. 1973. Testing for competence rather than for intelligence. American Physiologist, (27): 1~14.

McClelland D C. 1998. Identifying competencies with Behavioral Event Interviews. Psychological Science.

McConnell E A. 2001. Competence vs. competency . Nursing Management, 32 (5): 14.

McLagan P A. 1980. Competency model. Training & Development Journal, 34 (12): 22 ~ 26.

McLagan P. 1997. Competencies: the next generation. Training and Development, 51 (5): 40 ~ 47.

Medley D M. 1977. An empirical note on the interaction personality and aptitude in personnel selection. Journal of Management, (14): 441 ~ 451.

Motowidlo. 1996. Interpersonal facilitation and job dedication as separate facets contextual performance. Journal of Applied Psychology, (71): 525 ~ 531.

Nordhaug O. 1998. Competence specificities in Organizations. IntStudies of Mgt&org, (8): 8 ~ 29.

Pfefferj, Veigajf. 1999. Putting people fist for organizational success. Academy of Management Executive.

Ricciardi. 2005. Competency profile for human resource: no more Shoemakers' children. Hum Resource Management, (1): 53 ~ 56.

Saaty. 1976. Intelligence and job performance: economic and social implication psychology. Public Policy, and Law, (2): 447 ~ 472.

Sandberg J. 2000. Under standing human competence at work: an interpretative approach. Academy of Management Journal, (43): 9 ~ 25.

Scott B P. 1998. Just what is a competency? And why should you care. Training, 35 (6): 58 ~ 64.

Shippmann J S R A Ash, Battista M. 2000. The practice of competency modeling. Personnel Pshchology, 53 (3) .

Spencer Jr L M, Spencer S M. 1993. Competence at work: models for superior

Spencer L M, Spencer S M. 1993. CRmpetence at Work: Models for Superior Performance. New York: John Wiley&Sons, Inc: 23.

Spencer. 1993. Supervisory feedback: alternative types and their impact on salespeople performance and satisfaction. Journal of Marketing Research, (2): 190 ~ 201.

Stewart. 2006. Strategies for developing competency models. Administration and Policy in Mental Health, 32 (5/6): 533 ~ 560.

Taylor F W. 1911. The Principles of Scientific Management. New York: Harper-Row Publishing House.

Zemke R. 2001. To Service America in the New Economy. McGraw-Hill Trade: 07.

后　　记

　　本书研究内容的构思始于 2006 年，随着知识经济时代的到来以及中国产业结构的优化升级，知识型企业已经成为中国经济可持续发展的新的增长点。知识型人力资本作为支撑新增长点的关键要素，已经引起了众多学者的思考。作为以知识型人力资本为研究重点的团队，我们第一阶段将以中国典型知识型人力资本为研究对象，从胜任力的视角展开研究。

　　这项工作主要由我的研究团队历时三年完成，我们分别从医生、财务人员、教师、商业银行客户经理的胜任力问题以及胜任力在管理实践中的应用等方面展开讨论，完成了目前呈现在大家面前的这本书，作为我们中国管理研究团队一个初步的阶段性成果。

　　具体章节的撰写是，第一章，李忠民，曹德生、刘艳；第二章，刘娜；第三章，刘振华；第四章，李茂华；第五章，杜宏；第六章，李忠民，仇群；最后由李忠民统稿、定稿，刘振华、李茂华、刘艳参与完成了统稿工作。

　　在本书的写作过程中，得到了相关政府部门及企业的大力支持和配合，尤其是在不影响政府及企业正常工作的情况下，我们团队采用了录音、影像及实习等多种方式获取了第一手资料，以更加有效地帮助团队理解企业实际经营过程中人力资本胜任力存在的现实问题。因此，书中的部分观点也是在和他们多次沟通的过程中形成的，在此一并表示感谢。

　　我们后续的研究主要是结合知识型企业人力资本发展、胜任力应用等方面加以展开。

　　在研究过程中参阅了大量的图书资料和文献，大部分列在了后面的文献和注释之中，还有一部分没有列入，在此对所有的作者一并表示衷心的感谢。

　　本书很荣幸获得陕西省软科学出版类项目资助，对此表示真诚的感谢。

　　本书的顺利出版，还要特别感谢科学出版社牛玲编辑认真负责的编辑工作。

　　书中若有不当之处，欢迎读者批评指导。

李忠民

2010 年秋

"21世纪科技与社会发展丛书"

第一辑书目

《国家创新能力测度方法及其应用》

《社会知识活动系统中的技术中介》

《软件产业发展模式研究》

《软件服务外包与软件企业成长》

《追赶战略下后发国家制造业的技术能力提升》

《城市科技体制机制创新》

《休闲经济学》

《科技国际化的理论与战略》

《创新型企业及其成长》

《劳动力市场性别歧视与社会性别排斥》

《开放式自主创新系统理论及其应用》

第二辑书目

《证券公司内部控制论》

《入世后中国保险业竞争力评价与对策》

《服务外包系统管理》

《高学历科技人力资源流动研究》

《国防科技资源利用与西部城镇化建设》

《风险投资理论与制度设计研究》

《中国金融自由化进程中的安全预警研究》

《中国西部区域发展路径——层级增长极网络化发展模式》

《中国西部生态环境安全风险防范法律制度研究》

《科技税收优惠与纳税筹划》

第三辑书目

《大学－企业知识联盟的理论与实证研究》

《网格资源的经济配置模型》

《生态城市前沿探索——可持续发展的大连模式》

《财政分权与中国经济增长关系研究》

《科技企业跨国并购规制与实务》

《高新技术产业化理论与实践》

《政府研发投入绩效》

《不同尺度空间发展区划的理论与实证》

《面向全球产业价值链的中国制造业升级》

《地理学视角的人居环境》

《科技型中小企业资本结构决策与融资服务体系》

第四辑书目

《工程项目控制与协调研究》

《国有企业经营者激励与监督机制》

《行风评议:理论、实践与创新》

《陕西关中传统民居建筑与居住民俗文化》

《知识型人力资本胜任力研究》